循法成德

韩非子真精神的当代诠释

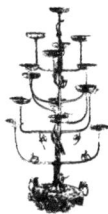

宋洪兵 著

生活·讀書·新知 三联书店

图书在版编目（ＣＩＰ）数据

循法成德：韩非子真精神的当代诠释 / 宋洪兵著. —北京：
生活·读书·新知三联书店, 2015.9
ISBN 978-7-108-05345-9

Ⅰ. ①循… Ⅱ. ①宋… Ⅲ. ①韩非（前280～前233）－哲学思想－研究
Ⅳ. ①B226.5

中国版本图书馆CIP数据核字(2015)第104376号

选题策划　朱利国
责任编辑　马　翀
装帧设计　水玉银文化 syyart@163.com
责任印制　宋　家
出版发行　生活·讀書·新知 三联书店
　　　　　（北京市东城区美术馆东街22号 100010）
网　　址　www.sdxjpc.com
经　　销　新华书店
印　　刷　北京市松源印刷有限公司
版　　次　2015年9月北京第1版
　　　　　2015年9月北京第1次印刷
开　　本　635毫米×965毫米　1/16　印张 19
字　　数　220千字
印　　数　0，001-6，000册
定　　价　48.00元
（印装查询：01064002715；邮购查询：01084010542）

自　序

　　1905 年，严复赴伦敦，恰好当时孙中山也在英国。两人相晤，一番谈话，至今读来依然启人深思。严复说："以中国民品之劣，民智之卑，即有改革，害之除于甲者将见于乙，泯于丙者将发之于丁。为今之计，惟急从教育上着手，庶几逐渐更新乎！"孙中山回答："俟河之清，人寿几何！君为思想家，鄙人乃实行家也。"[1] 孙中山对严复教育救国的思路发出的"河清难俟"的感慨，颇耐人寻味。姑且不论孙中山其后选择的"革命"道路做法是否比严复更为务实，单就其对严复观念的不认可而言，已然隐约透露出孙中山对中国古代依靠教育以成就个人品德进而改造社会这一套思路的否定。

　　十年树木，百年树人。毫无疑问，严复的观念深受儒家思想的影响。中国古代的儒家教育理念，核心在于培养完整而高尚的个人品德。中国人思维里面牢固地存在着一种"归根结底"的思路，即：但凡遇到社会问题，都习惯于从人的道德层面寻求解决方案，而培养人的道德，又都不约而同地将眼光投向以教人成德的"树人"教育，投向刚刚站在人生起点的孩子。实事求是地讲，这种思路在逻辑上并没有什么破绽和漏洞，亦正因如此，才被一代又一代的思想精英奉为经典思路而一再加以阐扬。

　　然而，逻辑终归仅仅是逻辑。逻辑层面的儒家解决方案，并非意味着现实生活必然按照逻辑的理路演变。历史与现实，一再对这种逻辑层面的解决方案构成了严重的挑战。面对历史事实，

[1] 严璩：《侯官严先生年谱》，《严复集》第五册，北京：中华书局，1986 年版，第 1550 页。

朱熹不得不承认，儒家的理想并未真正得以落实，尽管从汉武帝时期就开始了所谓"独尊儒术，罢黜百家"的意识形态建构："千五百年之间，正坐如此，所以只是架漏牵补过了时日，其间虽或不无小康，而尧舜三王周公孔子所传之道，未尝一日得行于天地之间也。"[1]相比之下，现代学者雷海宗对满嘴仁义道德的儒者的讥讽更显辛辣："清初某理学先生，行步必然有方又正，一天路上遇雨，忽然忘其所以，放步奔避。数步之后，恍然悟到行动有失，又回到开始奔跑的地方，重新大摇大摆地再走一遍。这个人还算是诚恳的。另外，同时又有一位理学先生，也同样的避雨急走，被旁人看见指摘之后，立刻掏腰包贿赂那人不要向外宣传！"[2]道德修养如彼，沽名钓誉如此，此番景象，自然不免使人开怀一笑。笑过之后，却又让人陷入沉思：到底是现实的社会生活出了问题还是儒家的解决方案出了问题？

促使我重新思考这个话题的契机，在于当今一个普遍的社会现象：高尚道德教育并未提升我们社会的整体道德水平，道德冷漠及各种"缺德"的事情更使人们痛心疾首。众所周知，我们从小到大，一直在接受高尚的道德教育，然而一代又一代下来，在高尚道德教育并非缺乏而是近乎泛滥的社会语境中，构成社会群体的单个个体无一例外，都接受过高尚道德教育。然而，当他们步入社会，构成整个社会的一分子时，却未能呈现个体叠加的整体效应。社会整体道德水平并未因此而提升，反倒呈现越来越低的趋势。人心不古、世风日下、道德危机等反思，充斥在各种媒

---

[1]［南宋］朱熹：《晦庵先生朱文公文集卷三十六·答陈同甫》，朱杰人、严佐之、刘永翔主编：《朱子全书（第二十一册）》，上海：上海古籍出版社、合肥：安徽教育出版社，2002 年版，第 1583 页。

[2]雷海宗：《君子与伪君子：中国整体历史的观察》，《今日评论》1939 年 1 卷 4 期。

体与舆论之中。当人们开始寻求提升社会道德水平的途径时，又都不约而同、下意识地回归"教育"，尤其是如何做人的道德教育。事情仿佛又回到了原点。

放眼当今主流舆论及精英观点，不得不承认，其解决现实各种问题的方案，依然徘徊在个体之德的培养进而提升社会整体道德水平的传统思路上面，"树人"教育依然主导着我们的思维。我们极少反思并追问，为什么越是强调道德觉悟，社会道德水平反而越是低下？个人道德与社会整体道德水平之间，真的存在一种正向的内在关联吗？提升个人道德觉悟，为什么不能提升整个社会的道德水平？为什么越是强调官员内在的道德信仰及个人操守，腐败现象却越来越严重？影响整个社会道德水准的关键因素，在于社会个体道德水平吗？还是有其他的非道德因素？如何才能提升整个社会的道德水平？这些都是需要我们深思的现实话题。

带着上述问题意识，笔者把眼光投向了先秦时期法家的"成德"理论，期待通过对韩非子真精神的提炼和分析，有助于理解当下的各种社会现象，并由此寻出一条与传统的儒家解决方案迥然不同的思路来。

是为序。

目 录

韩非子的真精神

韩非子对当代社会是否还有意义？提出这个问题似乎显得有些多余。原因在于，来自各方的信息基本都给出了否定的答案。绝大多数西方学者很难将韩非子与其生活现实联系起来，这里当然存在文化差异的因素，朱维铮认为西方汉学多"停留在知识学科"的层面，"较少有人把它作为一门智慧的学科"。[1] 不仅如此，西方学者还认为属于君主专制时代的韩非子思想与现代社会的民主政治理念截然不同，前者之"法治"只是"rule by law"，最终沦为"君主统治之工具"；后者之"法治"，乃是"rule of law"，真正实现了"法律之下的统治"。而在深受中国文化影响的东亚，佐藤将之指出过去五十年内，日本学者极少运用韩非子的政治学说来探讨日本的现实问题，中国大陆及台湾学者则倾向于探讨韩非子的当代价值。[2] 然而，佐藤可能对于中国学界尤其中国内地的韩非子研究并不太熟悉。事实却是，中国学界研究韩非子及其思想的主流观点与西方学者的看法，并无太大差别。

---

[1] 朱维铮：《音调未定的传统》，沈阳：辽宁教育出版社，1995 年版，第 341 页。

[2] Masayuki Sato, *Studies of the Han Feizi in China, Taiwan, and Japan, Dao Companion to the Philosophy of Han Fei* , Goldin, Paul R. (Ed.),Spriger,2012.

自西汉以来，绝大多数中国学者都倾向于将韩非子与秦朝二世而亡的历史教训联在一起，认同司马谈"可以行一时之计而不可长用也"（《史记·太史公自序》）的判断。司马谈此语一出，大有盖棺定论之势，由此奠定两千多年中国历代学者评论法家之基调。汉儒总结秦朝兴亡教训，法家诸子遭受严厉批判。性情残暴、冷酷无情、亡国祸首，大抵构成了世人对法家形象的总体认识。偶有当政者欲假法家思想以治国，多慑于主流舆论，亦不得不遮遮掩掩，采用迂回策略，去其名而取其实，美其名曰"霸王道杂之"（《汉书·元帝纪》引汉宣帝语）。当此舆论氛围，法家长处仅在君臣纲常伦理之维护，所谓"正君臣上下之分，不可改矣"（《史记·太史公自序》）。

汉儒的价值观念及学术立场，对后世学者的"韩非子观"的影响尤为深远，认为：（1）先秦时期的法家诸子都存在性格缺陷，如评论吴起的为人"猜忍人也"（《史记·孙子吴起列传》），猜疑残忍；评价申不害"尚刻削"（《淮南子·俶真训》注）；评价商鞅"天资刻薄"（《史记·商君列传》）；评价韩非子"极惨礉少恩"（《史记·老子韩非列传》）。法家诸子的性格缺陷，似乎又成就了其思想残暴、不近人情的基本底色："严而少恩"（《史记·太史公自序》）；"残害至亲，伤恩薄厚"（《汉书·艺文志》）。（2）韩非子及法家应对秦朝的暴政以及因此而灭亡的历史负有不可推卸的责任。董仲舒的观点颇具代表性："至秦则不然。师申商之法，行韩非之说，憎帝王之道，以贪狼为俗，非有文德以教训于天下也。"（《汉书·董仲舒传》）

客观冷静地对待历史人物并对其具有一份"了解之同情"，本是学术研究应当遵循的首要原则。然而，在面对韩非子及其思想时，古今学者似乎都很难做到从容淡定，大都义愤填膺、口诛笔伐。而这一切又都以一系列充满偏见与成见的假设为立论前提。

　　绝对的偏见与成见，自然很难获得别人认同；可是蕴含部分真实性的偏见与成见，却极富迷惑力。汉儒对法家诸子的人格分析，即属后者，也就是说，汉儒的看法并非完全空穴来风，而是多少有些依据的。《韩非子》里面有很多此类记载，如《外储说左下》所讲"梁车刑姊"的典故和《说林上》记载乐羊攻打中山不顾其子的事例，皆是所谓"残害至亲"的例子，确实给人不近人情、刻薄寡恩的印象。就此而言，汉儒的观察不是没有道理。但是，一个人性格残忍，有可能导致其行为的残暴冷酷；但是行为的冷酷无情，却未必源自性格残忍。汉儒对韩非子等人的评价只知其一不知其二，只看表象即轻易得出性格存有缺陷的历史结论，显然缺乏同情之理解。

　　梁启超曾如此评价法家："以形式论，彼辈常保持严冷的面目，诚若纯为秋霜肃杀之气。以精神论，彼辈固怀抱一腔热血。"他还说："儒家每每攻击法家刻薄寡恩。在法家不过在法律之下常常保持冰冷的面孔，特别的仁义固然没有，特别的刻薄亦何尝有呢？"[1]梁氏说法，显然比汉儒客观。因为他没有单纯根据表面形式来评判，而是关注到韩非子等法家诸子的思想动机和情感世界。唯有追问韩非子在"何种语境"、"对何人无情"、"最终目的何在"，才能真正理解韩非子。从逻辑上讲，至少在以下几层关系上，形式的冷峻无情并不必然代表内心的残忍，冷峻与温情可以并存。

　　其一，敌我关系。对敌人冷峻，对自己人温情。《韩非子·外储说左上》记载吴起善待部下为其吮痈的故事，表明他并非内心没有温情；《韩非子·外储说左上》批评宋襄公与楚人交战时讲究

---

[1]　梁启超:《先秦政治思想史》,《饮冰室合集》专集之五十，北京:中华书局，1989年版，第147页、215页。

古代兵礼贻误战机，表明对敌人的仁慈就是对自己的残忍；《韩非子·难一》区分对民与对敌的不同态度：对敌，要"不厌诈伪"；对民，则需"爱而不欺"。

其二，是非、善恶关系。冷峻对待错误与邪恶，热忱期待真理与良善。《韩非子·守道》谓："圣王之立法也，其赏足以劝善，其威足以胜暴，其备足以必完法。……善之生如春，恶之死如秋。"《韩非子·安危》也说"赏罚随是非"、"祸福随善恶"。韩非子基于是非、善恶的原因，从而主张"大义灭亲"。《韩非子·说疑》篇盛赞历史上的"五王"大义灭亲的行为："尧有丹朱，而舜有商均，启有五观，商有太甲，武王有管、蔡。五王之所诛者，皆父兄子弟之亲也，而所杀亡其身残破其家者何也？以其害国伤民败法类也。"尧、舜、启、商汤、武王均为历史上有名的圣君，他们之所以对自己的父兄子弟毫不手软，根本原因就在于这些人"害国、伤民、败法"。

其三，手段与目的的关系。手段无情，目的却悲天悯人、用心良苦。《韩非子·安危》记载暂时的冷峻与长远利益的关系："甚病之人利在忍痛，猛毅之君以福拂耳。忍痛，故扁鹊尽巧；拂耳，则子胥不失。寿安之术也。"《韩非子·显学》则表明应对现实困境的冷峻手段可能会导致残暴的恶名，但是为了真正的长远利益，一定要狠心去做："今上急耕田垦草以厚民产也，而以上为酷；修刑重罚以为禁邪也，而以上为严；征赋钱粟以实仓库、且以救饥馑备军旅也，而以上为贪；境内必知介，而无私解，并力疾斗所以禽虏也，而以上为暴。此四者所以治安也，而民不知悦也。"归结起来，韩非子残暴的表象背后隐藏的是一颗疾恶如仇、忧国忧民的正直之心。《韩非子·奸劫弑臣》的理想描述则可视为韩非子内心世界的真实表达："圣人者，审于是非之实，察于治乱之情也。故其治国也，正明法，陈严刑，将以救群生之乱，去天下之祸，使强不凌弱，众不暴寡，耆老得遂，幼孤得长，边境不侵，君臣相亲，父子相保，而无死亡系虏之患，此亦功之厚也！"在此，用"冷眼热心"来形容韩非子及其思想，是非常贴切的。

　　韩非子及其前辈之所以给汉儒留下一个"残害至亲，伤恩薄厚"的"残暴"印象，根源就在于他们极端重视规则的权威性，其目的在于通过规则的引导实现天下大治，最终有利于民众。韩非子在《韩非子·外储说右上》借晋文公与狐偃的对话表达法家为何"严而少恩"的深层缘由，晋文公问："刑罚之极安至？"狐偃对曰："不辟亲贵，法行所爱。"施行刑罚的最高境界，就是在自己最亲近的人违法犯规时铁面无私、依法办事，其目的就在于"明法之信"。当执政者连自己最亲近的人犯法都不徇私枉法，那么谁还能怀疑他维持公正的决心和信念呢？人们自然真正从内心相信强制性规则体现的是非、善恶观念。汉儒忽视了韩非子及其思想"严而少恩"背后所蕴含的善良动机与精神品质，假设韩非子性格残忍导致其学说"严而少恩"，这是典型的以偏概全的成见，不足以全面理解韩非子。尽管他们的"韩非论"蕴含某些真实的成分。

　　同样的偏见，也体现在韩非子是否应对秦朝灭亡承担历史责任的问题上。秦朝灭亡与韩非子的思想有关吗？汉儒给出了肯定的回答。当然，这种说法不能说完全没有依据，比如韩非子主张轻罪重罚，或多或少都给"暴秦"（《史记·陈涉世家》）提供了理论支持。秦朝政治实践中诸如"刑者相半于道，而死人日成积于市，杀人众者为忠臣"（《史记·李斯列传》）与《韩非子·难二》篇"踊贵而屦贱"、《韩非子·内储说上》之"弃灰于公道者断其手"表现出来的刚毅残忍确实不无关系，秦朝的"焚书"政策也能从《韩非子·和氏》篇"燔诗书而明法令"以及《韩非子·五蠹》篇"明主之国，无书简之文，以法为教；无先王之语，以吏为师"中找到理论依据。而秦始皇在看到《孤愤》、《五蠹》时大呼："嗟夫，寡人得见此人与之游，死不恨矣！"（《史记·老子韩非列传》）以及秦二世、李斯对韩非子思想的称引，更加深了韩非子与秦朝政治实践存在密切关联的印象。

　　然而，这些都是表面现象，因为指导秦朝政治实践的理论体系与其说是法家的，毋宁说是阴阳家的更为贴切。秦朝的政治正当性建立于阴阳家的"五德终始"理论体系之上，信奉"代火者必将水"（《吕氏春秋·应同》），"推终始五德之传，以为周得火德，秦代周德，从所不胜。方今水德之始，改年始，朝贺皆自十月朔。衣服旄旌节旗皆上黑。数以六为纪，符、法冠皆六寸，而舆六尺，六尺为步，乘六马。更名河曰德水，以为水德之始。刚毅戾深，事皆决于法，刻削毋仁恩和义，然后合五德之数。于是急法，久者不赦。"（《史记·秦始皇本纪》）由于过分依赖阴阳家历史哲学的必然性（"数"），以至于产生了极度的自信，以为秦朝统治可以终结五德循环："始皇帝，后世以计数，二世三世以至于万世，传之无穷。"（《史记·秦始皇本纪》）在阴阳家的历史哲学体系里，王朝统治的正当性在于天数，而不在于现实社会的迫切问题以及百姓的切身利益，这与法家的政治正当性论证思路截然不同，韩非子恰恰坚持政治统治的正当性必须建立在解决时代紧迫性的问题从而给百姓带来切实利益这一基础之上："上古之世，人民少而禽兽众，人民不胜禽兽虫蛇，有圣人作，构木为巢以避群害，而民悦之，使王天下，号曰有巢氏。民食果蓏蚌蛤，腥臊恶臭而伤害腹胃，民多疾病，有圣人作，钻燧取火以化腥臊，而民说之，使王天下，号之曰燧人氏。中古之世，天下大水，而鲧、禹决渎。

近古之世，桀、纣暴乱，而汤、武征伐。"(《韩非子·五蠹》)美国学者埃里克·朗·哈里斯（Eirik Lang Harris）在详细分析《韩非子》之后指出："对政治国家而言，终极正当性不仅仅（甚至可能并不）源自道德，还可以源自解决当时最重要的社会问题并由此给百姓造福这一途径。"[1]

秦朝的政治意识形态实则将韩非子及法家的重刑理论嫁接在阴阳家的历史哲学之上形成的理论怪胎。秦始皇"乐以刑杀为威"(《史记·秦始皇本纪》)以及大兴土木、全然不顾民生的背后，不是商鞅的理论，更不是韩非子的思想，而是"五德终始"的自负。正因如此，我们才可以理解为何秦朝政治实践中存在如此多与韩非子治国原则完全背离的行为[2]。

需要指出，汉儒之所以将韩非子与秦朝灭亡联系起来考察，具有强烈的意识形态及学派论争色彩，其主观性不容忽视。其一，汉儒对秦朝政治实践的"暴政"判断，汉朝的政治正当性必须建立在秦朝灭亡的基础之上，因此"暴政"就成了汉儒批判秦朝的最好理由；其二，法家，尤其是韩非子与儒家在先秦时期的思想论争所形成的历史恩怨，使得汉儒正好利用秦朝灭亡的历史教训来反击法家及韩非子。其后，由于汉武帝"罢黜百家，独尊儒术"的文化政策始终是古代中国的官方意识形态，故而汉儒对韩非子及法家的评价基本成为此后儒家学者的共同看法，极少有人提出相反意见。由此，汉儒的偏见与成见，延续了两千多年，至今依然影响着中国学者对韩非子的认知与判断。

及至现代，韩非子除了"暴政"骂名之外，又身负"专制"

---

[1] Eirik Lang Harris, *Han Fei on the Problem of Morality* & *Dao Companion to the Philosophy of Han Fei*, Goldin, Paul R. (Ed.),Spriger,2012.

[2] 宋洪兵：《韩非子政治思想再研究》，北京：中国人民大学出版社，2010 年版，第 337 页。

恶名。某种意义上可以说，"专制"的恶名，实为古代中国儒家学者"暴政"恶名的现代延续，同时又增添了新的内容。"专制"，作为一个现代中国学术及政治领域出现频率很高的词汇，实则源自西方的学术话语体系。"despotism"是中文"专制"概念的对译词。"despotism"一词，在西方学术语境中常常与"东方专制主义"的偏见联在一起，进而形成了西方历史上特有的"专制中国"印象。"despotism"具有如下特征：单一君主制，君主拥有不受约束的最高权力，君主可以随心所欲地为所欲为。孟德斯鸠对"专制政体"的理解是"既无法律，又无规章，由单独一个人按照一己的意志与反复无常的性情领导一切"。[1]随着西方学术理论及概念的传入，中国学者开始运用"despotism"来研究中国古代历史及文化，韩非子的思想亦因此而被定性为"专制"或"绝对君主专制"。现代中国的很多学者没有注意到，韩非子的思想与孟德斯鸠意义上的"君主专制政体"具有某些相似性，但同时也存在明显的差别。

相似的地方表现在：韩非子确实主张单一君主制，他说，"事在四方，要在中央。圣人执要，四方来效"（《韩非子·扬权》），这体现了一种大一统秩序之下的政治生态。韩非子还主张君主世袭制，《韩非子·亡征》所谓"轻其适正，庶子称衡，太子未定而主即世者，可亡也"即为明证。按照韩非子的想法，君主去世，太子即位本是十分自然的事情。同时，韩非子也主张君主应该拥有最高权力，认为君主应该牢牢把握好手中的权力，强调"权势不可以借人"（《韩非子·内储说下》）。这些观点与孟德斯鸠的"君主政体"、"专制政体"所描述的特征具有相似之处。

不同之处表现在：韩非子主张君主拥有最高权力，但从未主

---

[1]［法］孟德斯鸠：《论法的精神》，张雁深译，北京：商务印书馆，1959年版，第9页。

张君主可以为所欲为，滥用权力。韩非子主张单一君主制政体之下君主成为相对于臣民具有绝对优势地位的现实最高权威。最高权威必须在现实社会拥有相对于臣民的权力优势，即相对于臣民的最高权力；但是拥有最高权力并非意味着必然成为最高权威，最高权威不仅要符合君主世袭之基本习惯，而且还必须接受一种更高标准的约束与限制，那就是外在的客观规则。这与西方文化语境中的"专制主义"存在本质区别。[1]

　　在古代中国，人们因为信仰儒家之德治与仁政而拒绝韩非子的"暴政"思想；在现代中国，人们因为西方民主宪政观念而拒绝韩非子的"专制"思想；"文革"后期兴起"评法批儒"运动，韩非子为不当政治势力所利用而备受追捧，这直接导致韩非子在"文革"结束后的当代中国受到更加猛烈的批判，韩非子的思想经常被视为代表绝对君主专制理论的"反面教材"，成为中国实现民主政治过程中必须克服的障碍。当然，也有不少学者坚持这样的观点：当代中国追求"以法治国"，欲实现"法治"，故本着"古为今用"的原则，韩非子的"法治"可以提供思想借鉴。这是一种空洞、肤浅的观点。道理很简单，因为在民主法治观念已经深入人心的当代中国，如果单从"法律"的角度来理解韩非子之"法"同时又无法说清其"法治"思想到底能够为现代"法治"提供什么智慧，那就缺乏说服力。这正如在已经熟练掌握如何制造轻便、高效的计算机技术的当代社会，人们还非常矫情地说上世纪五六十年代的计算机制造技术能为当代计算机制造技术的发展提供思想资源一样，无法令人接受。法家真精神或者法家有无真精神之话题，并未真正进入学人的思想视野。

---

[1] 关于韩非子思想是否可以定性为"专制主义"的详细探讨，参阅宋洪兵：《二十世纪中国学界对"专制"概念的理解与法家思想研究》，《清华大学学报》（哲社版）2009年第4期。

　　然而，法家真精神的问题，并非完全无人涉及。近代中国，外侮凌逼，凸显富国强兵之必要；加之西方"法治"观念涌入，促使国人反思固有文化之"依法治国"精神，法家思想亦曾受到重视，梁启超就曾专门提及过这个问题，尽管他并未深入加以探讨。他先是依据西方法治思想，主张法家为"法治主义"，进而又有感于中国法治传统之缺失，呼吁人们继承先秦法家之真精神。他说："政治在法治以上还要有事，我们是承认的，但若使连法治尚且办不到，那便不成为今日的国家，还讲什么'以上'呢？所以我希望把先秦法家真精神着实提倡，庶几子产所谓'吾以救世'了。"[1] 显然，梁启超所谓"以上"即指柔性之道德教化及各种美好的社会理想。在他看来，单一之法治，无法真正实现一个良好之社会，柔性之道德教化及美好理想为社会之必需，其有助于提升人们之道德觉悟继而起到一种榜样与模范作用。然而，梁启超复又意识到，法治规则作为社会之道德底线，必须得到遵守与维护；倘若这点都做不到，大谈特谈"以上"范畴之远大理想与崇高道德，到头来终究不过是文人之天真或政客之作秀，于国家治理并无实际的益处。

　　梁启超的观察，牵扯出一个老生常谈却又值得重新审视的大问题，即：在事关治国之基本路径层面，究竟作为底线之法治重要，还是作为提升道德境界之德治重要？

　　乍看之下，这个问题似乎显得有点多余。因为常识告诉人们，治国是一个复杂的系统工程，一个良好的社会一定是系统和谐的社会。就此而论，政治是一门艺术，尤其是一门掌控平衡的艺术，伟大的政治家都堪称艺术家。清醒的政治家总是试图维持各个领

<hr>

[1] 梁启超：《先秦政治思想史》，《饮冰室合集》专集之五十，北京：中华书局，1989 年版，第 216-217 页。

域的平衡，力求为历史与现实许下一份美好的承诺。法治与德治的平衡与并重，就属此类美好承诺。政治家之所以清醒，在于他们充分认识到，治国过程中法治与德治缺一不可。法治着眼于维护社会的道德底线，满足社会大众的秩序与安全的心理需求，实现社会稳定的同时保护社会个体的权利，从而为人们提供一个值得信赖的场所；德治则着眼于提升社会个体的思想境界和人格品质，塑造出一个个值得公众敬仰的道德楷模，引领社会整体道德风尚。法治，因其关涉道德底线，越雷池半步，便会受到惩罚，故往往与强制性规则相关联；相比之下，德治，更倾向于柔性的道德教化与舆论宣传，鼓励人们自觉做一个好人。法治，既维护个人权利，又要求人们服从强制性的外在规则；德治，让人生活于强制性规则之中，却不会产生约束感与不自在感，因为当一个有道德的社会个体在服从外在强制规则时，与其说服从强制规则，不如说在服从自己的内在要求，从而达至"从心所欲不逾矩"的境界。对政治家来说，他所领导治理的社会，最好状态当然应该是软硬兼施、德法并重。因为人们已经意识到，缺乏法治，社会道德底线无法得以维护时，德治不可能充分发挥其应有功能；反之，亦然。概言之，维护道德底线之法治，在于禁止人们做坏人；提升高尚道德之柔性教化，在于鼓励人们做好人。毋庸置疑，德法并重的思路具有相当合理性。原因在于，除却二者社会功能具有高度互补性之外，无论单纯之德治抑或单纯之法治，均存在不足。

关于单纯法治之弊端，先秦儒家对此有深入之理论探讨。先秦儒家的洞见在于，一方面，作为外在规则之法具有僵化性，其制定与落实如欲产生良好的社会效果，均离不开人，尤其离不开有德之人。因此《中庸》说："其人存，则其政举；其人亡，则其政息。"《荀子·君道》亦谓："有治人，无治法。"《荀子·王制》

更揭示单纯法治如果缺乏人之主观判断，实难真正有效治理国家，进而凸显出有德君子之重要性："故法而不议，则法之所不至者必废。……故有良法而乱者，有之矣，有君子而乱者，自古及今，未尝闻也。"另一方面，单纯法治着眼于维护道德底线，忽略高尚道德之教化，故而生活在此法治秩序之下的人们满足于不违背最低底线的社会秩序，斤斤计较于一己私利，勾心斗角，争端四起，"不忌于上，并有争心"（《左传》昭公六年叔向语），缺乏足够的道德荣耻感，也即孔子所谓"道之以政，齐之以刑，民免而无耻"（《论语·为政》）。

关于单纯德治之弊端，先秦法家尤其韩非子对此分析得最为深刻。首先，韩非子认为，即使道德感化有效果，因其所耗时间太长，效率低下，无法真正作为治国之基本方略。《韩非子·难一》曾记载舜分别用一年时间化解"历山之农者"、"河滨之渔者"、"东夷之陶者"各自矛盾的典故，与之相处，力行教化，终于取得成效。孔子因此盛赞舜"圣人之德化乎！"韩非子对此极力反对，作为个体的舜毕竟精力有限，德化并非解决现实问题的有效途径："期年已一过，三年已三过，舜有尽，寿有尽，天下过无已者，以有尽逐无已，所止者寡矣。"其次，韩非子认为"贵仁者寡，能义者难"，道德感化只对少数人有影响。孔子为天下圣人，然而真正愿意追随他的只有七十人，德化效果并不理想。因此，在治国问题上，君主不一定是孔子那样的圣人，天下百姓也不会是孔子弟子那样认同孔子的仁义，所以不能指望天下之民皆如孔子弟子认同并追随孔子一般会认同追随君主。韩非子如此批评当时盛行的德治思路："今学者之说人主也，不乘必胜之势，而务行仁义则可以王，是求人主之必及仲尼，而以世之凡民皆如列徒，此必不得之数也。"（《韩非子·五蠹》）在韩非看来，单纯德治，在所耗时间和影响规模层面，不仅缺乏效率，而且面临无效的困境。理性的执政者，应该对此有清醒的认识。

既然单纯德治或单纯法治均存在不足，德法并重当然是一种恰当的治国思路。问题在于，二者固然存在功能的互补性，然而二者是否具有等值之重要性，却不得不加以深入探究。换言之，德法并重是一种并列等值的结构还是一种主辅偏正的结构？德治与法治是否存在一种事实上的先后次序问题？

为了回答上述问题，不妨做一个"思想实验"。假设一个悬置了道德底线的纯粹德治社会，从最高执政者到底层百姓，都笃信道德感化的社会功能，提倡诸如仁慈、宽容、谦让、恭敬等高尚道德，对于涉及道德底线的强制措施不加措意。同时，假设一个悬置了高尚道德的纯粹法治社会，运用严格的外在规矩确定了基本的道德底线，诸如不得偷窃、不得杀人、不得损人利己等低层次的不得作为的道德，稍加违背，便会受到严厉惩罚，但是在高尚道德层面，却并不过多关注。现在假设，两种社会，如果能够按照各自设想"理想化"地实现，那么，人们更愿意生活在哪种社会呢？显然，答案几乎没有悬念，人们当然愿意生活在一个充满高尚道德的社会，自由自在，暖意融融，温馨和谐。而对于后一种社会，秩序井然的代价是处处不便，规矩太多，并且缺乏人情味，这样的社会，当然没有多少人喜欢。纯粹德治社会在逻辑上是完全可能的，因为一旦认定高尚道德优于底线道德，如果高尚道德都能顺利实现，为什么还要去关注底线道德呢？

显然，上述结论是在完全理想化的状态下得出的，并未考虑在此过程中的不确定因素。悬置道德底线的纯粹德治社会之所以成为人们可欲的理想社会，关键因素在于假设整个社会的每个个体都认同高尚道德并且愿意身体力行。唯有对人性过于乐观的判断及人性自主向善的想当然期待，才有证成纯粹德治社会之可能。问题是，社会个体能否做到儒家所期待的"君子之德风，小人之德草，草上之风必偃"（《论语·颜渊》）这样的榜样效应呢？现在将假设条件稍作修改，加入"社会个体不必人人皆好善"这一不确定因素，那又会出现怎样的情景呢？以《韩非子·五蠹》提到的"不才子"（不成器的儿子）为例："今有不才之子，父母怒之弗为改，乡人谯之弗为动，师长教之弗为变。夫以父母之爱，乡人之行，师长之智，三美加焉，而终不动其胫毛，不改。"不才子面对父母、乡人、师长的教化与谴责，始终无动于衷，没有丝毫改过自新的意思。一味以高尚道德来感化，终究不免有对牛弹琴之嫌。

当此之时，面临两种选择：一种选择是继续感化，直到他幡然醒悟；另一种选择是运用惩罚措施，教导并确保他首先不做一个坏人。如果选择前者，屡教不改的事实已经明确昭示了柔性道德感化的无效性，即使在逻辑上并不排除取得效果的可能性，然而实现这种可能性势必需要漫长的过程。而在不才子无法变好或者尚未变好的过程中会产生怎样的社会效应呢？边沁认为惩罚的公信力会因事实上的不确定性而减小，不确定性越多，惩罚的公信力越受损，直到这种不确定性被有效克服："每当得知一个人犯了此罪而未受惩罚，这不确定性就相应地增加一分。当然，每一项罪过在一定时间内都是如此；简言之，在应受的惩罚予以实施以前是如此。"[1]这种不确定一方面使人们怀疑社会规则的公信力，另一方面亦促使一部分人心怀侥幸地去尝试做同类事情。慈继伟通过研究正义秉性的结构性特征亦得出如下结论："如果社会上一部分人的非正义行为没有受到有效的制止或制裁，其他本来

---

[1]［英］边沁：《道德与立法原理导论》，时殷弘译，北京：商务印书馆，2000年版，第203页。

具有正义愿望的人就会效仿这种行为,乃至造成非正义行为的泛滥。这种现象在任何社会都可能发生,在法律制度和其他制度不健全的社会更是如此,而且,不论一个社会有什么样的正义观念,这一可能性都难以避免。"[1] 柔性道德教化之失效,意味着突破道德底线的行为随时都可能发生。如果突破道德底线的行为未能受到及时有效的制止和惩罚,势必会出现负面的"多米诺骨牌"效应。一个坏榜样如果没能及时制止,仿效者便会接踵而至,并呈泛滥之势。因此,如果采取第一种选择,持续用道德感化来对待不才子那样的"例外"(事实上有可能是社会的常态)情况,最终将导致整个社会道德底线的崩溃,高尚道德只能成为一种高调乏味的口号、一种自欺欺人的教条。此时,社会将到处充斥高尚道德的教化,随处可见非道德的行为,人们口头说的与行动做的,完全两回事。人格由此分裂,社会的道德冷漠感与日俱增。

第一种选择只是在逻辑上可能,在现实中却很难看到,因为任何一个社会对于逾越道德底线的行为都有相关的惩罚措施。所以,比较合理的是第二种选择,即毫不犹豫地进行惩罚以维护道德底线。如此一来,完全悬置道德底线的纯粹德治社会已经被证伪,真正有意义的选择应该是在有效维护道德底线基础上提升道德水平。就此而论,"取法乎上",未必"仅得乎中",唯有用可以实现的"取法乎中",才能得其上。底线道德,成为实现高尚道德的基础和前提。如果底线道德都实现不了,侈谈高尚道德是没有意义的。欲维护底线道德,必须依靠强制性的惩罚措施。因此,公权力的权威性介入成为一种必然选择。事实上,中国思想语境中的先秦儒家,已然意识到维护底线道德的重要性。《礼记·乐记》描述"王道"时,具有外在强制特征的"政"与"刑"是其不可

---

[1] 慈继伟:《正义的两面》,北京:生活·读书·新知三联书店,2001 年版,第 297 页。

或缺的有机组成部分："礼节民心，乐和民声，政以行之，刑以防之。礼乐刑政，四达而不悖，则王道备矣。"孔子亦非全盘否定惩罚之刑的重要性："礼乐不兴，则刑罚不中；刑罚不中，则民无所措手足。"（《论语·子路》）在先秦儒家那里，荀子对于强制性的惩罚措施尤为重视。《荀子·成相》云："治之经，礼与刑。"《荀子·王制》谓："听政之大分：以善至者待之以礼，以不善至者待之以刑。"即便格外强调内在修养的孟子，亦没有否定刑罚对于政治的重要性："以生道杀民，虽死不怨杀者。"（《孟子·尽心上》）

在儒家看来，刑罚具有必要性与合理性，但是行使刑的前提却在于伦理正当性，礼乐及道义是放在刑罚之上的。同时，儒家上述主张隐含的潜台词是整个社会多数人是可以通过柔性教化而变好，只有对于少数屡教不改的人才可以行使强制惩罚措施。基于整个社会群体的判断，儒家区分出了多数与少数，并且认为柔性教化对于多数有效，少数无效。也就是说，儒家在德与刑之间，或通常意义上的德法之间，预设了一个偏正结构，即：德主刑辅或德主法辅。正是基于柔性教化之乐观预期，儒家始终将其理论重心措置于良好人格之培养及高尚道德之提倡层面。无论是最高统治者、官员及百姓，都以修身为本，学会如何做人才是根本。所谓"自天子以至于庶人，壹是皆以修身为本"（《大学》）。可见，即使在力主柔性教化的儒家那里，强制性的"法"或"刑"，依然不可或缺，儒家对此具有清醒的理论认识，只不过在德治与法治的先后次序上强调德主法辅而已。

然而，儒家德主刑辅的偏正结构，蕴含着一个异常明显的缺陷，即：难以确立起对维护道德底线的"法"的真实情感。依据儒家的思路，一方面高度认可价值层面的"德"，实践领域诉诸柔性的道德教化；另一方面虽对强制性的"法"（或"刑"）给予制度层面的认可，但却带有浓厚的不得已而为之的无奈情绪，并未在情感层面培养人们的"法的情感"。美国法理学家伯尔曼将古代中国人对"法"的态度定性为"必要的邪恶"，可谓恰当。[1]之所以必要，因为政治实践离不开强制性的"法"，之所以邪恶，因为在情感层面习惯于保持一种排斥和抵触的情绪。伯尔曼认为，与道德情感不同，法律情感的内涵包括："权利与义务的观念，公正审判的要求，对适用法律前后矛盾的反感，受平等对待的愿望，忠实于法律及其相关事物的强烈情感，对于非法行为的痛恨，等等。这种对于任何法律秩序都是必不可少的情感，不可能由纯粹的功利主义伦理学中得到充分的滋养。这类情感的存在，有赖于人们对它们自身所固有的终极正义性的信仰。"[2]唯有具备上述法律情感，才可能真正形成一种守法传统。他说："正如心理学研究现在已经证明的那样，确保遵从规则的因素如信任、公正、可靠性和归属感，远较强制力更为重要。法律只在受到信任，并且因而并不要求强力制裁的时候，才是有效的；依法统治者无须处处都仰赖警察。……真正能阻止犯罪的乃是守法的传统。这种传统又植根于一种深切而热烈的信念之中。那就是，法律不仅是世俗政策的工具，而且还是生活终极目的和意义的一部分。"[3]显而易见的是，在儒家德主刑辅的次序安排中，强制性的外在约束并不能引起人们情感层面的强烈共鸣，所以才会有如下说法之流行："法者、治之端也；君子者、法之原也。故有君子，则法虽省，足以遍矣；无君子，则法虽具，失先后之施，不能应事之变，足以乱矣。"（《荀子·君道》）、"法愈滋而奸愈炽"（《新语·无为》），

---

[1]［美］伯尔曼：《法律与宗教》，梁治平译，北京：生活·读书·新知三联书店，1991年版，第62页。
[2] 同[1]，第39页。
[3] 同[1]，第43页。

其影响所及，就是将强制性的"法"视为一种等而次之的治理工具，在情感层面很难产生由衷的拥护与认同。若放眼中国历史与现实，会发现，中国缺乏守法传统的很大一部分原因，可以归结为儒家德主刑辅思路中缺乏对"法"的情感认同。就此而论，梁启超的判断可谓精准，他说："有治人无治法一言，误尽天下，遂使吾中华数千年，国为无法之国，民为无法之民。"[1]缺乏对"法"的情感认同，道德底线就很难真正得以维护。如前所述，一旦社会道德底线无法得以确保，整个社会的道德水平不会因高尚道德的提倡而有所提升。

由此，中国的历史与现实形成一种非常奇特的文化现象：一方面，思想精英与统治阶层在意识形态领域大肆宣扬高尚道德，并且凡事均主张从道德教化层面来寻求"根本解决"；另一方面，因缺失强制性的"法"背后所必须的情感认同，导致守法传统无法真正建立起来，社会道德底线无法得以有效维护，社会实际生活领域到处充斥着种种突破道德底线而又无法给予及时制止的现象。在处处高尚道德的舆论氛围中，主导人们实际行为的却完全是另外一套超越规则的行事逻辑，整个社会生活领域弥漫着道德说教而又无法看到切实执行的道德行为。换言之，儒家德主法辅的思想结构，隐含着道德底线被突破的潜在危机，而道德底线在现实社会难以得到有效自律，其结果将导致整个社会道德秩序的崩塌。

儒家德主法辅政治思想所内蕴的缺陷，恰好成为以韩非子为代表的法家所着力探讨的核心话题。韩非子主张法主德辅，认为在德治与法治互补结构之中，作为维护道德底线的强制性外在规则具有优先次序。唯有确保了低层次的道德底线，让社会绝大多

[1] 梁启超：《论立法权》，《饮冰室合集》文集之九，北京：中华书局，1989年版，第103页。

数人都不做坏人的前提之下，高尚道德才有滋生繁盛的社会土壤和心理基础。韩非子的论证逻辑，在于回归一种基本的政治学常识，即：政治有效性的基础必须立足于社会确定不移的客观事实。那么，韩非子眼中的客观事实是什么呢？答案是：基于人类生理需求而形成趋利避害这一必然性特征。在韩非子看来，趋利避害是绝大多数人所具有的共同特征。与儒家思想恰恰相反，韩非子认为，柔性道德教化，只对极少数人有效，而对社会绝大多数人必然无效。政治不应立足于少数人道德圣贤以及经由他们柔性感化而培养出来的道德高尚之人，应该立足于绝大多数人都必须依靠强制性的规则加以引导和约束的事实。在此，韩非子首次明确总结出社会群体道德意愿与道德行为之间的内在逻辑及其比例关系，从而确立了以维护道德底线为核心的法主德辅思想。

在韩非子看来，政治必然带有某种惩恶扬善的伦理诉求，所谓"善之生如春，恶之死如秋"（《韩非子·守道》），善不仅仅关涉道德意愿，更需呈现出具体的道德行为。也就是说，善不仅是内在的德性，还必须将其外在化，表现出善的行为来。从施政角度而言，各项制度及规则之实施，最终目的在于确保社会个体表现出基本的道德行为。问题在于，道德意愿与道德行为之间究竟存在怎样的内在关联呢？韩非子区分出四种关系：（1）无条件的道德意愿表现出来的道德行为；（2）有条件的行为自限意愿产生的道德行为；（3）主观无道德意愿客观却有道德行为；（4）既无道德意愿又无道德行为。韩非子认为，第 1 种属于尧舜般的圣人表现出来的特征。这类人具有强烈的道德意愿，无论社会规则怎样，他们都会按照自己的内在道德意愿去行事，做到绝对的内外合一。韩非子将这类人称为"太上之士"；第 2 种属于普通人表现出来的特征，也即"上不及尧舜，下不为桀纣"的"中人"所具有的特征。这类人具有比较稀薄的道德意愿，但比起太上之士的道德意愿来，其程度会很低。但他们都有一个共同点：趋利避害。其行事逻辑在于自身利益，而非自觉的道德意愿。当社会规则健全时，社会的绝大多数人都遵守规则，普通人也就愿意按照规则所倡导的价值去做，认可该价值，从而表现出道德行为来。相反，当社会规则不健全时，人们内心稀薄的道德意愿就会让位于现实的生存法则，当大多数人都不遵守规则时，作为普通人的社会个体，就会心安理得地从事违反规则的事情。第 3 种属于极少数贪生怕死的恶人表现出来的特征。这类人没有丝毫道德意愿，但他们却非常惜命怕死，担心受到惩罚。韩非子认为，如果能使无道德意愿的人最终产生道德行为，所谓"暴者守愿，邪者反正。大勇愿，巨盗贞"（《韩非子·守道》），那么普通人的问题也便迎刃而解。第 4 种属于十恶不赦的亡命之徒所具有的特征，亦即韩非子笔下的以盗跖为代表的"太下之士"的特征。这类人无恶不作，且不惧任何惩罚。

在这四类人中，韩非子认为强制性的规则只对第 1 种"太上之士"和第 4 种"太下之士"两类人失效。前者不需要规则，完全自律；后者任何规则对其都无威慑和惩戒作用，完全蔑视一切规则。但是第 2 种和第 3 种却是强制性规则能够充分利用人们趋利避害的特性产生作用的两类人。韩非子尤其强调将强制规则的运用对象锁定在第 3 种人身上，他深信，如果强制性规则能够使最坏的人不做坏事，那么就等于守住了社会的道德底线，其余不好不坏的人以及好人自然更不会做坏事。故他认为"度量信，则伯夷不失是，而盗跖不得非"（《韩非子·守道》）。就此而论，韩非子强调以公权力的威慑功能来教育"不才子"的做法也就顺理成章："州部之吏，操官兵、推公法而求索奸人，然后恐惧，变其节，易其行矣。"（《韩非子·五蠹》）这与儒家重教化轻威慑的德主法辅思路，截然不同。

在比例划分上，韩非子认为"太上之士"与"太下之士"这两类人均占整个社会的极少数，治国不应以此为依据，"治国用民之道也不以此二者为量"，不因太上之士看轻名利而不设赏，更不因太下之士不畏惩罚而不设刑。政治应将绝大多数人都具有的特性作为基点，从而实现治理的有效性。"治也者，治常者也；道也者，道常者也。"（《韩非子·忠孝》）所谓"常"，就是必然性，就是构成整个社会的绝大多数人的基本事实。所以，施政的前提应该尊重绝大多数人都趋利避害的心理事实。这条原则看似简单，可谓所有施政有效性不言而喻的基础。然而在具体的政治实践过程之中，却极易因一厢情愿的理想化而出现偏差，进而忽略掉这个最基本的施政常识。韩非子曾批评儒者："今世儒者之说人主，不善今之所以为治，而语已治之功。"建言献策之人，往往倾向于描绘一幅理想蓝图来吸引执政者，但是却常常堕入不切实际的空想主义，从而忽略这幅理想蓝图是否具备客观的社会基础。因此，真正英明的执政者应该"举实事，去无用"。这也正是他"为治者用众而舍寡，故不务德而务法"（《韩非子·显学》）、"上法而不上贤"（《韩非子·忠孝》）的致思逻辑之所在，其维护道德底线的法主德辅思想由此得以凸显。

需要强调，韩非子维护道德底线，本身就蕴含着某种道德或伦理倾向。其对"德"的忽略，只是在施政有效性层面而言，并非如坊间不少学者所批评的那样，认为韩非子具有"非道德主义"倾向。其实，真正深入分析《韩非子》，可以发现，韩非子并未否定道德的价值和作用，而且其法治理想国的社会生态，实则与儒家的大同社会并无本质区别。[1]

毋庸置疑，德治与法治各自的社会功能不能忽视。一个良好的社会应该是既有德治又有法治，既有高尚道德对人们加以柔性教化，又有强制性的规则对人们进行引导和约束。然而，当政治家们在强调二者并重的思路时，必须要对二者事实上存在一个轻重主次的先后关系具有清醒的理论认识。唯有如此，才能避免如下类似诡辩术的逻辑：德治功能的充分发挥依赖于法治对道德底线的有效维护；法治功能的充分实现亦离不开德治对社会个体道德自觉的培养。也就是说，二者功能的最佳状态均以对方的最佳状态为前提。问题在于，二者之间各自功能最佳状态如何才能实现呢？于是，不知不觉中，德法互为前提的思路陷入循环论证的困境。之所以会堕入这个论证困境，关键就在于忽略了德法之间其实存在着一个以法为先以德为后的逻辑次序。

众所周知，仅有维护道德底线的法治，无法创造一个和谐美好的社会，这是自孔子以来儒家思想的一贯主张，深刻影响了中国人的观念。单纯法治，确实存在不足，但其比单纯人治无疑具有无可比拟的优越性。西哲亚里士多德生活的时代，人们也曾针对法律因其僵化特性无法对现实生活各种问题做出完备安排而怀疑法治，进而引出一个争执不休的话题："应该力求一个（完备的）最好的法律，还是让那最好的一个人来统治？"亚里士多德给出的答案是："法治应当优于一人之治。遵循这种法治的主张，这里还须辨明，即便有时国政仍须依仗某些人的智虑（人治），这总得限制这些人们只能在应用法律上运用其智虑，让这种高级权力成为法律监护官的权力。"他进一步申辩："对若干事例，法律可

[1]　参阅宋洪兵：《韩非子政治思想再研究》，北京：中国人民大学出版社，2010年版，第173-174页。

能规定得并不周详，无法作断，但遇到这些事例，个人的智虑是否一定能够做出判断，也是未能肯定的。法律训练（教导）执法者根据法意解释并应用一切条例，对于法律所没有周详的地方，让他们遵从法律的原来精神，公正地加以处理和裁决。"[1] 在此，亚里士多德强调的是法治优于人治，法治优于德治，这与韩非子法主德辅的思路存在共通性。

需要指出，笔者并未主张单纯法治就足以实现一个美好和谐的善治，梳理德法关系的先后主次顺序，意在凸显一个基本的政治学常识：倘若一个道德底线没有得到有效维护，社会群体在内心深处根本没有对法律以及规则形成一种强烈的情感认同，没有形成一种文化及心理意义上的守法传统，即便到处充斥着并泛滥着高尚的道德教化，到头来整个社会依然会呈现出整体道德水平的下降。就此而论，法治相对于德治，具有制度基础性及功能优先性。

无论在个人道德行为的养成以及社会整体道德水平的提升层面，都必须倚赖强制性规则的引导和制约。循法，方能成德，这便是韩非子真精神的本质内涵。

---

[1]［古希腊］亚里士多德:《政治学》，吴寿彭译，北京:商务印书馆，1965 年版，第 171 页。

第一章

先秦儒家与法家的三种成德路径

当代学者张灏以深入探讨中西方文化的"幽暗意识"而广为人知。所谓幽暗意识，就是以强烈的道德感为出发点，正视与反思人性与人世中的阴暗面，在价值层面本着理想性与道德意识，对此阴暗面进行疏导与制衡。因此，张灏提出的幽暗意识总是与理想主义相辅相成的。顺此逻辑，他不仅认为儒家具有幽暗意识，而且还指出儒家思想具有一个显著特点，即：幽暗意识与成德意识同时存在，相为表里。他不断提及"成德"、"成德意识"，并认为"儒家思想是以成德的需要为其基点"[1]。然而，通观其著作，究竟何谓"成德"以及成就什么样的"德"，在张灏看来，似乎是一个不证自明的问题，他对此并未加以重点阐释。

显而易见的是，张灏的"成德"乃是成就儒家意义上的道德，尤其专指以孟子为代表的心性之学的道德，意指由内在心性培养而形成的高尚人格，这与现代新儒家的思路是一脉相承的。现代新儒家以弘扬儒家心性之学为职志，主张儒学是一种带有宗教特质的"成德之教"，成德专就个体内在德性培养而言，它不仅能够让个体呈现出高尚的人格魅力，而且还能使人获得安身立命的

---

[1] 张灏：《幽暗意识与民主传统》，北京：新星出版社，2006年版，第34页。

人生意义："'成德'之最高目标是圣，是仁者，是大人，而其真
实意义则在于个人有限生命中取得一无限而圆满之意义。此则即
道德即宗教，而为人类建立一'道德的宗教'也。"[1]这种具有宗
教特质的内在的"德"，曾被李泽厚定性为"宗教性道德"[2]。

　　问题在于，"德"具有更为复杂而丰富的内涵，并不仅仅具
有内在人格的意味。就历史维度而言，根据学者研究，"德"的
内涵在先秦时期一开始并不具有伦理意义上的道德意味，而是经
历了由"天德、祖宗之德"、"制度之德"、"精神品行之德"的历
史嬗变。唯有精神品德之德，才是现代汉语意义上的道德，前两
种形态的"德"都有"得"（得到）的意味。"如果说，商代的'德'
的观念是在说明，人们的生活稳固和幸福得之于天命和先祖、以
天命神灵为主的话，那么，周代'德'观念的一个重要发展在于
它指出人们的生活稳固和幸福固然也有得之于天命神灵和先祖的
因素，但更主要是强调得之于宗法和分封。……周人所崇奉的
制度之德还保留在制度的层面，还没有进入到个人内心自省的领
域。"直到春秋中期，人们才逐渐用"德"来说明人的品德和操
守[3]。也就是说，早期的"德"是指外在之得，无论得于天命、祖
先还是得于制度，都意指个人从外界获得某种利益或庇护。唯有
到了春秋时期，才逐渐演变为内在的品格。即便在春秋战国时期，
"德"的内涵亦不单指个人内在的品德和操守。张岱年认为，道
家的"德"有时与儒家所主张的一般意义上的德行、品德内涵相似，
但道家同时亦将"德"视为万物成长的内在依据："这种内在依据，

---

[1] 牟宗三：《心体与性体》，上海：上海古籍出版社，1999年版，第5页。

[2] 李泽厚：《历史本体论・己卯五说》，北京：生活・读书・新知三联书店，2003年版，第
　　48-59页。

[3] 晁福林：《先秦时期"德"观念的起源及其发展》，《中国社会科学》2005年第4期。

儒家谓之性，道家谓之德。可以这样理解：道指天地万物共同具有的普遍性，德指每一物所具有的与众不同的特殊性。"[1]《韩非子·解老》以"得"释"德"正是源自"德"内涵的古老传统。由此可见，先秦时期"德"的内涵，经历了由外而内的演变，同时注重外在之"德"的思想传统并未中断。许慎《说文解字》释"德"为"外得于人，内得于己"，正是对先秦时期"德"字内涵的精辟概括。换言之，"德"具有内外之"得"的内涵，这至少为今人探讨"德"确立内外两个维度提供了有益的研究视角。

及至近现代，"德"又具备了"公德"与"私德"的内涵。梁启超认为，"道德之本体一而已，但其发表于外，则公私之名立焉。人人独善其身者谓之私德。人人相善其群者谓之公德。"并且断言，"我国民所最缺者，公德其一端也。""吾中国道德之发达，不可谓不早。虽然，偏于私德，而公德殆阙如。试观《论语》、《孟子》诸书，吾国民之木铎，而道德所从出者也，其中所教，私德居十之九，而公德不及其一焉。"[2]梁启超公德私德的观念实则源自近代日本。福泽谕吉曾将"德"分为"私德"与"公德"。"凡属于内心活动的，如笃实、纯洁、谦逊、严肃等叫作私德。""与外界接触而表现于社交行为的，如廉耻、公正、正直、勇敢等叫作公德。"[3]台湾学者陈弱水曾以二十世纪六十年代的台湾社会为例，探讨华人社会的"公德"内涵，他指出"公德"具有两个特性："第一，它大多用来指称不作为或消极性（negative）的公民行为。""公德的另一项特性是，它常与法律或公共场所的规则有

---

[1] 张岱年：《中国古典哲学概念范畴要论》，北京：中国社会科学出版社，1987年版，第156-157页。

[2] 梁启超：《新民说》，《饮冰室合集》专集之四，北京：中华书局，1989年版，第12-13页。

[3] ［日］福泽谕吉：《文明论概略》，北京：商务印书馆，1959年版，第73页。

关。……公德行为与守法行为有很大的重叠。"[1]公德，主要意指不危害社会公益及他人利益的行为。

基于上述对于道德内涵的分析和认识，本书所谓"成德"之"德"，并不仅仅指儒家意义上的内在人格和德性，而是具有更为宽泛的内涵。

首先，道德包括内在的道德意愿与外在的道德行为两个层面的内涵。对此，休谟曾有精彩阐述，他说："如果道德对于人类的情感和行为不是自然地具有影响，那么我们那样地费了辛苦来以此谆谆教人，就是徒劳无益的了，而且没有事情再比一切道德学者所拥有的大量规则和教条那样无益的了。"[2]在休谟看来，道德必须对人类的情感和行为产生实际影响，才会有意义，道德意愿与道德行为是密切相关的。边沁在分析"动机"与"行为"的关系时亦涉及道德意愿和道德行为的内在关联。他说："动机一词，在它就一个有思想的存在物而被使用的最广泛的意义上，是指任何能有助于产生、甚或有助于防止任何一种行为的事情。"在他看来，动机可以分为"纯粹的思辨动机"与"实践动机"，但他关注的是能够对人的行为产生实际影响的"实践动机"，在此，动机就是意愿。所以，"动机必然涉及行为"。[3]也就是说，内在的道德意愿必须呈现出道德行为来，才会具有社会伦理价值，世上根本不存在只有内在道德意愿而不呈现外在化道德行为的道德伦理。赵汀阳亦认为："在价值上人们所需要的不是显示某种心理姿态，而是需要作出行动上的选择，即'去做 A 而不做 B'。这

---

[1] 陈弱水：《公共意识与中国文化》，北京：新星出版社，2006 年版，第 16-17 页。

[2] [英]休谟：《人性论》(下册)，关文运译，北京：商务印书馆，2002 年版，第 497 页。

[3] [英]边沁：《道德与立法原理导论》，时殷弘译，北京：商务印书馆，2000 年版，第 147-149 页。

种行动所担负的责任是实实在在的，它比理解和解释要严重得多。"[1]因此，本书所谓道德，既包括内在的品性修养，亦包括外在的道德行为。笔者所着力解决的理论问题在于，道德意愿与道德行为之间的内在关联究竟是怎样的？具体而言，它涉及"具有道德意愿的个体是否必然呈现道德行为"以及"影响道德行为的关键因素究竟在何处"等理论问题。

其次，道德既包括个体人格的私德，亦包括社会关系范畴的公德。本书所谓私德，并非单纯意指福泽谕吉所认为的内心活动，而是基于自然情感而具备的利他意愿以及利他行为，主要以血缘亲情关系为纽带；所谓公德，意指基于公共理性而在公共场域的利他意愿、利他行为以及不危害社会公益及他人利益的意愿与行为，主要以超越私人情感的陌生关系为纽带。之所以要探讨私德与公德，根本原因就在于，这是一个涉及"具备私德的个体是否必然表现出公德"以及"私德与公德之间的价值冲突及排序"的理论问题。

第三，道德不仅仅包括个人道德，而且还包括社会整体道德水平。一个良好的社会，不仅仅体现在社会个体具有道德；而且还在于这个社会的整体道德水平比较高。赵汀阳认为："仅仅有了关于每个人的道德原理仍然不足以说明道德问题，还需要关于生活和社会的总体性道德原理，否则就不理解道德的总体之势。"[2]根据常识理解，社会由单个个体构成，如果能够提升社会个体的道德水平，那么社会整体的道德水平就会提升。然而，成就社会个体道德，是否能够提升社会的整体道德水平？影响社会道德整体水平的关键因素到底是伦理的还是政治的？这也构成了本书的一个重要问题意识。

---

[1] 赵汀阳:《论可能生活》（修订版），北京：中国人民大学出版社，2004年版，第207页。
[2] 同[1]，第202页。

准此，如何"成德"的问题事实上可以围绕两个方向来展开：由内而外与由外而内。由内而外的思路，着力培养个体的内在德性，强调"德"的内在根源，以养成内在的道德意愿，进而呈现出外在的道德行为。这种思路以孟子的性善论为典型代表，循心成德。与此相对应的是，由外而内的思路，主张以外在的规矩来约束个体的道德行为，通过道德行为的日常训练，进而形成一种风俗和习惯，潜移默化地培养内在的道德意愿，日日用而不知。这种思路以荀子循礼成德与韩非子循法成德的思想为典型代表。总体而言，循心成德、循礼成德与循法成德，构成了古代中国的三种主要成德路径。

第一节　孟子：循心成德

由内而外的成德思路，与古代中国向来以人性善来进行道德教化的观念一脉相承。某种意义上可以说，这已构成我们这个民族有关道德建设的思维惯性，至今依然产生广泛的思想影响。这种思路，由孔子启其端，孟子则集其大成，主张向内提升个体道德素养，进而促成社会整体道德水平之提升。现在先从孔子的成德思路说起。

孔子思想核心在内在之"仁"。在孔子的思想体系中，"仁"是所有道德的总称，其基本特质就在于发自内心的利他情感和行为："仁者爱人。"（《论语·颜渊》）"仁"是一种发自内心的道德意愿和道德自觉，其理论依据在于真诚的血缘亲情。无论子女对父母的孝顺，还是父母对子女的关爱和照顾，以及兄弟之间的互相谦让和尊重，都具备源自生活情境的真实性和真诚性。孔子将这种人伦亲情理性化为"仁"的心理基础，凸显出利他性的道德意愿。孔子认为，如果具备这种真诚的道德意愿，就能够成为一个遵纪守法、道德高尚的君子。故《论语·学而》记载孔子学生有子的话说："其为人也孝弟，而好犯上者，鲜矣；不好犯上，而好作乱者，未之有也。君子务本，本立而道生。孝弟也者，其为人之本与？"在此，孝悌，是私人范畴的亲情；犯上作乱，属于公共范畴的道德行为。以此道德意愿为基础，孔子着力于培养人们坚守这种道德意愿的决心。他认为："仁远乎哉？吾欲仁而斯仁至矣。"（《论语·述而》）仁德并不遥远，只要你愿意去实践它，仁德就能实现。由道德意愿而呈现道德行为，由私德转化为公德，毫无挂碍的连续性思维在孔子那里得以顺利展开。

当然，孔子在强调"仁"的同时，亦兼重外在之"礼"。"仁"为内涵，"礼"为形式，二者协调一致才是最佳状态，内外和谐，才是君子应该具有的道德素养。"礼"如果脱离内在道德情感的"仁"的依托，仅仅是一种冷冰冰的外在约束，在孔子看来，是没有价值和意义的，所谓："人而不仁，如礼何！人而不仁，如乐何！"（《论语·八佾》）礼乐作为外在的礼仪规范，必须以内在的仁为情感依托，孔子反对单纯的外在规范于此可见。

关于孔子对"礼"的看法，李泽厚有非常精辟的阐述，他说："孔子把'三年之丧'的传统礼制，直接归结为亲子之爱的生活情理，把'礼'的基础直接诉之于心理依靠。这样，既把整套'礼'的血缘实质规定为'孝悌'，又把'孝悌'建筑在日常亲子之爱上，这就把'礼'以及'仪'从外在的规范约束解说成人心的内在要求，把原来的僵硬的强制规定，提升为生活的自觉理念，把一种宗教性神秘性的东西变为人情日用之常，从而使伦理规范与心理欲求融为一体。'礼'由于取得这种心理学的内在依据而人性化，因为上述心理原则正是具体化了的人性意识。"[1]在孔子看来，"礼"从来都不是单纯的外在形式，而是血缘亲情的自然呈现。血缘亲情的真诚性，能够确保人们在服从礼乐规范时，就不再是服从一种僵硬的强制规定，而是具有内在的自觉性。正因如此，孔子才说出如下一番话："克己复礼为仁。一日克己复礼，天下归仁焉。为仁由己，而由人乎哉？"（《论语·颜渊》）既然"礼"源自血缘亲情之真诚与自觉，自然应该发自内心地加以遵守。如果人们能够做到以"礼"来克制和约束自己，那么，就可以成就"仁"德。这种克制和约束，不是源自外在的强制性，而是源自内在的真诚与自觉，对"礼"的遵守和服从，源自对血缘亲情的遵守和服从，所以才会有"为人由己，而由人乎哉"的说法。所以，从形式上看"克己复礼为仁"，似乎在说孔子亦主张外在的约束而成德；然而，从实质而论，"为人由己，而由人乎哉"，其落脚点依然在于内在的道德意愿。换言之，遵守和服从"礼"的动力依然在于内在的道德意愿，其成德思路是由内而外，而非由外而内。

当孔子在阐述其"克己复礼为仁"的观念时，颜渊要求他进一步具体说明。孔子回答说："非礼勿视，非礼勿听，非礼勿言，非礼勿动。"视听言动，都是具体的行为；若都能合乎礼的规定，自然就可以成就良好的道德行为。问题在于，人们的视听言动，并不仅仅局限在亲情领域。人们不可能只跟亲人打交道，而不和陌生人发生联系，"天下归仁"之"天下"，已然超越亲情范围而进入到公共领域。因此，"礼"对视听言动的约束和引导，实则具备超越亲情领域而具有更为广阔的社会范围。

在孔子那里，道德意愿的根源在于血缘亲情的真诚性和自觉心；具备此道德意愿，就自然能够呈现道德行为，所谓"吾欲仁

---

[1] 李泽厚：《中国古代思想史论》，北京：人民出版社，1985年版，第25页。

而斯仁至矣"(《论语·述而》),此处之"欲仁",讲的就是道德意愿,"斯仁至矣"讲的则是道德行为;出于对亲人的感情而遵守相应的社会规则("礼"),就可以从私德而表现公德;一个人通过这种路径修养成为君子,他就可以充分发挥榜样的功能,引导更多人向善,从而整个社会的道德水准就会得以提升:"一日克己复礼,天下归仁焉"说的是这个道理;"子为政,焉用杀?子欲善而民善矣。君子之德风,小人之德草,草上之风必偃"(《论语·颜渊》)以及"君子笃于亲,则民兴于人"(《论语·泰伯》)说的依然是这个道理。因此,由亲情为基点,在道德意愿与道德行为、私德与公德、个人道德与社会整体道德水平之间,孔子运用连续性思维圆融连贯地构筑了一条由内而外的成德路径。费孝通曾评论孔子思想:"仁这个观念只是逻辑上的总合,一切私人关系中道德要素的共相,但是因为在社会形态中综合私人关系的'团体'的缺乏具体性,只有个广被的'天下归仁'的天下,这个和'天下'相配的'仁'也不能比'天下'观念更为清晰。所以凡是要具体说明时,还得回到'孝悌忠信'那一类的要素。正等于要说明'天下'时,还得回到'父子、昆弟、朋友'这类具体的伦常关系。"[1]毋庸置疑,费孝通对孔子基于亲情和私德而推广成德思路的判断是正确的。

然而,孔子的成德思想却存在一个悬而未决的理论问题。具体而言,作为道德意愿根源的血缘亲情具有特殊性,每个人都以自我为中心形成各自的亲情,并且在"差序格局"中倾向于向内看而带有某种偏私的苗头,而"礼"的规范却具有普遍性和公共性,如何由特殊的血缘亲情向普遍的社会伦理拓展,孔子并未给

---

[1] 费孝通:《乡土中国·生育制度》,北京:北京大学出版社,1998年版,第34-35页。

出明确的理论回答。[1]也就是说，当超越亲情范畴，进入到非亲情领域时，人们是否还能发自内心地真诚地具备利他的道德意愿和道德行为？对这个问题的回答，道德意愿的理论根源，就不能局限于亲情的自然情感，而需要更具普遍性的理论基石。而这个理论基石，就是人性。而孔子恰好在此问题上，并未深入探讨，"夫子之文章，可得而闻也；夫子之言性与天道，不可得而闻也"。(《论语·公冶长》) 这个理论使命，由孟子来完成。

孟子承接孔子的思路，指出人们之所以能够"吾欲仁而斯仁至矣"，原因就在于人性善。孟子并未否定孔子以血缘亲情来论证道德意愿的思路，而是有所继承。他不断申说真诚而美好的亲情乃是"仁"的直观表现，诸如"亲亲，仁也"(《孟子·尽心上》)、"仁之实，事亲是也"(《孟子·离娄上》) 等，都是在表达这个意思。然而，孟子并未停留在血缘亲情层面，而是在更为普遍的范围内探讨成德的人性基础。

孟子主张性善论。他论证性善论的依据又在于所谓"四端"，即："恻隐之心"、"羞恶之心"、"辞让之心"、"是非之心"。(《孟子·公孙丑上》) 在孟子看来，"四端"是人之所以为人的价值尺度，是道德价值的内在依据。孟子性善论的意义，一方面在于标识出人之所以为人的内在依据，强调人兽之别，从而凸显人的价

---

[1] 劳思光曾对孔子思想遗留下来的问题做过一番系统阐述，其中之一就是如何证成超越亲情之外的其他范畴时，道德自觉心如何可能的问题。他说："孔子立人文之学、德性之学，其最大特色在于将道德生活之根源收归于一'自觉心'中，显现'主体自由'，另一面又由'仁、义、礼'三观念构成一体系，使价值意识由当前意念，直通往生活秩序或制度，于是有'主体自由之客观化'。有此两步肯定，于是义命分立，原始信仰之阴霾一扫而空，而人之主宰性及其限制性，亦同时显出。就规模而论，孔子之学确是一宏大贯彻之文化哲学。但就纯哲学问题说，则此一切肯定能否成立，必视一基本问题能否解决，此即'自觉心'或'主宰力'如何证立之问题。孔子虽透露对此基本问题之看法，但并非提出明确论证。"参阅劳思光：《新编中国哲学史》，桂林：广西师范大学出版社，2005 年版，第 115-116 页。

值和尊严；另一方面在于寻求成德的内在动力。孟子的成德思路，基点仍然在道德意愿，而道德意愿的直接呈现就是"四端"。

孟子将"恻隐之心"视为"不忍人之心"，也即面对身处困境和灾难中的各类生灵时油然而发的同情心和怜悯心。那么，何谓"不忍人之心"呢？孟子有如下基于生活经验的论证："所以谓人皆有不忍人之心者：今人作见孺子将入于井，皆有怵惕恻隐之心；非所以内交于孺子之父母也，非所以要誉于乡党朋友也，非恶其声而然也。"（《孟子·公孙丑上》）显然，孟子在此已经超越了血缘亲情来论证道德意愿的根基和动力。孺子，并非具有血缘关系的家族亲人，而是他人之子，甚至完全可能是陌生人之子。面对孩子即将掉进井里的生命困境时，直接发自心底的自然情感，就是不忍他人身处危境，下意识地采取行动去拯救。在此，"不忍人之心"没有任何功利的目的，甚至来不及有什么心理活动，自然而然地直接呈现道德行为。这样，"不忍人之心"就不仅仅是对自然的血缘亲情的真诚性而产生道德意愿，而是普遍的人所具有的一种共同特质，从而为人们超越亲情领域的道德意愿奠定基础。"不忍人之心"是一种带有价值倾向的经验事实，不是一个简单的逻辑起点，而是一种内在道德意愿的自然呈现，它支撑起了孟子成德思想的理论大厦。

孟子认为，只要人们具备"不忍人之心"，就能产生自觉的道德意愿，只要具备道德意愿，就能呈现出道德行为来。在他看来，每个人都具备产生道德意愿的能力，那些不表现道德行为的人，并非内在没有善性，而是因为其他因素而丧失了真正的道德意愿。他曾区分"不能"与"不为"两个概念。当一个人力气很大，具备举起百斤重物体的能力，但是却推脱说拿不起一根羽毛，那显然是在为自己的不作为寻找托词而已。真正的"不能"，是"挟

太山以超北海"，那是超过了人力所能为的范围；但是，如果一
个人真正具备道德意愿，他要呈现道德行为，其实就像向长者弯
腰行礼一般容易，之所以最终"不为"，其实并非"不能"，而是
"不愿"。"为长者折枝，语人曰'我不能'，是不为也，非不能也。"
（《孟子·梁惠王上》）。在此，孟子透露出的思想讯息非常丰富，
一方面，他揭示出虽然人人都具备道德意愿的能力，但并不一定
人人都能产生道德意愿；另一方面，一旦真正在内心产生了道德
意愿，他就一定能够付诸行动，因为从内在的道德意愿呈现出道
德行为，其实是一件非常容易的事情。因此，最困难的事情难就
难在道德意愿是否能够真正形成，而非难在道德意愿与道德行为
之间存在障碍。

若从私德与公德层面讲，孟子既讨论基于私人的自然情感而
呈现出来的道德意愿及行为，又关注社会公共领域的道德意愿及
行为。某种程度上甚至可以说，孟子与孔子相比，其思想的显著
特征，就是更多侧重在公共场域探讨如何成德的问题。

首先，孟子关注亲情领域的道德意愿及行为。他在《孟子·滕
文公上》阐述葬礼起源时说："盖上世尝有不葬其亲者。其亲死，
则举而委之于壑。他日过之，狐狸食之，蝇蚋姑嘬之。其颡有泚，
睨而不视。夫泚也，非为人泚，中心达于面目。盖归反虆梩而掩
之。掩之诚是也，则孝子仁人之掩其亲，亦必有道矣。"上古之时，
曾有亲人死去不掩埋扔进沟壑的风俗。然而有一天经过亲人尸体
时，却发现狐狸在啃食尸骨，苍蝇、蚊虫在汲取尸液，当时惊得
额头冒冷汗，不再敢正眼看一眼。之所以冒冷汗，不是为别人而
冒，而是发自内心的愧疚而呈现于面目之上。于是才回家拿上铲
子等工具，把尸骨掩埋。"它显示了生命与生命之间一种即使死
亡也化解不了的联系。……纵然是在死亡之中，我们也无法对他

人所面临的危险漠然置之。"[1]私人领域的父慈子孝、兄恭弟悌的亲情伦理，正是源自内在的真实情感，即使亲人死去，这种情感亦不会消失。这种观念与孔子的思想，一脉相承。

　　其次，因孟子成德思想奠基于更具普遍性的人性论，所以他亦将眼光投向整个社会，更多关注公共领域的道德意愿及行为。前文所引救护井边孺子时的"不忍人之心"，本身就是在公共领域内产生的道德意愿和道德行为。人有此"不忍人之心"，不仅对他人的不幸和困境不能漠然面对，而且还能对其他有生命的动物产生同样的怜悯之情。《孟子·梁惠王上》记载一则故事：一日，齐宣王坐在殿堂上，忽然看见臣仆牵一头牛经过去宰杀祭祀，想起这头牛临死之际的惊恐绝望，顿生怜悯不忍之心，命人用羊来替换牛。之所以这么做，是因为他并未亲见羊临死之际的惊恐。于是，孟子由此引申出一种具有普遍性的道德意愿来："君子之于禽兽也，见其生，不忍见其死；闻其声，不忍食其肉。是以君子远庖厨也。"君子若对禽兽尚且充满怜悯之心，不忍其死，更何况对人呢？！这已然超出了社会范畴，进而涉及处理人与自然、人与万物关系时所应具备的道德意识。《孟子·尽心上》将这种意识非常明确地宣示出来："君子之于物也，爱之而弗仁；于民也，仁之而弗亲。亲亲而仁民，仁民而爱物。"亲亲，是基于自然情感的私德行为；仁民，则是基于不忍人之心而呈现的公共道德行为；爱物，即是将人类内在的道德价值推广至世间万物，难怪乎冯友兰认为孟子不仅主张"社会公民"，甚至主张"宇宙公民"。[2]孟子成德观念的公共特质，于此凸显无遗。当然，《孟子·梁惠王上》

---

[1]［法］弗朗索瓦·于连：《道德奠基：孟子与启蒙哲人的对话》，宋刚译，北京：北京大学出版社，2002 年版，第 4 页。

[2]　冯友兰：《中国哲学简史》，北京：北京大学出版社，1985 年版，第 93 页。

所提及的"老吾老，以及人之老；幼吾幼，以及人之幼"，实则亦是通过亲情伦理，将心比心，进而由私人领域通向公共领域的道德，只不过这在整个孟子思想体系中，由私领域的亲情推及公领域的道德并不构成孟子成德思想最为重要的思路。

若从个人道德与社会整体道德水平的关联而言，孟子主张一个成德的君子或圣人，能够通过自身的德行及相关举措，吸引更多人对他产生信赖情感，这种信赖情感又会自然而然地产生心悦诚服的归顺和模仿行为，个人道德由此辐射至整个社会，进而可以提升整个社会的道德水准。于连曾以"大公无私的利他主义又何以能够征服他人"的问题意识为出发点，提出孟子遵循了两条相辅相成的逻辑思路：推广和吸引。[1]于连的追问其实也是在解决个人道德修养如何与社会整体道德水平的提升联系起来的问题。

首先看孟子的"推广"思路。孟子继承了孔子思想，格外重视身教的功能，强调"风草效应"而产生的榜样作用。什么样的人能够起到榜样的作用呢？毋庸置疑，这人就是本着"四端"之心不断修养，不仅具备高尚的道德意愿，而且能够在私人领域与公共领域均呈现道德行为的圣人，而这个人又往往被孟子假想为国君。孟子认为，王者在位，就能潜移默化地产生德教功能，使百姓"日迁善而不知为之者"。（《孟子·尽心上》）所以，"君仁莫不仁，君义莫不义，君正莫不正；一正君而国定矣。"（《孟子·离娄上》）当然，在具体政治运作层面，孟子还充分考虑到社会结构的层次性，主张以具有政治影响力的豪门大族为中介来发挥王者的德教功能："为政不难，不得罪于巨室。巨室之所慕，一国慕之；一国之所慕，天下慕之；故沛然德教溢乎四海。"（《孟子·离

---

[1]［法］弗朗索瓦·于连：《道德奠基：孟子与启蒙哲人的对话》，宋刚译，北京：北京大学出版社，2002年版，第126页。

娄上》）言下之意，只要"巨室"能够心悦诚服地对国君及其德性表达尊崇之意，那么，他们就能运用他们的社会地位和政治影响力，带动更多的人来模仿国君，由此呈现出一种"多米诺骨牌"效应，整个天下都会纷纷效仿，进而实现君主个人德性向整个社会的完美辐射。

其次看孟子的"吸引"思路。孟子深知一个道理：能够毫无条件矢志不渝地坚守个人道德意愿并呈现道德行为的人，毕竟在少数；对于绝大多数人而言，必须满足一定物质条件之后，才能真正向善，追随道德高尚的王者。所以，他不断申明这个道理："民之为道也，有恒产者有恒心，无恒产者无恒心。"（《孟子·滕文公上》）"无恒产而有恒心者，惟士为能。若民，则无恒产，因无恒心。"（《孟子·梁惠王上》）在此，所谓"恒心"，就是坚定的道德意愿。在孟子看来，唯有士人能够无条件地坚守道德意愿并呈现道德行为，这就是孟子一贯推崇的"大丈夫"人格，"富贵不能淫，贫贱不能移，威武不能屈。此之谓大丈夫"。（《孟子·滕文公下》）大丈夫之所以难能可贵，就在于其能够抵制物质的诱惑及外界的威胁，能够为了自己的道德信念，不惜牺牲自己的生命，舍生而取义。然而，孟子又非常理性地认识到，大丈夫人格，不是人人皆能做到，欲使其他绝大多数普通人也能够响应圣人或君子的道德号召，还必须让他们衣食无忧，生活幸福，在物质生活层面给予他们足够的吸引力。唯有如此，百姓才能容易向善。"是故明君制民之产，必使仰足以事父母，俯足以畜妻子，乐岁终身饱，凶年免于死亡。然后驱而之善，故民之从之也轻。"（《孟子·梁惠王上》）

孟子成德思路的重心，关键在于如何由"四端"之"心"而养成仁义礼智之"德"，在培养道德意愿上面下工夫。由此，孟子探索了在思想史上系统阐释了其成德工夫论。概括地说，其途径在于"扩充"，所谓"凡有四端于我者，知皆扩而充之矣，若火之始然，泉之始达。苟能充之，足以保四海；苟不充之，不足以事父母。"其方法在于"持其志"、"不动心"、"养浩然之气"（《孟子·公孙丑上》），根本目的就在于培养坚定的道德意愿，由此就可以循心成德。

综上可以看出，孟子成德思路的显著特征在于由内而外、循心成德，其理论枢纽都可以归结到"四端"，归结到"不忍人之心"。只要把握好了这一理论枢纽，就可以培养出具有坚定道德意愿和道德行为的王者，王者就可以由私德而推及公德，就可以施行"仁政"，由个人之德影响整个社会之德。孟子成德思路的连续性思维与孔子一样，一以贯之。

问题在于，基于亲情的自然情感而产生的利他行为可以成为道德的基础吗？孔子对此不加怀疑，孟子对此亦没有明确反对，然而又该如何认识亲情之间的利害纷争甚至骨肉相残呢？如何解决个人亲情与公德之间的价值冲突？孟子内在的性善论可以成为道德的基础吗？那又该如何认识和解决人们"不愿"的问题？当人们"不愿"遵循孟子的成德思路，"不愿"承认并恪守内在的"不忍人之心"时，孟子除了"非人"（不是人）的道德批判外，实则拿不出更为切实可行的解决办法来。[1]而现实生活中，"不愿"的现象却比比皆是，这就对孟子"道德意愿—道德行为"、"私德—公德"、"个人道德—社会整体道德"的整个连续性的成德思想体系构成了极大的挑战。荀子恰好承继上述理论问题，展开

---

[1] 虽然孟子亦主张"以生道杀民，虽死不怨杀者"（《孟子·尽心上》）、"徒善不足以为政，徒法不足以自行"（《孟子·离娄上》），但是在其整个思想体系中，道德批判是主流，如何惩恶不仅不是其关注的重点，甚至并未进入其系统思考的视野。

了对孔子孟子成德思想的理论反思，并由此形成了自己独特的成德思想体系。

第二节　荀子：遁礼成德

荀子是先秦时期继孟子之后的又一位儒家思想大师，司马迁在《史记》中将孟荀并列入传，亦充分体现出荀子在先秦儒家思想源流中所占据的重要地位。"礼"是荀子思想体系的核心概念，王先谦曾谓："荀子论学论治，皆以礼为宗，反复推详，务明其旨趣，为千古修道立教所莫能外。"[1]荀子的成德思路与由内而外的孟子思路截然不同，而是强调由外而内，遁礼成德。

就道德意愿与道德行为之间的关系而言，荀子与孔孟最大的区别在于，他并未直接从人的内在道德意愿去推导道德行为，而是斩断孔子孟子的连续性思维，认定"人性恶"，人并不具备源自内在的先天道德意愿，人们的道德行为是外在规则和生活环境引导、约束以及教化的结果。唯有通过道德行为的有效影响，才能最终由外而内养成人们的道德意愿。

众所周知，荀子主张"性恶"。这种"性恶"完全不考虑个人后天努力的纯粹自然状态。具体来说，就是指人类与生俱来的各种生理欲望，"饥而欲饱，寒而欲暖，劳而欲休"。无论是谁，只要是人，无论圣人也好，普通人也罢，都有共同的自然属性，所谓"圣人之所以同于众而不异于众者，性也"（《荀子·性恶》）。在荀子看来，倘若人类社会缺乏外在规矩的约束和引导，放任人所具有的欲望，必将导致互相争夺进而造成社会秩序的混乱，也不会存在共同认可的道德价值和行为准则。究其根源，就在于荀

---

[1]　王先谦:《荀子集解·序》，北京：中华书局，1954年版，第1页。

子并不认为人存在内在的道德意愿。

孔子及孟子都曾将血缘亲情的真诚性视为个人内在道德意愿的经验依据，然而荀子却并不如此认为。在他看来，即便对于血缘亲情，倘若缺乏外在规则的约束和引导，同样会因利益问题产生争夺。《荀子·性恶》谓："假之有弟兄资财而分者，且顺情性，好利而欲得，若是，则兄弟相拂夺矣；且化礼义之文理，若是，则让乎国人矣。故顺情性则弟兄争矣，化礼义则让乎国人矣。"如果缺乏礼义规范，顺情性，一味放任人的自然欲望，即便兄弟之间亦会互相争夺；相反，如果具备礼义规范，有效引导和约束人们的各种欲望，即便陌生人之间，亦会彬彬有礼、相互辞让。同时，作为血缘亲情的核心概念"孝"在荀子思想体系中，亦不是发自子女对父母长辈的天然情感，而是外在礼义熏陶、教化的结果。《荀子·性恶》说："天非私曾骞孝己而外众人也，然而曾骞孝己独厚于孝之实，而全于孝之名者，何也？以綦于礼义故也。"在此透露出来的信息是，人的道德行为（符合社会规范的行为）源自外在的"礼义"而非内在的道德意愿，亲情无法自发产生内在的道德意愿。

然而，倘若缺乏内在的道德意愿，势必事事都需要外在的规则去约束和管制，如此一来，不仅涉及社会治理成本无限增加从而有可能导致规则面临失效的危险，而且在事实上亦难以做到无论何时何地均存在着有效的监督和管理。显然，荀子已然意识到这个问题，他对此提出的解决办法就是"化性"，将人类缺乏主动道德意愿的本性通过后天的教化与引导，逐渐形成基于生活习惯与社会风俗的道德自觉。荀子认为，"人之性恶，其善者伪也"（《荀子·性恶》）。伪，就是人为，后天努力的意思。在荀子看来，因为人之性恶，所以人们内在缺乏向善之动力，缺乏源自内在的道德意愿。因此，善，也就是道德行为，是人类通过外力对人性加以熏陶、塑造的结果，这就直接否认了孟子的性善论。《荀子·儒效》说："性也者，吾所不能为也，然而可化也。"也就是说，人性是天然生成的，"不能为"就是人们无法改变这个事实，但是人们可以通过后天的努力来熏陶和教化，即所谓"可化"，使自己的观念和行为发生变化，从而培育道德意愿并最终呈现出道德行为。所以，荀子并非不关注人的道德意愿，只不过在道德意愿产生的根源层面，孔子及孟子的道德意愿是"内源性"的，荀子的道德意愿是"外塑型"的。荀子的"化性"思路，就是要由外而内培养一种"外塑型"道德意愿。

具体而言，荀子之"化性"思路可以概括为以下几种途径：

其一，学莫便乎近其人，劝学以化性。

所谓"学莫便乎近其人"，语出《荀子·劝学》，意指跟随圣人，耳濡目染，久而久之，必然会受其感染，从而在不知不觉之中实现"化性"，成为一个具有道德意愿与道德行为的人。荀子认为，圣人的言传身教可以潜移默化地熏陶人性、改造人性。荀子"性恶论"的思想体系中，并未主张所有人都缺乏内在道德动力。荀子认为，人，无论贵贱智愚，无论尧舜一般的圣王还是桀纣一般的暴君，无论高高在上的贵族，还是终日忙碌的草根阶层，都具有相同的特性：趋利避害，好利恶害。寒而欲衣，饥而欲食，劳而欲逸，这是人类天生的本能欲望。如果放纵人类的欲望，势必导致利益纷争、社会混乱。但是，在此过程中，有极少数人能够自己超越自身人性之负面倾向，"化性起伪"，制作礼义规则，引导并约束整个社会向善、从善，由此成为全社会的最高统治者。在荀子看来，这极少部分人，即是圣人，也是圣王，更是老师。所以，荀子往往将"圣人"、"圣王"、"人师"、"君师"视为一体。圣王制作礼义，引导他人向善，通过后天学习圣王之礼义，内化圣王之礼乐精神，也能成为圣人。荀子说："学恶乎始？恶乎终？曰：其数则始乎诵经，终乎读礼；其义则始乎为士，终乎为圣人。"(《荀子·劝学》)

荀子劝学，不是简单意义上的劝解人们学习知识，而是学习如何做人，诵经、读礼，不仅仅了解经典之知识，而在于如何实践经典的精神。如果能够知行合一，身体力行，通过学习先王流传下来的礼乐精神，也能成为圣人。所以，在荀子思想中，圣人至少包括两类人：一是"化性起伪而作礼义"的圣王；二是学习圣王礼义并且内化、实践圣王礼乐精神的士人。荀子认为，圣人，作为活生生的礼乐精神的载体，相对于单纯从书本学习先王的《诗》、《书》、《礼》、《乐》、《春秋》而言，更容易影响他人。

其二，贵俗以化性。

风俗习惯，是一种长期的历史积淀，它对社会成员的观念和行为具有强烈的影响。荀子认为，风俗对于人们的观念和行为在不知不觉之中发挥着至关重要的作用。《荀子·劝学》篇说："干、越、夷、貉之子，生而同声，长而异俗，教使之然也。"干越，即吴越，夷貉即指东方的少数民族与北方的少数民族。干、越、夷、貉在当时都是指具有不同风俗习惯的少数民族。他们的孩子，刚生下来的时候，声音都一样，然而长大之后，却因各自风俗教化之差异，形成不同的思维习惯和行为模式。《荀子·荣辱》篇也说："可以为尧禹，可以为桀跖，可以为工匠，可以为农贾，在执注错习俗之所积耳。"一个人在其成长过程中究竟成为什么样的人，与其生活环境及风俗习惯密不可分。风俗之于人的影响，可见一斑。

风俗对于人的成长具有如此重要的作用。好的风俗，可以熏陶好的品质；坏的风俗，却能使生活于其中的绝大多数人呈现很差的品质。荀子说："无国不有美俗，无国不有恶俗。"(《荀子·王霸》）真正能够"化性"的，是"美俗"，而对于"恶俗"，则需要摒弃和消除。《荀子·儒效》说："注错习俗，所以化性也"注错，就是行为措置，一举一动。注错习俗，就是指行为习俗，可以潜移默化地塑造人性。"习俗移志，安久移质"（《荀子·儒效》），一个人长期生活在一种良好的风俗习惯与社会习俗之中，就会不知不觉呈现道德行为，从而达到"化性"之目的。

其三，隆礼以化性。

隆礼，就是推崇礼的意思。礼，在荀子思想体系中占据着最为重要的位置。一般来说，在孔子那里，外在之礼与内在之仁，基本处于同等重要的位置。到了孟子那里，格外突出了"仁"，礼之重要性则被忽视了。正因如此，荀子才十分重视"礼"的作用。《荀子》共32篇，"礼"字共出现343次，"仁"字134次。荀子对"礼"的重视可见一斑。

隆礼为什么能够化性？首先，礼具有合情合理满足人们生理欲求的社会功能，由此可以在不知不觉的日常生活当中逐渐实现对人性的熏陶和教化。在荀子看来，礼有两种功能："养"和"别"。养，就是要满足人们的基本欲求，所谓"养人之欲，给人之求"（《荀子·礼论》），就是强调社会身份角色，体现为社会的等级秩序和行为规则体系，这对人性来说，具有引导和规范的作用。故《荀子·修身》谓："礼者，所以正身也。"《荀子·礼论》也说："绳者，直之至；衡者，平之至；规矩者，方圆之至；礼者，人道之极也。"其次，礼，作为一套社会规则体系，具有淡化内在动机、凸显外在规矩的公共特性，不仅有助于社会良好习俗之养成，而且还可以通过是否遵守礼之社会行为来判定社会个体道德品质高下。《荀子·劝学》说："为之，人也，舍之，禽兽也。"《荀子·性恶》也谓："道礼义者为君子"，相反，"违礼义者为小人"。通过是否遵守礼之社会行为，判别人在社会结构中应该所处的地位、声誉，《荀子·王制》称："虽王公大夫之子孙也，不能属于礼义，则归之庶人；虽庶人之子孙也，积文学，正身行，能厉于礼义，则归之卿相士大夫。"通过道德舆论及社会评价来鼓励人们"守礼"，从而达到"化性"的目的。

其四，重法以化性。

荀子不仅重视柔性的外在规则性恶的教化与熏陶，而且也非常关注强制性的"法"对于"化性"之重要性。无论劝学、贵俗，还是隆礼，都具有柔性特质，其强制色彩并不明显，但是"法"在荀子思想体系中的功能不容小视。荀子对于"法"的功能具有二重维度：一方面，他认为单纯的"法"并不足以治理好整个社会，其著名的"有治人，无治法"（《荀子·君道》）便是强调制法者与执法者的道德素质，认为制法者与执法者都必须是君子。就此而论，"法"与"君子"之间，荀子更看重君子之重要性，法居于次要地位。故他说："故法不能独立，类不能自行；得其人则存，失其人则亡。法者，治之端也；君子者，法之原也。"（《荀子·君道》）然而另一方面，荀子并没有完全否定法同样具有化性的社会功能。荀子思想重在柔性教化，他反对"不教而诛"，认为那样会导致刑罚泛滥又无法切实收到扬善惩恶的社会效果，所谓"不教而诛，则刑繁而邪不胜"，但是荀子基于人性的性恶判断，清醒意识到只有柔性教化并不足以导人向善，人类性恶具有自然欲望无限膨胀的不良倾向，倘若放任自流，势必导致利益争夺与社会混乱。此时，柔性教化着眼于人的内在道德意愿的长久培养，已然不可能及时有效地制止和惩戒越界的人类欲望，为非作歹、作奸犯科者并不因柔性教化而销声匿迹，所以他又主张："教而不诛，则奸民不惩。"（《荀子·富国》）因此荀子转而乞灵于强制性的法，而法在荀子的时代语境中的主要表现形式就是带有明显惩罚色彩的"刑"。《荀子·成相》明确将礼与刑作为社会治理的两种基本途径："治之经，礼与刑。"《荀子·王制》更强调："听政之大分：以善至者待之以礼，以不善至者待之以刑。"

问题在于，重法为何能化性？荀子提出的方案是充分利用人们趋利避害的心理机制，赏罚并重，此即《荀子·王制》所谓"勉之以庆赏，惩之以刑罚"。赏的目的在于正面引导人们的观念与行为，罚的目的在于利用人们的恐惧心理和避害心理，从而最终实现由强制性的他律向自我约束的自律转化，久而久之，"外塑型"的道德意愿由此形成。为了实现重法化性的目的，荀子甚至力主重刑惩奸，《荀子·正论》说："刑称罪则治，不称罪则乱，故治则刑重，乱则刑轻。犯治之罪固重，犯乱之罪固轻也。"《荀子·议兵》也主张："赏重者强，赏轻者弱；刑威者强，刑侮者弱。"事实上，荀子的重刑观念，已经与法家的政治理念具有高度的相似性。

在性恶思路之下，荀子否认人类具有内源性的道德意愿，人们之所以具有善的意愿及善的行为，完全归因于外塑结果。劝学、贵俗、隆礼、重法，构成了一套完整的由弱而强的社会规则体系，规则强制色彩越浓厚，其针对的道德水准就越低。四者并行不悖，共同承担"化性"之功能，共同特点都在于注重引导和约束人的道德行为，最终实现外塑型的道德意愿。需要指出，劝学之"学"离不开"礼"作为日常行为的准则，贵俗之"俗"的最终形成，亦必须依靠"礼"来加以呈现，重法之"法"则是"礼"的有益补充，重法亦必须以符合"礼"的精神为基本前提，这也正是荀子主张"礼者，法之大分，类之纲纪也"（《荀子·劝学》）的根本原因所在。职是之故，"礼"是荀子整个思想的枢纽，循礼成德亦为其成德思想的核心思路。

　　从荀子的成德思路可以看出，他始终以柔性教化为重，但不偏废强制性的"法"的功能。作为最后一道道德底线，刑罚承载了维护社会道德底线的功能。如果一个社会缺乏基本的道德底线，刑罚不能及时制止，那么，尊学、贵俗、隆礼都有可能流于空谈；只有坚守住了善恶是非的底线，隆礼才会产生社会功能，才能形成良好的风俗，才能使人们在良好的社会氛围和规则体系之中，习惯成自然，最终形成一个有道德有秩序的"和谐社会"。唯其如此，才能更加明确地认识和理解荀子外塑型成德思路的合理内核和真正精髓。

　　然而，随之而来的理论问题不免让人心生疑窦，即：在荀子劝学、贵俗、隆礼、重法的外塑型成德思路中，圣人始终一以贯之。劝学之学的最佳途径是跟随和模仿活生生的圣人，贵俗之良俗，其价值源头依然在于圣人开风气之先，制礼定法更离不开圣人。需要指出，荀子眼中的圣人，往往就是圣王。《荀子·非相》说："辨莫大于分，分莫大于礼，礼莫大于圣王。"为什么会是这样？因为礼的源头在于圣王。问题在于，按照荀子的性恶论，圣人之性与常人之性一样属于性恶（《荀子·性恶》），那么，圣人是如何克服自身性恶而具备道德意愿从而化性起伪的？荀子对此的回答在于圣人具有非同于常人的理性，也就是他所说的"心"。荀子说："人何以知道？曰心。心何以知？曰虚壹而静。心未尝不臧也，然而有所谓虚；心未尝不满（两）也，然而有所谓壹；心未尝不动也，然而有所谓静。"（《荀子·解蔽》）在此，荀子之心并非孟子内在善性的"心"，虚壹静的特质所指涉者均在于不受外界利益及内在欲望的困扰和迷惑，而始终保持一种清醒与冷静。如此，他一方面能够依靠自己所拥有的自制能力摆脱天然性恶的束缚，另一方面便能准确判断出人性恶对人类生存繁衍和社会秩序所具有的负面倾向，意识到制定外在客观规则加以引导和约束的重要性，从而开启了礼义的价值之源。可见，在荀子思想中，绝大多数人的道德意愿属于外塑型道德意愿，而圣王则不在此列，圣王通过自己"心"的虚壹静而产生了一种理性思维，制作礼义，并赋予礼义以道德价值。如此，绝大多数人外塑型的道德意愿才有了依傍和凭借。某种程度上可以说，圣人的道德意愿源自内在的理性而非孟子的善性，也唯有极少数圣人能够如此，绝大多数人不在此列。

因此，在道德意愿与道德行为二者关系的问题上，荀子实则认为只有极少数圣人能够克服自身性恶倾向而内在产生道德意愿，并且将此道德意愿客观化、制度化，然后对绝大多数人的观念和行为加以引导和约束，随着漫长的习俗熏染和教化，所以他在《荀子·性恶》不断强调"积"、"靡"的重要性，日日用而不知，最终达成循礼成德的外塑型道德意愿之目的，这与孔孟通过培养内源性的道德意愿实现道德行为的成德思路迥然不同。荀子首重道德行为，进而由外而内，在历时性的长程视野中培养外塑型的道德意愿。

根据上述论断，在个人私德与公德二者关系问题上，荀子主张无论私德还是公德，均离不开外在客观规则的引导与约束，同时荀子更注重公德的养成。荀子斩断了个人内在天然的道德意愿与外在道德行为之间的必然联系，认为私德的养成无法必然推导出公德。荀子强调从引导和约束人们外在行为的成德思路，所以在私德与公德的问题上更多关注外在的客观规则的建构与完善。荀子并不认为个人亲情范围内的私德有助于公德的养成，如果缺乏外在规范的合理调节，基于个人欲望而产生的利益纷争，即便个人亲情也会被撕裂和摧残。正因如此，荀子的劝学、贵俗、隆礼与重法在成德思想体系中，均带有浓厚的公共色彩。当然，劝学、贵俗、隆礼的内涵均体现为外在客观规范对人们道德行为的引导和约束，同时亦蕴含着调整亲情关系的内容，例如《荀子·礼论》也讲丧礼有助于体现"孝子之情"，但其并不仅仅局限于个人亲情范围内。荀子之"礼"，上及君主，中及群臣百官士大夫，小及黎民百姓，均有普遍的约束性。荀子主张："虽王公士大夫之子孙也，不能属于礼义，则归之庶人。虽庶人之子孙也，积文学，正身行，能属于礼义，则归之卿相士大夫。"（《荀子·王制》）"礼"之公共性与普遍性，由此可见一斑。究其原委，就在于荀子对"礼"具有超越经验社会的形而上理解，将其视为规范天地万物所有一切关系的基本准则。他说："天地以合，日月以明，四时以序，星辰以行，江河以流，万物以昌，好恶以节，喜怒以当，以为下则顺，以为上则明，万变不乱，贰之则丧也。礼岂不至矣哉！……下从之者治，不从者乱，从之者安，不从者危，从之者存，不从者亡，小人不能测也。"（《荀子·礼论》）至于荀子之"法"，其调整的是整个社会生活中"罪"与"非罪"的关系，关注"以善至者待之以礼，以不善至者待之以刑"，"善"与"不善"更是社会生活中带有普遍性的问题，所以"法"之公共色彩不言而喻。

在荀子循礼成德的思路之下，蕴含着一层未曾明言但实则存在的观念，即：唯有完善公德建设的客观规范体系，才有可能提升个人私德；唯有身处日常生活中公共领域或陌生人环境，依然能够循规蹈矩遵守规则，个人私德才有可能逐渐养成。打个比方，如果说私德是花草，那么公德就是土壤和水分。职是之故，当私德与公德发生冲突时，荀子毫不犹豫地选择公德优先。关于这个问题，可以从以下三个方面来加以探讨。

首先，在亲情关系问题层面，荀子明确主张"从义不从父"（《荀子·子道》）。所谓"从义"就是处理亲情关系时遵从一种普遍的客观的正当的规则；所谓"从父"就是依据个人的亲情而产生的爱戴与遵从。当"从义"与"从父"发生冲突时，荀子要求"从义"而非"从父"，这是其公德相对于私德优位的最直观反映。荀子"从义不从父"的公德优位观念，其标准实为遵守正确处理父子亲情关系的带有公共色彩的"礼"。这种观念并非空穴来风，而是其来有自。《礼记·丧服四制》曾说："门内之治，恩掩义；门外之治，义断恩。"所谓"门内之治，恩掩义"意指处理血缘亲情为纽带的家庭关系或家族关系的基本原则，应该依照亲情原则（恩）来处理，作为公共原则的"义"应该居于次要位置。相反，所谓"门外之治，义断恩"意指处理超越亲情关系的其他社会关系时，应该公共原则优先。荀子认为"从义不从父"才是真正的孝："大孝"。唯有大孝而非一味依照个人情感对父亲的盲从，才能真正成为一个孝子，才能真正维护父亲的利益和尊严："孝子所不从命有三：从命则亲危，不从命则亲安，孝子不从命乃衷；从命则亲辱，不从命则亲荣，孝子不从命乃义；从命则禽兽，不从命则修饰，孝子不从命乃敬。故可以从而不从，是不子也；未可以从而从，是不衷也；明于从不从之义，而能致恭敬，忠信、端悫、以慎行之，则可谓大孝矣。"（《荀子·子道》）显然，荀子认为，不从命并非不孝，一味盲从只能算是"小行"而非"大孝"，所以他主张在更大更高的价值范畴内维护亲人的利益和尊严。简言之，唯有遵从公德之价值标准，才能真正成就个人私德。[1]

---

[1] 需要指出，荀子公德优位的观念与孔孟的观念截然不同。如前所述，孔孟均以血缘亲情作为道德的可观可感的经验基础，故而都在私德与公德存在冲突时选择私德优位。当楚之直躬举报其父"攘羊"时，孔子曾经主张"子为父隐，父为子隐"（《论语·子路》），血缘亲情优先于社会公共准则。孟子在此问题时亦有相似主张，其在回答门人"舜为天子，皋陶为士，瞽瞍杀人，则如之何"的问题时，直接说出了"窃负而逃"的解决方案（《孟子·尽心上》）。瞽瞍是身为天子的舜的父亲，天子之父杀人，天子不是大义灭亲秉公执法，而是放弃天子之位，主动带着自己的父亲逍遥法外、逃避惩罚，以成全父子亲情。

其次，在君恩与亲恩关系层面，荀子强调君恩高于亲恩。在荀子看来，君恩，属于一种公共情感，体现人们对于君主统治的政治尊崇；亲恩，属于一种私人情感，体现人们对于父母亲人养育之恩的感念。按照荀子公德优先于私德、公德养成有助于私德的思路，荀子实则主张唯有心怀君恩方能更好地呈现亲恩的观念。

他在阐述为何要为君主服丧三年的礼制理由时曾说："彼君子者，固有为民父母之说焉。父能生之，不能养之；母能食之，不能教诲之；君者，已能食之矣，又善教诲之者也。三年毕矣哉！"（《荀子·礼论》）在此，荀子的观点耐人寻味，很难让人从常理上接受。原因在于，依照人之常情，人们自然感激父母的养育之恩，母亲的十月怀胎，呱呱坠地之后父母的辛勤养育，都是可知可感的客观事实，所以当看见荀子"父能生之，不能养之；母能食之，不能教诲之"这样的观点时，确实让人在感情层面难以接受，人们怎么可能把生养的恩情赋予跟自己没有丝毫血缘关系甚至完全陌生的君主呢？至少在荀子之前的儒家那里，占主流的观念是亲恩高于君恩，出土文献《郭店竹简·六德》所主张的"为父绝君，不为君绝父"就颇具代表性，亦是孔子孟子重视血缘亲情优先于政治伦理思想的直观体现。

然而，如果从荀子思想的整体逻辑来分析的话，君恩高于亲恩的说法自有其合理之处。依据在于，荀子思考社会问题的一个逻辑起点，固然在于性恶，这与霍布斯基于源自个人完全自利的自然状态假设，存在相似之处；但二者之间实又存在重要区别：霍布斯的自然状态假设中，整个社会处于冲突状态，人们只是在无法忍受冲突的代价之后才寻求合作，个体先在于群体；荀子则主张合作并非是在冲突之后才出现，而是与冲突同时并存甚至先于冲突的人际关系，群体先在于个体。荀子着眼于人与恶劣的生存环境的比较，认为个体能力有限，必须依靠群体合作才能生存下来，所谓："力不若牛，走不若马，而牛马为用，何也？曰：人能群，彼不能群也。……故人生不能无群。"荀子认为，君主则是主导人类群体有序生活最为关键的一环："君者，善群也。群道当，则万物皆得其宜，六畜皆得其长，群生皆得其命。"（《荀子·王制》）所以有学者认为荀子的这种观念体现了一个中国式的存在论原则："共存是任一存在的条件。"[1] 正是基于上述思路，无君就意味着无序，无序就意味着无群，无群就意味着无生存。无生存，亲情又从何谈起？故而父母虽然在家庭环境中承担了养育子女的责任，然而在更广阔的社会范围内，君主对整个社会的生存和发展实则起着更为根本的作用。这也正是荀子强调"君者，已能食之矣，又善教诲之者也"的重要缘由，荀子甚至直接以父子关系来类比君臣关系："上之于下，如保赤子"（《荀子·王霸》）、"臣之于君也，下之于上也，若子之事父，弟之事兄"（《荀子·议兵》）。在此，并非意味着荀子期待以私德领域的父子血缘亲情关系去论证公德领域的君臣关系的正当性，而是就客观事实而言，因君主具有维持和谐有序的社会生活政治功能，其承担并且履行着生养万民的职责，正如父母对子女那样的职责。这个思路并非由私德推导公德的正当性，而是相反，良好的公德有助于私德之良好呈现。

当然，在当代具有自由主义观念的人看来，荀子的这种观念完全是在为君主集权制度张目[2]，无视个人的权利和自由，只能看到为人民利益着想的君主，而看不到人民自己争取个人权利的自由。不过，倘若能够对荀子给予同情的理解，必须承认荀子思想

---

[1]　赵汀阳：《坏世界研究》，北京：中国人民大学出版社，2009年版，第9-10页。

[2]　王长坤：《论荀子对先秦儒家孝道思想的丰富与发展》，《西北大学学报》（哲社版）2007年第4期。

中的"君"是一种理想状态中预设的王者，这构成了君主统治正当性的依据，其"从道不从君"（《荀子·子道》）的观念，即是明显的例证。[1]正是在这个意义上，荀子强调君恩高于亲恩，群体价值优于个体权利，公德优先于私德。

最后，在公共领域，当个人好恶与外在行为发生冲突时，荀子主张遵循公共场合之礼，公德优先于个人情感之好恶。一个人唯有遵守公德，才能真正成为具有高尚道德的人，所谓"仁人"。关于这点，集中体现为荀子的"敬一情二"思想。荀子认为："仁者必敬人。凡人非贤，则案不肖也。人贤而不敬，则是禽兽也；人不肖而不敬，则是狎虎也。禽兽则乱，狎虎则危，灾及其身矣。……故仁者必敬人。敬人有道，贤者则贵而敬之，不肖者则畏而敬之；贤者则亲而敬之，不肖者则疏而敬之。其敬一也，其情二也。"（《荀子·臣道》）在荀子看来，一个真正的"仁人"，应该始终循礼守礼，无论对谁，都应该待之以礼，待之以敬。对于贤人，因其道德高尚值得尊敬，所以应该发自内心地表示尊敬

---

[1] 其实，西方汉学家们基于西学背景而探求荀子思想时，已然发现荀子"群体优先于个体"思想所蕴含的理想性。罗思文（Henry Rosemont, Jr.）认为《荀子·王制》尽管体现了一些"半专制主义"的言论，但从其动机而言，主要在于表达：第一，要求政府提供足够的物质和服务以接济那些无力对国家权力带来任何危害的人们；第二，对于病人、穷人、文盲、孤寡等社会福利的关怀，在大致与他同时代的西方思想家那里却找不到；第三，离开对于保护他人自治重要性的认识，就不可能真正具有自治的意识。参阅罗思文：《谁的民主？何种权利——一个儒家对当代自由主义的批评》；David B. Wong 也关心在中国实现民主权利的问题，认为这个问题与和谐这一中国根深蒂固的传统价值密切相关，以及依靠统治者自上而下实现和谐这一源远流长的倾向有关。据此，他指出："荀子认为，社会不仅需要诤臣，而且需要等级分工。否则，和谐便不可能存在。没有等级分工，就会发生争吵、混乱和分裂。由此，人们便缺少力量征服万物，并且最终失去生活保证。一个天命的君主有责任实现道及其美德，建立最高的标准，并且用完美的秩序统一世界。"参阅 David B. Wong：《和谐、分离与民主之礼》。上述两篇文章均见于哈佛燕京学社、三联书店主编：《儒家与自由主义》，北京：生活·读书·新知三联书店，2001 年版。

之情，否则，不敬就与禽兽无异；对于不肖之人，按照常理，在一个有道德感的人那里，就应该发自内心地加以鄙视与排斥。但是荀子却主张对这类人也应该表示礼节性的尊重，以免诱发其产生恶行进而危及自身。这是一种典型的重公德轻私德的思路，对此，韩东育做过详细而精当的阐释："对周围的人，先不要考虑你心里的主观感觉如何，首先需要的是对他（她）示敬。你尽可以有你自己的'贤不肖'标准，有你的好恶，但在接人待物时，个人的内心感受都需隐去。因为有两个人以上的公共场合，需要的便不再是私德，而是公德。至于双方究竟怎样，那是彼此私德范围的事，不须过问。"[1] 需要指出，《荀子·非十二子》实则也强调"贵贤，仁也，贱不肖，亦仁也"，似乎与此处观点相悖。实际上，荀子的"敬"更多体现为遵从客观之礼，但内心并非没有自己的标准，《荀子·非十二子》所谓"贵"（尊重）与"贱"（鄙视），实则就是《荀子·臣道》"敬一情二"论的"亲而敬之"中之"亲"与"疏而敬之"中之"疏"的区别。荀子在此隐含的思想意味在于，一个真正的仁人，必须时刻守礼，公德优先，克制自己内心的好恶，久而久之，养成习惯，私德才能渐趋完善。

如果说荀子在道德意愿与道德行为、个人私德与公德的相关问题上，突出体现了其与孔子孟子成德思路的不同，进而呈现出鲜明的个人特质，那么，在个人道德与社会整体道德水平的关系问题层面，荀子的儒家色彩得以充分显现，其与孔子孟子的思路并无根本抵牾之处。那么，循礼成德思路之下，荀子又如何设想提升社会整体道德水平的呢？其方法，前文已述，就是劝学、贵俗、隆礼、重法；其途径，同样体现为"推广"与"吸引"。

那么，荀子如何将个人道德"推广"至社会从而提高社会的

---

[1] 韩东育：《日本近世新法家研究》，北京：中华书局，2003年版，第360页。

整体道德水准呢？荀子深信身教重于言教的美德辐射效应，认为通过有德之人的身体力行，就能有效带动周围的人在行为及观念层面的模仿和跟随，从而实现道德由个体向社会的传递。荀子认为，真正有德的儒者，应该切实对整个社会产生正面积极的价值，所谓"儒者在本朝则美政，在下位则美俗"（《荀子·儒效》）。在此方面，荀子认为国君应当率先垂范，成为整个社会的道德榜样，带动臣民提升道德水平。《荀子·君道》说："请问为国？曰闻修身，未尝闻为国也。君者仪也，民者景也，仪正而景正。君者盘也，民者水也，盘圆而水圆。君者盂也，盂方而水方。君射则臣决。楚庄王好细腰，故朝有饿人。故曰：闻修身，未尝闻为国也。"在荀子看来，君主的首要任务不在思考如何治理国家，而在修身，努力让自己成为有德之人。只要君主品行端正，就会起到模范带头作用，臣民就会起而效仿，美德由此辐射至整个社会。这与孔子的"风草效应"及孟子成德理念的"推广"思路，无有二致。

与孟子一样，荀子的"吸引"思路亦充分意识到，欲使百姓认同执政者的统治并加以真心拥护和认同，不能单凭道德说教，必须让他们在物质层面享受相对富足的生活，然后对其实施教化和引导才能真正产生效果。荀子明确主张"以政裕民"（《荀子·富国》），强调执政者体恤民情，轻徭薄赋，无夺农时，让天下黎民百姓过上一种富庶祥和的生活。《荀子·大略》亦谓："不富无以养民情，不教无以理民性。故家五亩宅，百亩田，务其业而勿夺其时，所以富之也。立大学，设庠序，修六礼，明十教，所以道之也。"显然，荀子的观点与孔子"富而教之"（《论语·子路》）的思想完全吻合，亦与孟子在满足人们基本物质需求之后"驱而之善，故民之从之也轻"的观念若合符节（《孟子·梁惠王上》）。

李泽厚在论及孔孟荀思想的异同时曾指出："孔孟荀的共同处

是，充分注意了作为群体的人类社会的秩序规范（外）与作为个体人性的主观心理结构（内）相互适应这个重大问题，也即是所谓人性论问题。他们的差异处是，孔子只提出仁学的文化心理结构，孟子发展了这个结构中的心理和个体人格价值的方面，它由内而外。荀子则强调发挥了治国平天下的群体秩序规范的方面，亦即强调阐释礼作为准绳尺度的方面，它由外而内。"[1]通过孔孟荀成德思想的分析可以更加清晰地呈现三人之间的异同。孔子以经验社会可知可感的血缘亲情为其成德的思想基础，至孟子始佐成性善论之普遍性基础，都强调内在道德意愿与外在道德行为、个人私德与公德、个体道德与社会整体道德水平之间的连贯性，由内而外；荀子亦关注人性与社会秩序之间的关系，然其思路却与孔孟存在很大区别，尤其在道德意愿层面，充分意识到绝大多数人的道德意愿都不可能由内在感情产生，而是一种外塑型的道德意愿，进而在个人私德与公德层面，亦强调个人私德养成必有赖于公德之完善，公德优先于私德。唯有在社会整体道德水平提升层面，荀子又与孔殊途同归，前呼后应，形成了具有鲜明特色的儒家成德思想体系。

相对于孔孟，荀子"循礼成德"思想的特色在于，提出了外塑型道德意愿以及公德优先于私德的观念，这是荀子对于中国古代成德思想体系的有益探索，充分展现了人类成德过程中的复杂性。然而，即便到了荀子那里，成德思路依然存在悬而未决的理论话题尚未触及。譬如，当荀子着力探求外塑型道德意愿时，其观念中依然坚持只要由外而内逐渐产生了道德意愿，就可以回到孔孟道德意愿与道德行为的连续性思路上来，似乎只要产生了道德意愿，呈现道德行为自然不言而喻，难道真的如此吗？再如，

---

[1] 李泽厚：《中国古代思想史论》，北京：人民出版社，1985 年版，第 109 页。

在个人私德与公德的关系问题上涉及亲情与公义的冲突时，尽管荀子明确主张"从义不从父"，但其给出的标准却在于最终有利于维护父亲的生命、利益及尊严，问题在于，如果"从义不从父"的结果不符合荀子的上述预期时，他又该如何做？荀子并未给出明确的理论回答。又如，孔孟荀都不约而同地主张用"推广"与"吸引"两种方式来实现社会整体道德水平提升，"推广"侧重于有德之人身教之榜样效应，"吸引"侧重于政治之于民众利益之满足然后富而教之，这两种思路之外，是否还有其他更加行之有效的思路呢？韩非子正是接续上述理论话题，从而赋予古代中国成德思想的理论探索更加鲜明的理性色彩和实用特质。

第三节　韩非子：循法成德

韩非子作为先秦时期最后一位思想大家，既是法家学派的集大成者，也是整个先秦思想的集大成者，故而其思想在继承前贤的基础之上又带有鲜明的原创色彩，在中国思想史上占据着非常重要的地位。

韩非子思想以法、术、势三者并重。《韩非子·定法》主张法术并用："君无术则弊于上，臣无法则乱于下，此不可一无，皆帝王之具也。"《韩非子·难三》也谓："人主之大物，非法则术也。"《韩非子·难势》则强调"法"、"势"结合的重要性"抱法处势则治，背法去势则乱"；《韩非子·外储说右下》将"势"、"术"对举："故国者，君之车也，势者，君之马也。无术以御之，身虽劳，犹不免乱。有术以御之，身处佚乐之地，又致帝王之功也。"韩非子对法、术、势的上述态度，曾在学术界引起很大的分歧，分别出现"法治中心主义"、"术治中心主义"与"势治中心主义"三种主张。[1]笔者以为，法、术、势分别体现制度规则、运用制度规则之方法以及制度规则背后之权力。稽文甫对此问题的判断是相当准确的，他认为："大概韩非之说，'法'、'术'、'势'三者并重。没有'势'则无以行其'法'、'术'，没有'术'则无以行其'法'而得其'势'，没有'法'则'势'与'术'徒足以资人作恶而乱天下。"[2]单纯的法治、术治和势治，在韩非子的思想中，均无法具有正当性，这也正是他用穿衣吃饭对人们生活的重要性来比喻法、术、势对于国家治理的不可或缺性的根本原因。法、术、势三者缺一不可，相辅相成，共同构成了韩非子政治思想的制度内涵，其理想不在实现君主一家一姓的利益，而在天下大治，最终实现其心目中的法治理想国。韩非子的成德思想，实则依据一套完善的制度规范体系及其运用，最终实现成德之目的。循法成德，不可能脱离"术"与"势"的功能，然从成德之现实制度而言，"法"具有逻辑优先性，"术"与"势"在政治实践中必须依托"法"方能制度化呈现。加之与孟子"循心成德"、荀子"循礼成德"思路比较起来，用"循法成德"来概括韩非子的成德思想是合适而贴切的。

作为荀子的学生，韩非子在人性论的问题上，既有继承，亦有修正。具体而言，一方面，韩非子继承了荀子人性具有趋利避害的自然属性，主张人性好利；另一方面又避免以主观的价值标准去加以判断，不言人性之先天善恶，所以他更多谈后天所表现出来的"人情"（人之实情）。譬如，韩非子认为，"人无毛羽，

---

[1] 参阅宋洪兵:《韩非子政治思想再研究》，北京：中国人民大学出版社，2010年版，第17-18页。

[2] 稽文甫:《先秦诸子政治思想述要》，《稽文甫文集》（上），郑州：河南人民出版社，1985年版，第203页。

不衣则不犯寒；上不属天下不着地，以肠胃为根本，不食则不能活。是以不免于欲利之心"（《韩非子·解老》）。这表明，生存乃是人类的本能，"趋利避害"、"好利恶害"的"人情"是人类生存的必然逻辑；否则，人就无法生存。所以韩非子说："好利恶害，夫人之所有也"（《韩非子·难二》）、"安利者就之，危害者去之，此人之情也"（《韩非子·奸劫弑臣》）。

在韩非子看来，人性好利的特质，必然导致争夺和混乱。韩非子从人类历史的角度深刻探讨了人口膨胀与物质财富之间的内在关联，认为人口的膨胀必然导致物质资源的匮乏，而人性好利的本性在物质资源匮乏的时代又必然导致利益争夺，所谓"虽倍赏累罚而不免于乱"（《韩非子·五蠹》）。因此，在逻辑上讲，一个良好的社会，离不开外在规则的引导与约束。这与荀子的思路是完全一致的。所不同者在于，在荀子那里，主要以柔性教化为主（劝学、贵俗、隆礼），辅以强制性的法；但在韩非子的思想体系中，柔性教化不再有效，必须依靠强制性的规则体系才能真正成就一个秩序井然的和谐社会。

基于上述认识，韩非子与荀子一样，并不认为人们具有自发的内在道德意愿，否认亲情可以作为道德的基础，进而否认人性具有类似孟子意义上的善源（"四端"）。

韩非子认为，基于血缘关系而产生的亲情诸如孝悌怜爱之类的感情乃是人类天性，这是一个无可否认的事实，所谓"人之情莫不爱其子"（《韩非子·难一》）、"子母之性，爱也"（《韩非子·八说》）。问题的复杂性在于，亲情可以奠定道德基础吗？孔子、孟子给出了肯定的回答，荀子给出了否定的回答。在这个问题上，韩非子又与荀子立场高度一致，也发现了亲情固然存在温情脉脉的利他倾向，然而残酷的现实却一再将这种温情的面纱无情解开，呈现出赤裸裸的利害关系。当面临利害关系的计较时，亲情显得尤为苍白无力。对于骨肉亲情，《韩非子·六反》说："产男则相贺，产女则杀之。"基于重男轻女观念的溺杀女婴现象，其背后的心理动机完全是父母出于自身切实利益的考虑，所谓"虑其后便，计之长利"。韩非子更借子夏之口道出了父子亲情为争夺权力而残杀的残酷历史："《春秋》之记臣杀君，子杀父者，以十数矣。皆非一日之积也，有渐而以至矣。"（《韩非子·外储说右上》）兄弟之间，骨肉相残的现象更属寻常，所以《韩非子·难四》说："桓公，五伯之上也，争国而杀其兄，其利大也。"至于没有血缘关系的夫妻，在利益面前显得更为脆弱，所以才有政治领域后妃夫人为了自己的长远利益想方设法害死作为国君的丈夫这样残酷的事情。《韩非子·备内》篇说："夫妻者，非有骨肉之恩也，爱则亲，不爱则疏。……丈夫年五十而好色未解也。妇人年三十而美色衰矣。以衰美之妇人事好色之丈夫，则身死见疏贱，而子疑不为后，此后妃、夫人之所以冀其君之早死者也。"韩非子的言论清楚地表明，血缘亲情不仅不能够成为利他性道德的基础，而且在事关利益和权力的问题上同样存在计较和争夺。韩非子一方面承认血缘亲情之间具有某种利他性的情感，这是人间天性，不可否认；另一方面，他更看到了血缘亲情之间因利益和权力而呈现出来的脆弱性，故而他最终认定血缘亲情无法必然产生内在的道德意愿，从而无法成为道德的基础。

孟子主张性善论，以此作为道德的基础。荀子曾在《性恶》篇专门撰文批驳之，认为善乃后天人为努力的结果，并非源自内在之善。韩非子虽没有对孟子个人进行过针对性的探讨，然而与乃师荀子一样，也认为善源自外在规则的引导和约束，而非人性内在的善端。需要注意的是，韩非子并不讳言善，更不是学界以往所认定的"非道德主义"。事实上，他也将善作为一种价值来加以提倡。例如，《韩非子·有度》主张君主应该杜绝"蔽善饰非"的政治现象，真正做到"刑过不避大臣，赏善不遗匹夫"。《韩非子·守道》则憧憬圣王立法"其赏足以劝善，其威足以胜暴"，最终实现"善之生如春，恶之死如秋"。

问题在于，韩非子所谓"善"的源头在哪里？这是一个我们在考察韩非子"循法成德"思想中"道德意愿"时必须追问的理论话题。蒋重跃曾追问："韩非是否承认人性中还会有道德良知良能呢？"经过一番论证，他给出的答案是："韩非不承认人性中存在天然的道德良知，甚至认为人'皆挟自为心'，皆'以利之为心'，心和性一样，都不能说是善的。但他对心的认知仍有一定保留。他曾明确表示：'夫智，性也。''聪明睿智，天也。'人有智慧的天性，这是一种推理能力，毫无疑问也是人区别于动物的地方。在他看来，人的情即自然本性是无为的，父子之间，主庸之间，人人为己，本来无法合作，可是由于有聪明睿智之心，人们才能够辨别利害、通晓事理，发现一种合作的方法，满足各自的愿望，由此看来，人心有导致善的可能。"[1]通过蒋重跃的研究可以发现，韩非子虽然认定人性好利，"皆挟自为心"（《韩非子·外储说左上》），但是在惩恶扬善的价值层面他并未放弃伦理正当性的追求，他所提倡的善的根源，实则源自人性之理性思考能力，这与荀子赋予心"虚壹而静"的理性特质的思想也是大致相同的。在这个问题上，孟子与韩非子的思路完全不同，当孟子以内在德性的视角提倡"富贵不能淫，贫贱不能移，威武不能屈"（《孟子·滕文公下》）的"大丈夫"精神时，韩非子眼中的"大丈夫"却是冷静理性的人："所谓大丈夫者，谓其智之大也"（《韩非子·解老》）。

---

[1] 蒋重跃：《韩非子的政治思想》，北京：北京师范大学出版社，2000年版，第134-136页。

　　某种程度上可以说，所有性善论者在回答恶如何产生的问题时必然归结为人的内在欲望，所有性恶论者在回答善如何可能的问题时必然归结为人的内在理性，韩非子在探索善如何可能时其实也归结为人的内在理性。只不过在韩非子看来，人的内在理性本身并非善，但它可以发现何为善何为恶，其标准在于"道"。道在老子那里，不仅是时间与空间的逻辑起点，而且还是人类所有美好价值的根源，兼具宇宙论与本体论的意义。老子虽然主张"天下皆知美之为美，斯恶已；皆知善之为善，斯不善已"(《道德经》第二章)，但是其反对的善乃是世俗之善，实则主张与道同一的价值之善，所以老子认为道"可以为天下母"(《道德经》第二十五章)。韩非子进一步将"道"在形而上层面所具有的"善源"价值充分揭示了出来。他说："道有积而德有功，德者道之功。功有实而实有光，仁者德之光。光有泽而泽有事，义者仁之事也。事有礼而礼有文，礼者义之文也。故曰：'失道而后失德，失德而后失仁，失仁而后失义，失义而后失礼。'"(《韩非子·解老》)也就是说，仁义礼作为经验社会的价值系统，表征着一种善的价值，其根源在于"道"。正因如此，韩非子认为，唯有理性冷静之人，方能悟道、体道，进而发现道所承载的价值，并在人类社会的经验生活世界加以呈现，所以他主张"去喜去恶，虚心以为道舍"(《韩非子·扬权》)。然而，由于人趋利避害的好利本性，在现实生活中难以做到客观与冷静，唯有极少数人才能排除自身好恶与欲望的干扰。这样的人，在韩非子眼中，才是真正的"圣人"，而这又恰好体现了韩非子对君主的期待与要求。一言以蔽之：韩非子思想的"善"并非源自人内在的德性，而是源自外在的"道"，人类经验生活世界的"善"之所以可能，必须凭借极少数圣人内在的理性去发现并加以运用。

准此而论，韩非子与荀子一样，主张道德意愿并非源自人内在的德性，而是由外而内逐渐形成的一种"外塑型道德意愿"。荀子曾批评单纯依靠强制约束的"法治"面临的理论困境在于，"法而不议，则法之所不至者必废"（《荀子·王制》）。在荀子看来，社会生活多样复杂，单纯依靠制度化的法治，难以解决和应付社会所有的问题。正因如此，荀子才格外强调法治功能不及时，必须由君子依据法治的本意来裁决是非曲直。进而言之，所有强调外在规矩来治理人类社会的思想家，其实都面临外在规则与制度功能不及的难题。欲解决这个难题，必须诉诸人们内在的规则意识从而自觉遵守规则，这也是荀子之所以主张由外而内重塑人们道德意愿的根本原因所在。韩非子实则同样面临这样的难题，并且也充分意识到重塑人们内在规则意识的重要性。由此，韩非子由外而内的"外塑型道德意愿"浮出水面，这突出体现在其"刑罚必于民心"（《韩非子·定法》）与"太上禁其心"（《韩非子·说疑》）的观念之中。所谓"刑罚必于民心"，即是说作为外在的强制性的"刑罚"，一定要存在于百姓的内心，从而真正对"法"的规定存有敬畏之心，如此方能真正称得上是"法治"。所谓"太上禁其心"，实则强调人们将外在的强制性规矩内化为自己的真实意愿。韩非子认为，禁奸的最高境界，就是让百姓在思想深处根本不产生任何奸邪的念头，完全按照外在规则所体现的是非观念来为人处世："所谓'太上禁其心'的内涵，更多的还在于使人们在内心真正树立起善恶是非观念，从而在实际生活和行为活动中自觉遵守和维护法治的规定，进而达到刑措而不用的境界。"[1]

在如何由外而内培养"外塑型道德意愿"的途径层面，韩非子与荀子有所不同，进而体现了儒法两个学派在此问题上的分野。

---

[1] 宋洪兵：《韩非子政治思想再研究》，北京：中国人民大学出版社，2010年版，第333页。

荀子着重于劝学、贵俗、隆礼、重法一整套规则体系的实施，软硬兼具；韩非子则摒弃了荀子的柔性教化思路，几乎完全依靠强制性规则来达成"外塑型道德意愿"，主张"以刑去刑"。

"刑"是韩非子"法"的重要组成部分，但并非全部，韩非子的"法治"并非单纯"刑治"。韩非子的"法"具有"刑"的内涵，但更重要的是一套社会规则体系及其实现方法。[1]"以刑去刑"的观念，亦非韩非子首创，可以追溯到商鞅那里。《商君书·靳令》曾谓："行罚：重其轻者，轻者不至，重者不来，此谓以刑去刑，刑去事成。"这种观念直接影响了韩非子。所以《韩非子·守道》说："古之善守者，以其所重禁其所轻，以其所难止其所易。"《韩非子·内储说上》也谓："重罪者，人之所难犯也；而小过者，人之所易去也。使人去其所易，无离其所难，此治之道也。夫小过不生，大罪不至，是人无罪而乱不生也。"《韩非子·饬令》更对"以刑去刑"进行了明确的阐释："重刑明民大制使人则上利。行刑、重其轻者，轻者不至，重者不来，此谓以刑去刑。罪重而刑轻，刑轻则事生，此谓以刑致刑，其国必削。"

刑，即刑罚，以强制性的惩罚为主要手段，肉刑、死刑为其主要内涵。[2]在韩非子看来，"刑"是治国的一种手段而非最终目的，治国最终目的在于"去刑"，惩罚的最终目的在于将之所以惩罚的善恶价值内化为人们的自觉意识，当人人都不去违背各种惩罚措施时，惩罚就成为虚悬一格的治国措施而已，并不实际发挥作用。"以刑去刑"之所以可能，关键在于轻罪重罚的思路。该思路充分利用人们趋利避害的心理，当违法所获得的利益远不及违法所可能遭受的惩罚时，二者形成鲜明对比，人们自然而然

---

[1] 宋洪兵：《论法家"法治"学说的定性问题》，《哲学研究》2012 年第 11 期。

[2] 梁治平：《法辨》，贵阳：贵州人民出版社，1992 年版，第 48 页。

会选择守法，进而在内心深处萌生强烈的规则意识及守法意识。为了达到这个目的，韩非子主张轻罪重罚虽然直接针对的是犯罪行为本身，但其政治功能却远不及此，实际上还带有浓厚的是非善恶的社会宣传效应。《韩非子·六反》曾深刻阐述了重罚的政治功能一方面在于惩罚盗贼的犯罪行为，但更重要的还是借此惩罚来告诫或威慑民众不可重蹈覆辙："刑盗，非治所刑也；治所刑也者，是治胥靡也。故曰重一奸之罪而止境内之邪，此所以为治也。重罚者，盗贼也；而悼惧者，良民也；欲治者奚疑于重刑！"如此，就能逐渐由外而内形成一种带有明确是非善恶价值的守法意识，外塑型的道德意愿亦就此形成。

在韩非子看来，刑的最理想状态是"以罪受诛，人不怨上"（《韩非子·外储说左下》），从而将孟子"以生道杀民，虽死不怨杀者"（《孟子·尽心上》）的政治蕴含充分地加以展现。韩非子曾讲过这样一个故事：孔子相卫时，弟子子皋为狱吏，子皋曾对人行刖刑（一种砍脚的刑罚）。后来，有人在卫君面前进谗言，说孔子欲犯上作乱，于是卫君派人抓捕孔子。孔子携众弟子仓皇出逃。在此过程中，幸得看门之刖者帮助，侥幸逃脱追捕。事后，子皋问刖者为何在危难之际不趁机报仇反而施以援手，刖者回答："吾断足也，固吾罪当之，不可奈何。然方公之狱治臣也，公倾侧法令，先后臣以言，欲臣之免也甚，而臣知之。及狱决罪定，公愀然不悦，形于颜色，臣见又知之。非私臣而然也，夫天性仁心固然也。此臣之所以悦而德公也。"也就是说，刖者自知犯法，心甘情愿接受惩罚，并且认为子皋虽然最终惩罚了他，但子皋本人实则天性仁心，并非真正心狠手辣之徒，所以并不记恨。在其心中，实则已经产生了一种是非善恶观念，并形成了牢固的遵守规则尊重规则的内在情感（当然，在韩非子看来，其帮助孔子等人逃脱追捕的行为，亦是一种基于善的正义之举）。韩非子认为，子皋的做法真正实现了"以罪受诛，人不怨上"的施政效果。《韩非子·难三》亦再次强调他的主张："有罪者必诛，诛者不怨上，罪之所生也。"

需要指出，韩非子的轻罪重罚理论，并非如学界以往所批评的那样"民不畏死奈何以死惧之"的以死亡为代价的胁迫与恐吓。韩非子的"重刑"原则实为一种法治预防论，其主旨并非以惩罚为目的，而是赏善罚恶。韩非子虽然主张轻罪重罚，但并不意味着对于某些轻罪进行临时的、任意的重罚、滥罚，而是强调罪刑法定，统治者负有使人人皆知相关惩罚措施的政治义务，公平、公正是其题中应有之义。同时，韩非子主张"法"的道义前提及正义的政治诉求，要求制定法律规范时应该首先考虑法自身的可行性及正当性，最终目标在于"利民"，满足人们追求利益的心理特质。[1]唯有遵循上述政治原则，轻罪重罚才能获得正当性，亦才能体现赏善罚恶的价值诉求，外塑型的道德意愿才能真正得以形成。

问题在于，一个人具备了道德意愿，是否自然就会表现出道德行为来？这是一个不得不追问的问题。因为具备了道德意愿，还必须面临社会现实的考验。真正的考验在于，当一个人脱离他人视线独处时，脱离外在舆论及社会规则的约束和限制时，是否还能够做到按照自己的道德意愿去呈现道德行为呢？在先秦儒家无论孔孟还是荀子看来，这似乎是一个不成其为问题的问题。因为在先秦儒家那里，一个具备道德意愿的人，能够"慎独"。无论孔子的"君子固穷"（《论语·卫灵公》），还是孟子的"穷则独善其身，达则兼善天下"（《孟子·尽心上》），以及《大学》的"所

---

[1] 宋洪兵:《韩非子政治思想再研究》，北京：中国人民大学出版社，2010年版，第171-173页。

谓诚其意者，毋自欺也。如恶恶臭，如好好色，此之谓自谦，故君子必慎其独也"，还有《中庸》的"道也者，不可须臾离也，可离非道也。是故君子戒慎乎其所不睹，恐惧乎其所不闻。莫见乎隐，莫显乎微，故君子慎其独也"。都在强调"慎独"的问题。在先秦儒家由内而外的成德思路之下，强调自省与慎独，依靠自身内在的道德自觉去克服外界利益及权力的诱惑，从而做到洁身自好。即便荀子，尽管他主张一个人能够由外而内形成外塑型的道德意愿，但是他同样强调在缺乏外在监督和约束时，也需要真诚地遵守礼乐规范，所以他说："君子至德，嘿然而喻，未施而亲，不怒而威：夫此顺命，以慎其独者也。"（《荀子·不苟》）因此，先秦儒家强调慎独，由内而外的成德思路主张真诚地依靠内在固有的价值观念去做，无论外在环境怎样；由外而内的成德思路则认为应该真诚地依照外在规范去做，也不管外在环境如何。在此，"真诚"的态度，实则体现了一个人践行自己道德意愿的决心与毅力。然而，这与其说是一个事实，莫若说是先秦儒家的一种价值期待。期待终归是期待，事实又是怎样的呢？

韩非子认为，当一个人具备道德意愿时，不一定必然呈现出道德行为来，必须取决于外在客观规则是否完备以及社会通行的行事规则是否鼓励人们去做正直善良的人。首先，韩非子并不否认社会上的确存在无条件服从自己道德意愿进而呈现道德行为的人，《韩非子·外储说右下》就认为社会存在"独善之民"，只不过他认为这样的人在整个社会中所占比例极少，所以他将这种人称为"太上之士"（《韩非子·忠孝》）。其次，韩非子认为绝大多数人即便具备道德意愿，也未必愿意表现出道德行为，尤其在无人监督而又面临利益诱惑以及牺牲自我正当利益这两种情形下，人们内在的道德意愿是否呈现出道德行为，就成为一个问题。

关于第一种情形，《韩非子·六反》说："夫陈轻货于幽隐，虽曾、史可疑也；悬百金于市，虽大盗不取也。不知则曾、史可疑于幽隐，必知则大盗不取悬金于市。"曾参、史鱼皆是先秦时期公认的贤人，他们无疑是具有内在道德意愿的人，但是，即便是这样的贤人，在无人监督的独处之际，面临极小的利益诱惑（所谓"轻货"）时，是否能够经得起考验尚属疑问。相反，一个根本不具备内在道德意愿的大盗，在人流熙攘的闹市面对巨额利益的诱惑时（所谓"百金"），却因慑于被抓住遭受惩罚而不敢铤而走险，不得不收敛自己的行为做一个良民。在此，决定人们道德行为的关键因素不在是否具有内在的道德意愿，而在是否存在外在的监督和制约。

关于第二种情形，《韩非子·奸劫弒臣》说："夫安利者就之，危害者去之，此人之情也。今为臣尽力以致功，竭智以陈忠者，其身困而家贫，父子罹其害；为奸利以弊人主，行财货以事贵重之臣者，身尊家富，父子被其泽；人焉能去安利之道而就危害之处哉？"在韩非子看来，人皆有趋利避害的特性，此乃人之实情，无可厚非。当一个人根据自己内心真实意愿依靠自己能力尽职尽责清清白白做人时，他不仅没有得到本应属于他的正当利益，而且还可能面临政治迫害。相反，那些善于阿谀奉承讨好当权重臣的道德败坏之人，却名利双收光宗耀祖。鲜明对比之下，韩非子发出了自己的追问：人们怎么可能坚守自己内心的道德意愿去做清白正直的人呢？显然，在此情形之下，主导人们在现实生活中的行事逻辑不在自己的道德意愿，而在实际的生存法则是否鼓励人们做一个清白正直的人。当一个社会盛行的生存法则并不鼓励人们清白正直时，即便一个具备道德意愿的人，也很难以牺牲自己正当利益为代价去坚持道德意愿与道德行为的一致，最大的可能是搁置自己的做人原则，在行为上选择顺应大流甚至同流合污。

因此，在道德意愿与道德行为的关系层面，韩非子不仅主张由外而内的外塑型的道德意愿，而且发现道德意愿与道德行为之间更为复杂的面相，认为主导二者关系的关键因素不在是否具有道德意愿，而在外在规则是否完备以及实际生活中的行事逻辑是否鼓励人们去呈现道德行为。这是韩非子在荀子外塑型道德意愿的基础上，对中国古代成德思想的一大理论推进。

在个人私德与公德的关系层面，韩非子表现出比荀子更为彻底的公私相分观念，明确主张"公私相背"、"立公废私"。在韩非子思想体系中，但凡与"公"相冲突的价值与行为，均在反对与排斥之列。唯有"公"的价值得以优先保障与维护的前提下，私人价值与行为方能获得正当存在的理由。[1]毋庸置疑，韩非子看到的更多是个人私德与公德的冲突，并且主张公德优先于私德，并且坚持认为个人私德的完善并不必然有助于公德的养成，唯有先养成公德，才能为私德的完善创造最佳环境。

正如前文所述，在荀子之前的先秦儒家那里，通常强调基于血缘亲情而形成的私德无论在逻辑上还是价值上都优先于公德，所以亲恩优先于君恩。但是荀子主张君恩优先于亲恩，同时又将理想状态下的君主与臣民的关系比作亲情关系，期待君子能够爱民如子。荀子虽然主张公德优先于个人私德，然而在处理君臣关系或君民关系时，依然渴望将血缘亲情关系所体现的那种关爱与呵护赋予没有丝毫血缘情感的政治关系。某种程度上说，荀子尽管切断了个人私德与公德的内在必然联系，但依然带有公德情感化的倾向，这样，公私分断的思路就显得不太彻底。韩非子正是

---

[1] 关于韩非子公私观的详细探讨，参阅宋洪兵：《韩非子公私观的再诠释》，见于《韩非子政治思想再研究》附录，北京：中国人民大学出版社，2010年版，第378-399页。

针对荀子的这种观念，提出了更为彻底的公私相分的思想，主张
明主治国，应该"不养恩爱之心而增威严之势"(《韩非子·六反》)，
在公共领域的治理层面，排斥个人情感的负面影响，做到完全冷
静与客观，实现马克斯·韦伯意义上的"无爱亦无恨"的理性政
治。[1]

　　韩非子认为，以亲情为核心的个人私德无法直接推导出公德，
亦无法解决社会公共领域的问题，从而面临无效的困境。在韩非
子看来，亲情固然具有天然真诚的利他成分，但他更看到亲情之
间存有利益纷争的现实使其并不足以构成道德意愿的经验基础。
亲情尚且如此，那么，公共领域不具备血缘亲情的君臣之间或陌
生人之间，利益色彩更加浓厚，很难由私德而形成公德。所以韩
非子主张，在利益面前，如果缺乏有效监督，具备完美私德的曾、
史尚且可疑，更遑论一般意义上的具备私德之人呢？

　　同时，韩非子还意识到，"慈母有败子"(《韩非子·显学》)，
即便在亲情领域，以"爱"为核心的情感原则也不能够有效解决
引人向善的教化问题。亲情领域尚且如此，那么在陌生人构成的
公共领域尤其关涉权力与利益纷争的政治领域，"爱"的感召力
量尤其显得苍白无力，进而凸显了公共领域强制规则的重要性。
所以他一再申明，慈母之爱不及严父之威，而官吏公权力的强制
服从又比严父之威更加有效，厚爱原则不可以运用于政治领域之
君臣关系。《韩非子·六反》谓："母之爱子也倍父，父令之行于
子者十母；吏之于民无爱，令之行于民也万父。母积爱而令穷，
吏用威严而民听从，严爱之筴亦可决矣。"《韩非子·五蠹》也批
评儒墨"兼爱天下"、"视民如父母"的观念："夫以君臣为如父子

[1]［德］马克斯·韦伯:《支配的类型》,《韦伯作品集》(Ⅱ)，康乐等译，桂林：广西师范
　　大学出版社，2004年版，第321页。

则必治，推是言之，是无乱父子也。人之情性，莫先于父母，皆见爱而未必治也，虽厚爱矣，奚遽不乱？今先王之爱民，不过父母之爱子，子未必不乱也，则民奚遽治哉！"父母爱子女，本乎人类亲情之天性，然而此"爱"却并不能确保子女一定能够成为好人，准此而论，政治领域缺乏血缘亲情的君臣之间，厚爱更加无法确保社会关系的真正和谐。

个人私德不仅无法解决公德问题，而且更有可能面临价值冲突。笔者曾经指出："韩非子所主张的'废私'根本不是在否定个人合理、正当的利益，韩非子所理解的'私'具有特定的内涵，与现代人理解的'私意识'并不相同。……韩非子非但没有否定个人合理、正当的利益，而且还能避开儒家式'重义轻利'的道德判断而赋予人民追求利益的正当性。"[1]也就是说，当个人私德与公德不相冲突时，韩非子对于私德并不加以完全否定。然而，一旦二者发生冲突时，韩非子毫不犹豫地选择公德优先。韩非子发现了一个基本事实，即：父母对子女的爱，带有狭隘性及自私性，所谓"父母之所以求于子也，动作则欲其安利也，行身则欲其远罪也"；而君主对臣民的要求，则基于国家社稷利益的考虑而带有公共性与普遍性，所谓"君上之于民也，有难则用其死，安平则尽其力"。(《韩非子·六反》)显然，二者都具有合理性。自私德观之，亲情之爱，人之天性；自公德观之，公共利益需求，亦无可厚非。然而，二者之间确实又无可避免存在价值冲突。韩非子在处理儒家"亲亲相隐"的难题时主张忠君优先于孝亲，其公德优先于私德的观念由此彰显。《韩非子·五蠹》对楚国"直躬"告发其父窃羊之事有一番不同于孔子的看法："楚之有直躬，其父

[1]　宋洪兵：《韩非子公私观的再诠释》，见于《韩非子政治思想再研究》(附录)，北京：中国人民大学出版社，2010年版，第395-396页。

窃羊而谒之吏，令尹曰：'杀之'，以为直于君而曲于父，报而罪之。以是观之，夫君之直臣，父之暴子也。"在此，韩非子并不认同楚国令尹的做法，他发现了孝亲与忠君之间的内在价值冲突，提倡应该做"君之直臣"，而非"父之孝子"。

韩非子之所以选择公德优先于私德，主张忠君优先于孝亲，其根本思路在于，他认定"君主"这个最高权力的存在是社会秩序的有效保障，"国无君不可以为治"（《韩非子·难一》）。因此，他强调的实则"君主"作为最高权力的象征与代表对于社会秩序保障的重要性，忠君，实则忠于国家利益、社会利益与人们的普遍利益。韩非子主张楚国"直躬"做"君之直臣"，实则确保社会公共利益不受损害。需要指出，韩非子"立公"的最终目的在于维护并实现民众利益，其途径必须立足于实现国家社稷的利益，"符合理想"的君主其实就是民众利益、社稷利益的代言人。忠君，实则忠于普遍的公共利益，尽管政治实践中并非如此，至少在理想状态下韩非子是这样认为的。[1]

在韩非子看来，忠君的实际行动，就是"守法"。法，具有公共性及普遍性，所以韩非子往往"公法"连称（《韩非子·有度》《韩非子·五蠹》）。归根结底，韩非子其实赋予"法"以"道"的公正品格，所谓"因道全法"（《韩非子·大体》）。因此，公德优先的思路之下，韩非子明确主张铁面无私，当个人亲情与社会公义发生冲突时，要做到"不辟亲贵，法行所爱"（《韩非子·外储说右上》）。这种观念与先秦孔子、孟子的观念完全不同，甚至与荀子的思路亦存在区别。荀子主张"从义不从父"的根本目的还在于为了亲人的尊严和生命安全。可是，当不利于亲人的生命

---

[1]　宋洪兵：《韩非子公私观的再诠释》，见于《韩非子政治思想再研究》（附录），北京：中国人民大学出版社，2010年版，第381-383页。

与尊严时，是否还应该"大义灭亲"呢？荀子并未做出肯定回答。韩非子则非常明确地主张社会公共原则优先于属于私德范畴的亲情。《韩非子·说林上》记载乐羊攻打中山国时先国后家的事迹："乐羊为魏将而攻中山，其子在中山，中山之君烹其子而遗之羹，乐羊坐于幕下而啜之，尽一杯。"《韩非子·外储说左下》亦记载梁车秉公执法惩罚其亲姐姐的故事："梁车新为邺令，其姊往看之，暮而后门闭，因踰郭而入，车遂刖其足。"从韩非子的思想整体来看，乐羊及梁车的做法虽然无情，为常人所难以理解，但韩非子是完全认同的，这也是其公德优先于私德观念的极致表现。

韩非子虽然主张个人私德应当服从于公共原则，似乎给人一种完全否定个人私德正当性的印象。其实不然。韩非子认为，君主治国，只要百姓安分守己，彼此之间就能相安无事，所谓"民不犯法则上亦不行刑"、"上不与民相害"，最终的结果就能实现社会和谐，百姓繁衍生息、安居乐业，从而达到"民蕃息而蓄积盛"的理想状态(《韩非子·解老》)。在韩非子由法返德的政治理路中，唯有在公德优先的理想状态下，私德才有可能得以充分发展。《韩非子·奸劫弑臣》曾如此描述其理想社会："故其治国也，正明法，陈严刑，将以救群生之乱，去天下之祸，使强不陵弱，众不暴寡，耆老得遂，幼孤得长，边境不侵，君臣相亲，父子相保，而无死亡系虏之患，此亦功之至厚者也。"以道为前提，通过明法严刑就能实现一个和谐有序的理想社会。显然，在理想社会中，"父子相保"是一种良好的亲情关系，以血缘亲情为核心的私德亦因此而得以成全。

韩非子在切断个人私德向公德转化内在关系的同时，也切断了个人道德与社会整体道德水平的内在联系，主张社会整体道德水平之提升，不能经由社会个体道德之完善来实现，而是应该从社会的角度以及政治的角度，充分运用外在强制的客观规则体系，确保社会道德底线不被突破。只有确保社会绝大多数人不成为坏人时，具备高尚道德的好人也才能在具备良好的社会环境和制度土壤中而不断涌现出现。说到底，韩非子将社会整体道德水准的提升视为一个政治问题、社会问题，而不是一个简单的伦理教化问题。针对先秦儒家以"推广"与"吸引"两种途径来提升社会整体道德的思路，韩非子一方面提出了批评，指出这两种途径都存在严重不足；另一方面又在有所继承的基础之上指出提升社会整体道德水平的关键在于由上而下推行移风易俗，在于外在强制规则体系之完备与有效。与先秦儒家比起来，韩非子的成德思路更具务实与理性的特色。

首先，韩非子指出，先秦儒家依靠"风草效应"的榜样力量和道德感召来影响社会道德水平的思路存在缺陷。原因在于，人性好利的特征，决定了"贵仁者寡，能义者难"，就是孔子那样的圣人，对其服膺的也只有区区七十人（《韩非子·五蠹》）。并且，韩非子对于身教感化的效率深表怀疑，认为此举不足以有效提升社会的整体道德水平。韩非子曾批评舜分别用一年时间以道德感召的身教模式去解决"历山之农者"、"河滨之渔者"以及"东夷之陶者"之间产生的利益纠纷和现实问题，认为舜的"化民"做法，三年解决三个地方的现实纠纷，舜的年寿与精力均有限，而天下产生问题的地方却层出不穷，所以舜的感化方法效率低下，所谓"所止者寡矣"。唯有采用自上而下的强制措施，令行禁止，赏善罚恶，就能收到立竿见影的效果："赏罚使天下必行之，令曰：'中程者赏，弗中程者诛。'令朝至暮变，暮至朝变，十日而海内毕矣，奚待期年？"（《韩非子·难一》）

需要指出，韩非子在批评先秦儒家身教理论的同时，亦清晰地意识到，手握重权的君主具有非常巨大的号召力，并对整个社会的风俗习惯具有举足轻重的影响力。《韩非子·外储说左上》曾记载一则故事："齐桓公好服紫，一国尽服紫，当是时也，五素不得一紫，桓公患之。"当时紫服昂贵，全国服紫的风气浪费大量钱财，于是齐桓公就向管仲求教如何改变这种现状，管仲给出的意见是："君欲何不试勿衣紫也，谓左右曰：'吾甚恶紫之臭。'于是左右适有衣紫而进者，公必曰：'少却，吾恶紫臭。'公曰：'诺。'"于是齐桓公依管仲之言行事，很快就收到立竿见影的效果："于是日郎中莫衣紫，其明日国中莫衣紫，三日境内莫衣紫也。"这充分说明执政者的好恶确实深刻影响着整个社会的价值取向。所以他在某种程度上亦希望借君主对厉行法治的态度来推广法治在整个社会的实施。

　　然而，韩非子还深刻意识到，君主的个人好恶虽然能够影响社会风俗，但是臣民内在心理机制却极为可能出于利益或权力的考虑而采取一种投其所好的阿谀行动。作为执政者，倘若醉心于身教感化，势必在日常生活中表现出个人的好恶情感以引导众人向善，但是这种好恶一旦呈现，却有可能产生意想不到的投其所好的负面效应。《韩非子·二柄》以排比句式表达了深刻的历史洞见："楚灵王好细腰，而国中多饿人；齐桓公妒外而好内，故竖刁自宫以治内；桓公好味，易牙蒸其子首而进之……故君见其恶则群臣匿端，君见其好则群臣诬能。人主欲见，则群臣之情态得其资矣。"君主将自己的好恶表现出来，势必给群臣以阿谀幸进之机，其结果便是"桓公虫流出户而不葬"。造成这种历史悲剧的根本原因，韩非子认为，在于"不掩其情，不匿其端，而使人臣有缘以侵其主"，没有掩饰自己的个人好恶，从而让别有用心者夤缘而上，致使自己落得一个不得善终的命运。在他看来，即便君主表现出儒家意义上的好仁恶不仁、好贤恶不肖的圣人"好恶"，其结果仍然有可能是恶性而非良性的："凡奸臣，皆欲顺人主之心，以取信幸之势者也。是以主有所善，臣从而誉之；主有所憎，臣因而毁之。"（《韩非子·奸劫弑臣》）可见，儒家主张以圣人好恶来进行身教的理论在韩非子那里受到了强烈批判。韩非子主张去好去恶，不能将个人情感带入政治领域，以此确保政治之公正，亦可防止臣下的觊觎与阿谀之心，这事实上就已经解构了先秦儒家依靠道德感化来醇化社会风俗的成德思路。

韩非子与先秦儒家在"推广"思路层面，既有共同点，亦有区别。共同点在于，都意识到作为执政者的君主的好恶对于社会风气具有巨大的影响力。至于不同点，可以用《尹文子·大道下》所主张的"自己出"与"自理出"来加以说明："圣人者，自己出也；圣法者，自理出也。理出于己，己非理也；己能出理，理非己也。故圣人之治，独治者也。圣法之治，则无不治矣。"所谓"自己出"，就是君主治国应该充分呈现自身的美德，从而为群臣士民提供学习及模仿的榜样。所谓"自理出"，就是遵守客观的"圣法"，约束自己的个人好恶，从而实现公正普遍的"法治"。在执政者对于社会风气的影响力层面，韩非子实则强调君主应该成为社会民众的守法榜样，进而确立法之公信力，如此，便能有效推进法治。

其次，韩非子认为，足民、富民只是提升社会整体道德的物质基础，但人性好利的特性决定了人们不断逐利的贪婪，此时柔性教化的功效是否能够有利于"推广"道德则成为一个疑问。因此，对于先秦儒家"富而教之"的"吸引"思路，韩非子一方面予以有限度的认同，认为欲使百姓接受执政者的观念必须先满足其物质利益；另一方面更强调儒家柔性教化之无效，主张必须依靠赏善罚恶的强制规则体系才能引导与约束人们的行为，从而提升社会的整体道德水准。韩非子主张，人们的逐利欲望，犹如奔腾激涌的江河，蕴含着无穷的潜力。如何引导这条江河发挥最大的潜力，而不致产生破坏力，成为韩非子关注的核心话题。他说："凡治天下，必因人情。人情者，有好恶，故赏罚可用；赏罚可用则禁令可立而治道具矣。"（《韩非子·八经》）韩非子在强调趋利避害的人性事实前提之下，以实现国家利益为目标，采用疏导与围堵之方法来加以引导，实施的基本原则就是"赏同罚异"（《韩非子·八经》），行为与国家提倡的相吻合，则赏；行为与国家提倡的不相吻合，则罚。

可见，韩非子对先秦儒家的"推广"与"吸引"这两种实现社会整体道德水平提升的途径，既有继承，又有批判。韩非子在深刻分析社会整体道德水平低下根源的基础之上，发现了一条更加行之有效的思路，这就是通过自上而下地强力推行政治措施，移风易俗。唯有运用政治手段，改变恶俗进而确保社会道德底线，才能让绝大多数人不成为坏人，最终使社会整体道德水平维持在底线水平之上。唯其如此，才能在政治领域实现公平与公正，才能防止社会大面积的非道德行为泛滥，才能真正鼓励人们做正直清白的人。《韩非子·奸劫弑臣》曾阐述秦孝公重用商鞅改变"古秦之俗"的政治举措就是"告奸"与"重罚"，最终实现了移风易俗。这是韩非子在荀子思想基础之上对中国古代成德思路的又一大理论贡献。

第二章

必然之治

　　韩非子政治思想具有鲜明的理性务实特征，尽管其不乏政治理想，也希望能够实现一种"至治"社会。但是韩非子从来不仅仅停留在理想层面，而是将其理想立足于现实生活中牢不可破的经验事实，追求一种"必然之治"。毋庸置疑，观念层面近乎完美的政治理想，可以对于现实政治构成一种判断尺度。英国政治学家拉斯基（Harold J. Laski）在评述完西方政治哲学史上各种有关"国家"的理想化哲学观念之后，曾得出如下结论："国家的哲学概念，充其极只是给我们一个测验国家行为的尺度。它所给予我们的再也没有别的东西。"[1]这至少表明，政治理想对于人类的现实生活还是有意义的。因为现实政治究竟是好是坏，离人们期待的理想社会究竟还有多大距离，必须依赖一种理想化的标准和尺度来加以判断。韩非子认为，循法成德，必须以最普遍的经验事实为前提，避免凌空蹈虚，不能光靠理想的激情去面对纷繁芜杂的现实生活。这本是一种基本的政治学常识。然而，韩非子发现，理想主义者恰恰在违背基本的政治学常识，试图以观念化的理想去改造现实生活，却忽略了现实生活的实际状态。《韩非子·显学》

----

[1] [英]拉斯基：《国家的理论与实际》，王造时译，北京：商务印书馆，1959年版，第48页。

曾批评儒家只谈理想不谈如何实现理想的观念："今世儒者之说人主，不善今之所以为治，而语已治之功；不审官法之事，不察奸邪之情，而皆道上古之传，誉先王之成功。"在他看来，儒者最大的问题就在于幻想"已治之功"，认为历史上曾经证明有效的王道政治是值得期待并且可行的，然而王道政治固然美好，一味沉溺于其幻想之中而不能直面现实，同样也是一种悲哀。"今之所以为治"，就是以当下客观事实为立论基点，一切政治理想若欲实现而不致沦为空想，都应遵循这种最为基本的政治学常识。

韩非子的"循法成德"理论，奠基于"必然之治"。那么，何为"必然之治"？同时，韩非子亦言"自然"，"必然"之于"自然"究竟是怎样的关系？如何才能在纷繁芜杂的现实生活中捕捉到"必然"？欲探讨上述问题，就得首先从"自然"观念入手。韩非子之"自然"观念，源自老子。他的这种观念不仅与《老子》"道法自然"的思想存在深刻关联，而且更与其人性论、政治观密不可分，在其整个思想体系中占有重要地位。然而，国内学界对此问题的探讨重视不足，张岱年先生所撰《中国古典哲学范畴要论》虽论及"自然"，但只论及老庄、汉儒及魏晋玄学，并未提及韩非子之观念。[1]由此，在老子、韩非子思想之整体视野中考察"自然"及"必然"观念的政治蕴含，尤显必要。

第一节　老子"自然"观念及其政治寓意

"自然"一词，始见于《老子》，意为"自己如此"、"本来的情况"。现代汉语中以"自然"表示自然界广大的客观世界，源

---

[1] 张岱年：《中国古典哲学范畴要论》，北京：中国社会科学出版社，1987年版，第80-83页。

自魏晋时期的阮籍[1]，而按照戴琏璋的说法，阮籍也"并非说自然是一至大的集合体"，进而认为"自然"作为自然界更晚。[2]关于"自然"的含义，日本学者认为："不用借助他者的力量，而通过内在于其自身的活动，成为这样那样的情况，或者是这样那样的情况。"[3]老子之"自然"观念，直接带来一个理论困惑："自然"或"自己如此"背后潜藏之"第一推动力"又是什么呢？换言之，"自己如此"既是一种发生学意义上的起源追问（"自己"从哪里来），也是一种过程意义上的动态描述（"自己"如何按照自身的形态延续、变化），其背后都无法绕开一个根本性的问题："自己如此"的动力何在？此动力究竟源自自身，还是源自外在之力？[4]

在老子那里，宇宙起源不成问题，万物起源也不成问题。《老子》第四十二章已说得很清楚："道生一，一生二，二生三，三生万物。"在老子看来，万物皆起源于"道"，万物在起源问题上不能做到"自己如此"（"自然"），这与郭象"物各自生而无所出"的"独化"（《庄子·齐物论释》）理论相比，思路完全不同。但是万物生成之后，是否就意味着万物脱离"道"而独立，其演变形态就完全取决于"自己"？"道"在"万物"的存在状态与演化过程中究竟起着怎样的作用？《老子》第五十一章对此回答得最为完整："故道生之，德畜之；长之育之；亭之毒之；养之覆之。生而不有，为而不恃，长而不宰，是谓玄德。"一方面，"万

---

[1] 张岱年：《中国古典哲学范畴要论》，北京：中国社会科学出版社，1987年版，第81页。

[2] 刘笑敢：《老子古今》（上卷），北京：中国社会科学出版社，2006年版，第273页。

[3] [日] 池田知久：《道家思想的新研究：以＜庄子＞为中心》，王启发、曹峰译，郑州：中州古籍出版社，2009年版，第542页。

[4] 刘笑敢认为："自然的概念大体涉及行为主体（或存在主体）与外在环境、外在力量的关系问题，以及行为主体在时间、历史的演化中的状态问题。"参阅氏著：《老子古今》（上卷），第291页。

物"之生育衣养有赖于"道"；另一方面，"道"对于自己所起之作用的态度却是"生而不有，为而不恃，长而不宰"。《老子》第三十四章更直接点出"道"之所以成其为"道"的内在原因即在于虚怀若谷："大道泛兮，其可左右。万物恃之而生而不辞，功成不名有。衣养万物而不为主，常无欲，可名于小；万物归焉，而不为主，可名为大。以其终不自为大，故能成其大。"因此，有学者将"道"与"万物"之关系描述为"动因的内在性与外因的间接性"可谓精当："道的概念所要求和保证的是大范围的整体的自然的和谐，即'为而不恃，长而不宰'，而不是对行为个体的直接的强制的束缚，因此可以给每一个行为个体留下自由发展的空间。"[1] 需要特别强调者在于，老子"自然"之逻辑前提，实则离不开作为大环境、大背景的"道"之先在性。在此逻辑之下，"道"为"万物"之演化默默无闻地、不易察觉地提供着和谐完美的环境，以便"万物"能够以最佳状态向最佳方向演化。因此，万物"自己如此"的存在形态，其实是"道"之呵护（外）与"万物"之本性（内）之合力产物。"自然"在老子思想体系中始终存在两套话语，一方面，从实然视角观之，"道"生育衣养着世间万物，其先在性对于万物之演化具有根本性之决定作用，"万物"之和谐状态并非完全源自自身之"自然"；另一方面，从应然视角观之，"道"具有虚怀若谷之特性，主观上并不愿意夸大先在性之决定作用，而以一种谦逊之说法，将其归因于万物之"自然"。也就是说，万物背后不是没有一个动力源泉，只不过这个动力源泉比较谦虚、不愿居功而已。因此，老子对于万物之"自然"，与其说是一种事实，毋宁是一种价值期待，犹如父母对于子女自立般的一种期待。

---

[1] 刘笑敢：《老子古今》（上卷），北京：中国社会科学出版社，1987 年版，第 277 页、416 页。

　　由此，可以看到老子思想中事实存在两种形态的"自然"，一种为"道"之"绝对自然"，一种为"万物"之"相对自然"。《老子》第二十五章说："人法地，地法天，天法道，道法自然。"这表明，属于万物之"人"、"地"、"天"，最终都以效法"道"为依归，只有"道"才拥有自己作为自己依据的终极格位从而无所效法，"自然"是"道"的存在形态，只有"道"才具备不依赖任何外力而做到"绝对自然"。"万物"之"相对自然"，一方面固然与万物自身特性密切相关而"自己如此"，另一方面这种"自己如此"又源自对"道"之"绝对自然"的模仿与效法。

　　老子之所以深究"自然"，其目的就在于阐述一种基本的政治原则：无为。司马谈《论六家要旨》曾谓"夫阴阳、儒、墨、名、法、道德，此务为治者也，直所从言之异路，有省不省耳"，这说明老子的思想具有深刻的现实关怀。清代学者魏源则直接点出《老子》经世、救世之用意："《老子》，救世之书也。"[1]按照老子的思路，体道之圣人，乃是"道"之代言人，能够洞彻"道"之"绝对自然"与"万物"之"相对自然"之间的关系，因此，圣人治国时，一方面，为万民百姓的繁衍生息提供良好的环境，另一方面又要效法"道"之谦逊，生而不有，为而不恃。老子之无为，并非无所作为，乃是营造良好生存与发展环境之"无为"，承担呵护百姓之义务与责任，实则有为；而主动放弃高高在上之权力意识与权力优越感（注意：并非放弃实实在在的权力），实则无为。圣人的功能在于"辅万物之自然，而不敢为"。（《老子》第六十四章）圣人在面对万物之生存形态时，只作为外因起辅助作用，而万物之所以有如此的动力，应该来自自身特性，"相对自然"地变化发展。《老子》第二章明确说："是以圣人处无为之事，行

---

[1]　魏源:《老子本义·论老子》，北京：中华书局，1955 年版，第 3 页。

不言之教；万物作焉而不辞，生而不有，为而不恃，功成而弗居。夫唯弗居，是以不去。"尤其是"生而不有，为而不恃，功成而弗居"，则完全依据"道"之原则来行事，始终作为一种最高的权威，犹如慈母一般，注视、呵护并辅助万物的演变轨迹。《老子》第十七章："太上，下知有之；其次，亲而誉之；其次，畏之；其次，侮之。……功成事遂，百姓皆谓我自然。"真正之"善治"或太上之治，乃是营造一种百姓自觉认可并且无法感知任何源自外在规则之约束和限制，充分享受秩序之内的自由。显然，此处之"自然"，亦非纯粹百姓完全自主之"绝对自然"，而是"道"辅助、关怀之下的"相对自然"。

老子之"自然"观念，其实隐含着一层未曾明言的逻辑：只有在"道"的辅助与呵护之下，"万物"之"相对自然"，才可能产生和谐、完美的结果，整个世间万物才会真正有序而自由地存在。问题在于，就社会治理领域而言，倘若失去"道"及"圣人"之辅助与呵护，完全按照百姓的意愿及"绝对自然"，其结果将会怎样？人之"自然"，取决于人之特性。在老子眼里，人究竟具有怎样的特性？进一步的问题便是，人性倘若欲冲破"道"之自然秩序，"道"又该如何作为？

关于老子对人性的认识，徐复观曾谓："《老子》虽然没有性字，更没有性善的观念；但他所说的德，既等于后来所说的性；而德是道之一体；则他实际也认为人性是善的。"[1]然而事实上老子对于人性的态度却并不乐观，他说："大道甚夷，而民好径。"（《老子》第五十三章）表明普通民众并不总是遵循理想化的基本准则，而是喜欢寻求更能满足自己需要的方法和途径。老子已经明确意识到，人类形形色色的欲望会导致丧失理智，只有圣人才

---

[1]　徐复观：《中国人性论史·先秦篇》，上海：上海三联书店，2001 年版，第 314 页。

能做到"为腹不为目，故去彼取此"，在满足基本的生理需要的同时，又不使人的心智成为物欲的奴隶，然而，普通百姓在面对欲望时根本无法淡定："五色令人目盲；五音令人耳聋；五味令人口爽；驰骋田猎，令人心发狂；难得之货，令人行妨。"（《老子》第十二章）既然人难以抵制"五色"、"五音"、"五味"、"驰骋田猎"、"难得之货"的诱惑，那么，百姓"自然"的结果，便是欲望的膨胀与泛滥，所谓"百姓皆注其耳目"（《老子》第四十九章），必然在欲望的驱使之下相互竞争、戕害以至于无序。

　　老子尽管认识到人若纯任"自然"的不良后果，但其处理结果却显得异常无力。《老子》第三十七章说："道常无为，而无不为。侯王若能守之，万物将自化。化而欲作，吾将镇以无名之朴。无名之朴，夫亦将无欲。不欲以净，天下将自定。"此处之"自化"即"自己如此"意义层面之"自然"。"侯王若能守之，万物将自化"之观念，与《老子》第五十七章"我无为而民自化"的思想是一脉相承的。然而，"无为"似乎并不能直接导致"自化"之理想效果，相反，却呈"化而欲作"之趋势。之所以"欲作"，当然源自人之自身欲望驱使，其结果便是使得不依赖外在环境与规则的纯任"自化"或"自然"变得不再可能，故而强调"吾将镇以无名之朴"。问题在于，何谓"无名之朴"呢？刘笑敢对此的解释是："'镇之以无名之朴'是因为万物不满足于'自化'，因而'欲作'，即为更多的欲望驱使。一般的侯王就会用刑罚或兵刃镇压。但守无为之道的侯王则会用'无名之朴'来'镇'之，而无名之朴怎能真的有镇压的效果呢？无名之朴就是道，就是'法自然'的原则的体现，所以，无名之朴的'镇'实际是使人警醒，重新回到自然无为的立场上，化解大家的不满和过多的欲望。"[1]如果"镇以无

---

[1] 刘笑敢：《老子古今》（上卷），北京：中国社会科学出版社，2006年版，第385页

名之朴"仅仅重复"处无为之事，行不言之教"（《老子》第二章）、"上士闻道，勤而行之"（《老子》第四十一章）、"我无为而民自化"（《老子》第五十七章）的思路，一味强调身教功效，希望借此引领人们领悟并模仿圣人，"使人警醒"也不过是一厢情愿的理想罢了，处理方式之无力，决定了结果之无效。

在如何"使人警醒"的问题上，老子除了"不言之教"外，亦时常依据人生体验，站在长者之立场对世人进行"言教"，告诫人们正确对待名利与生命的关系，要珍惜最本真的生命，不要为名利所惑，更不可因为名利而损坏自然生命："名与身孰亲？身与货孰多？得与亡孰病？是故甚爱必大费；多藏必厚亡。知足不辱，知止不殆，可以长久。"（《老子》第四十四章），并谓欲望太多会给自己带来灾祸："祸莫大于不知足；咎莫大于欲得。"（《老子》第四十六章）

然而，潜移默化的"身教"也好，苦口婆心的"言教"也罢，老子基于长远视野而进行善恶祸福之因果推演及各种预言式的忠告，对于"人"受欲望作用之"自然"以及由此可能产生的对社会秩序的冲击、破坏，均无切实的效果。老子"辅万物之自然"的观念体现在政治领域，对于人类社会之秩序在"道"之辅助之下良性运行存在不切实际的理论期待，在如何有效应对人的欲望泛滥而破坏社会秩序问题上，承担"辅"之职责的"道"的监督及惩罚功能，探讨不足。当然，探讨不足，并不等于没有探讨。《老子》第七十四章："民不畏死，奈何以死惧之？若使民常畏死，而为奇者，吾得执而杀之，孰敢？常有司杀者杀。夫司杀者，是大匠斫，夫代大匠斫者，希有不伤其手矣。"如何理解本章"大匠"之确指，历代注家众说纷纭，有人认为是"天"，有人认为是"政府主管刑杀的部门"。[1]但不管怎样，在老子思想体系之中，道及体道之圣人在"辅万物之自然"的同时，对于为"奇"者，对于规则与秩序的破坏者，的确具有某种惩戒的职责与义务，这也再次证明老子"百姓皆谓我自然"之"自然"，是"道"与"圣人"的一种不居功自傲的谦逊说法，而非实情。老子"为奇者，吾得执而杀之"之政治理念以及"自然"理想，在韩非子那里得到了充分的继承与发扬。

第二节 由"自然"而"必然"：韩非子政治思想之展开

老子以降，在"道法自然"层面，存在庄子与韩非子两个发展维度：一方面，庄子描述"吹万不同"时"使其自己也，咸其自取"（《庄子·齐物论》）的观念被魏晋时期的郭象无限扩大为万物脱离"道"之主宰进而成为一种绝对自然[2]；另一方面，韩非子以道之权威性统摄万物，万物皆以道之法则为依归。近人陈柱曾谓："予谓传老子之学者，莫善于庄周与韩非。"[3]可谓一语中的。验之于《韩非子》，《解老》、《喻老》诸篇实为最初注解《老子》之文本。就此而论，司马迁将老子与韩非子合传，并非没有道理。倘若立足于"辅万物之自然而不敢为"之哲思，司马迁论及老、韩关系时所谓"老子深远"的判断，或许有一定道理。然而，如果立足于"如何辅万物之自然"之政治实践，韩非子跟老

---

[1] 刘笑敢：《老子古今》（上卷），北京：中国社会科学出版社，2006年版，第697-698页。

[2] 需要指出，庄子"使其自己也，咸其自取"的相对主义观念依然受制于"道通为一"的思想，从而对普遍性亦给予了充分的关注。参阅杨国荣：《庄子的思想世界》，北京：北京大学出版社，2006年版，第110-111页。

[3] 陈柱：《老子韩氏说·叙》，上海：商务印书馆，1940年版。

子比起来，则更显得切于实用与有效，并且呈现出更为复杂的面相。这种复杂性表现在，韩非子赋予"自然"观念以"必然"的内涵，但同时又不忘情于作为一种政治理想的"自然"价值，从而在"必然"的视野之中深化了"自然"的政治蕴含。

韩非子从发生学角度将人性基于生物属性之"自然"视为一种"必然"，同时，韩非子又在过程或趋势意义上力主外在力量对人性自然趋势及方向的干预。

就发生学角度而言，韩非子明确意识到社会中的每一个个体为了生存，必然存在基本的生理需求，这既是人内在特性"自己如此"的结果，又是一个无可回避的基本事实。韩非子指出："人无毛羽，不衣则不犯寒。上不属天，而下不着地，以肠胃为根本，不食则不能活，是以不免于欲利之心。"（《韩非子·解老》），这种基于生理需求而产生的欲望，完全源自个体自身之"自然"，所以韩非子又将其视为"自为心"（《韩非子·外储说左上》）。由此，韩非子推导出人性趋利避害的特征："好利恶害，夫人之所有也。……喜利畏罪，人莫不然。"（《韩非子·难二》）、"人情皆喜贵而恶贱"（《韩非子·难三》）。在韩非子看来，人趋利避害的生理欲望及心理特征，既是"自然"，又是"必然"。正因为韩非子将"自然"视为"必然"，所以他才深刻洞察到政治领域不可改变的必然法则，"明君之所以立功成名者四：一曰天时，二曰人心，三曰技能，四曰势位。非天时虽十尧不能冬生一穗，逆人心虽贲、育不能尽人力。故得天时则不务而自生，得人心则不趋而自劝，因技能则不急而自疾，得势位则不进而名成。若水之流，若船之浮，守自然之道，行毋穷之令，故曰明主。"（《韩非子·功名》）在此，所谓"天时"、"人心"、"技能"、"势位"，都是政治治理成功必须遵守的基本法则，而所谓"自然之道"，即为不得不如此的"必然之道"。

就过程或趋势角度来说，韩非子认为，除非像老聃那样的圣人一样自我约束内在的欲求从而"知足"，否则人的欲望无法真正得到满足。然而现实情况却是百姓根本无法像老聃那样知足，因为人性根本就无法知足，"众人之所不能至于其所欲至也，自天地之剖判以至于今"（《韩非子·解老》）。既然如此，如果想以彻底满足民众欲望来实现社会治理，是完全不可能的，因为君主即使能让百姓在物质方面知足，却无法满足他们也想做做君主的欲望，即使身为君主，也未必能感到满足："君人者虽足民，不能足使为君，天子而桀未必为天子为足也。"（《韩非子·六反》）人若一味凭借自身本性任其发展，势必导致欲望的膨胀与泛滥，从而导致社会失序与混乱。《韩非子·心度》篇谓："夫民之性，恶劳而乐佚，佚则荒，荒则不治，不治则乱，而赏刑不行于天下者必塞。"这与乃师荀子反对人性"自然"（即"顺是"）的思路（《荀子·性恶》）也是一脉相承的。职是之故，韩非子格外重视以"赏罚"为核心内涵的外在规则对于人性"自然"而形成的"必然"事实在趋势、方向上所具有的引导及惩戒功能。《韩非子·制分》说："民者好利禄而恶刑罚。上掌好恶以御民力，事实不宜失矣。"《韩非子·八经》也谓："凡治天下，必因人情。人情者，有好恶，故赏罚可用；赏罚可用，则禁令可立而治道具矣。"就发生学意义上的"自然"而论，韩非子将其视为一种必然如此的事实，认为这是社会治理的前提和基础。这也是他主张"不随适然之善，而行必然之道"（《韩非子·显学》）的根本原因所在。所谓"必然之道"之"必然"，亦即发生学意义上人性之"自然"。

不难发现，韩非子对"自然"内涵中"自己如此"的趋势预见，并未赋予老子意义上的价值，而是就事实而论，而"自己如此"之趋势，对社会来说亦具负面影响。因此，某种意义上说，韩非子具有"反自然"思想。熊十力曾就"因物自然"的观点对韩非子思想发表过一番议论："圣人法天地自然之化，故不肯用私智而行独裁。其于万物也，有裁成，有辅相，皆因物而成之，因物而相之。倾者覆，栽者培，与夫并育、并行者，一皆辅万物之自然而不敢稍过。稍过，即将以己宰物，而物失其性矣。故不过。此圣人之所以为功于造化而使万物得所也。若乃乘几狂动者，不知法天地之化，将任己之偏见而固持之以统驭万物，虽可制胜于一时，其害之中于无形而发于后者，将不可胜言。韩非、吕政是也。"[1] 从前文的分析来看，熊十力的判断似乎得到了印证，即韩非子具有明显的"反自然"思想。

然而，问题似乎并非如此简单。章太炎曾谓："夫法家者，辅万物之自然，而不敢为，与行己者绝异。"[2] 显然，在韩非子或法家是否强调"自然"的问题上，熊十力与章太炎的观点截然相反。那么，又该如何看待二人的观点分歧呢？笔者以为，二人观点均有可取之处，又各有不足。

首先，韩非子的"反自然"思想表明他并不认同"自己如此"意义上的"自然"。最典型的证据，就是《韩非子·难势篇》将"自然之势"与"人设之势"相提并论，主张如果一味谈论势之"自然"，其实就没必要谈论"势"，因为只需全任"势"之自然演化即可："势必于自然，则无为言于势矣。"究竟何谓"自然之势"？韩非子有详细的阐述，他说："今曰尧、舜得势而治，桀、纣得势而乱，吾非以尧、桀为不然也。虽然，非一人之所得设也。夫尧、舜生而在上位，虽有十桀、纣不能乱者，则势治也；桀、纣亦生

---

[1] 熊十力：《韩非子评论》，上海：上海书店出版社 2007 年版，第 65—66 页。

[2] 章太炎：《释戴》，《中国现代学术经典·章太炎卷》，河北教育出版社 1996 年版，第 535 页。

而在上位，虽有十尧、舜而亦不能治者，则势乱也。故曰：'势治者，则不可乱；而势乱者，则不可治也。'此自然之势也，非人之所得设也。"按照韩非子的理解，在人类治乱的趋势问题层面，圣贤在位，社会一定大治；暴君在位，社会必定大乱。这种体现在人类社会发展趋势上的"自己如此"，就是"自然之势"。熊十力将韩非子的"自然之势"解释为人力无法更改的"天下大势之所趋"，是非常有说服力的。[1]在此，"自然之势"，即为"必然之势"。趋势的必然性，一方面容易导致宿命，另一方面又因其固有的极端思维方式忽略了社会演变进程中的人为努力因素，因为真正主导人类社会演进的主体不在少数圣贤或暴君，而在"中人"（普通人）。韩非子的"中人"政治思维，开启了依靠制度与规则来进行社会治理的政治学思路。他说："且夫尧、舜、桀、纣千世而一出，是比肩随踵而生也，世之治者不绝于中。吾所以为言势者，中也。中者，上不及尧、舜，而下亦不为桀、纣。抱法处势则治，背法去势则乱。今废势背法而待尧、舜，尧、舜至乃治，是千世乱而一治也。抱法处势而待桀、纣，桀、纣至乃乱，是千世治而一乱也。"（《韩非子·难势》）韩非子在社会治理层面并不措意于那些没有悬念的趋势或结果，他念兹在兹的，是如何通过人为的努力，在人类社会多种演变可能性中，用后天的干预去创造一个最佳可能，从而实现社会的秩序和谐。这就是他所谓"人设之势"，所谓"抱法处势则治，背法去势则乱"。

就人性"自然"之趋势而言，韩非子并未主张人性千篇一律，而是强调绝大多数人如此。在韩非子看来，人群由"不可以赏劝"

---

[1]　熊十力：《韩非子评论》，第56页。刘笑敢亦曾区分"自然"概念在时间序列上的稳定性："自己如此"（原初状态）、"通常如此"（现在状态）、"势当如此"（未来趋势）。参阅氏著：《老子古今》（上卷），北京：中国社会科学出版社，2006年版，第292页。

的太上之士如许由、尧、舜等圣贤、"不可以刑禁"的太下之士如盗跖、普通民众三部分组成。治国的基础，应该正视太上之士与太下之士均不占多数的事实，从而认定绝大多数人"劝之以赏然后可进"、"畏之以罚然后不敢退"。"太上之士"的自我克制与"太下之士"的绝对放任，都不在韩非子"人设之势"的考虑之内，"治国用民之道也不以此二者为量。"治国应该考虑人性趋利避害的恒常状态，"治也者，治常者也；道也者，道常者也。"(《韩非子·忠孝》)毋庸置疑，在过程、趋势层面，韩非子力主干涉，具有强烈的"反自然"的思想特征。韩非子以"赏罚"为核心内涵的外在规则，亦即"抱法处势"之"人设之势"，主张以人为的主观努力引导人性"自然"的合理成分，规避其突破社会秩序的不合理因素。梁启超认为法家"政治论主张严格的干涉"[1]，确有道理。

其次，韩非子"反自然"的"干涉"思想，与章太炎"夫法家者，辅万物之自然，而不敢为，与行己者绝异"的判断亦不相矛盾。如此说的依据在于，韩非子强化了老子"道"对万物生衍的呵护功能，主张以强制性的规则和制度("法")来对人们的"自然"(自己如此)本性加以干预与引导，最终实现强制规则的内在化，形成一种"第二自然"的生存方式。唯有在理想化了的"第二自然"视域中，韩非子与老子才能在"辅万物之自然而不敢为"的层面具有思想共通性。

试看《韩非子·安危》的记载："使天下皆极智能于仪表，尽力于权衡，以动则胜，以静则安。治世使人乐生于为是，爱身于为非。小人少而君子多，故社稷常立，国家久安。奔车之上无仲尼，

---

[1] 梁启超：《先秦政治思想史》，《饮冰室合集》专集之五十，北京：中华书局，1989年版，第65页。

覆舟之下无伯夷。故号令者，国之舟车也。安则智廉生，危则争鄙起。故安国之法，若饥而食，寒而衣，不令而自然也。先王寄理于竹帛，其道顺，故后世服。今使人去饥寒，虽贲、育不能行；废自然，虽顺道而不立。"在此，韩非子描述了理想状态的"法"之性质，不使人感到约束与压迫，服从外在法则，就像饿了要吃饭、冷了要穿衣一样，就像服从自己内在真实意愿一样。之所以能够如此，根本原因就在于"法"满足了人们"乐生"、"爱身"的真实意愿。日本学者认为："在这里所见的二例'自然'，就是对于作为主体的'上'也就是君主来说，作为客体的'人'也就是民众的'自然'，具体的是指被代表为'饥而食，寒而衣'的'民'的存在方式。"[1]在此，韩非子显然呼应了老子"自己如此"的"自然"价值，并且在理想社会状态下予以认可。

《韩非子·说疑》亦谓："是故禁奸之法，太上禁其心，其次禁其言，其次禁其事。"此处观念直接源自《老子》第十七章："太上，下知有之；其次，亲而誉之；其次，畏之；其次，侮之。……功成事遂，百姓皆谓我自然。"韩非子认为，禁奸的最高境界，就是让百姓在思想深处根本不产生任何奸邪的念头，完全按照制度规定的是非观念来为人处世。所谓"太上禁其心"，即是将外在的客观规范内在化，成为一种"日用而不知"的"自然"行为，亦即"从心所欲不逾矩"的境界。"禁其心"的最终目的，实则"不治"，"不治"即老子之"下知有之"，亦即"百姓皆谓我自然"，这是一种以外在规则为基础的"自然"。这是一种政治理想和价值期待，君主存在，规则亦存在，但由于外在的规则已经完全内化为自身的实际意愿，故而可以实现"自然"的生活。显然，此处之"自然"，

---

[1]［日］池田知久：《道家思想的新研究：以〈庄子〉为中心》，郑州：中州古籍出版社，2009年版，第541页。

实则"第二自然"。[1]当然，按照福柯（Michel Foucault）的"规训"
（Discipline）理论，这毫无疑问属于一种压迫与洗脑。然而，正如
福柯的理论虽具深刻的批判意识但却无法完全"解构"现代社会
一样，规训、内化某些外在规则，乃是人类社会生存和发展无法
避免的一个基本事实。也就是说，完全按照社会个体不加"熏染"
的"绝对自然"意识行事，无论在事实与理论上均不可行。就此
而论，韩非子从思想与观念层面入手，让百姓真正信仰具有是非、
善恶价值的客观规范，并以此作为实现良好社会的最好方法，这
个观点实则具有深刻的洞察力。刘笑敢在评论老子"自然"观念
时曾说："在现代社会，要维持自然的秩序，法律是绝不可少的，
然而，法律的功能对多数人来说，可能只是虚悬一格。"[2]其实，"虚
悬一格"的法律功能，可能更符合韩非子的政治理想。

　　综上，韩非子的"自然"观念具有复杂的内涵。他将人性之"自
然"视为一种"必然"，一种规律，一种无可回避的事实，据此
主张治国应以此"必然性"为基础与前提。一方面要顺应并满足
人们对于利益的需求和渴望，另一方面又对人性"自己如此"的
欲望膨胀保持着高度的警惕，主张以外在的强制性规则加以约束
和规避，由此形成了"反自然"思想。同时，韩非子虽然不主张
"尧舜"这样的圣贤在位而形成的"势治者不可乱"，但是他本身
对于通过人为努力营造"大治之势"，进而不依靠圣贤亦能产生

[1] 西方汉学家阿尔伯特·盖尔万尼（Albert Galvany）《超越规则的统治：< 韩非子 > 最
高权力之基础》一文运用福柯 (Michel Foucault) 的规训（discipline）思想来解读《韩非
子》，认为韩非子运用赏罚，其最终的理想就在于将各种规则由外在强制内化为人的
自觉意识，并提出"第二自然"的概念来描述韩非子的法治理想 Albert Galvany ,*Beyond
the Rule of Rules: The Foundations of Sovereign Power in the Han Feizi,* Goldin, Paul R.（Ed.）,*Dao
Companion to the Philosophy of Han Fei,* Spriger,2012

[2] 刘笑敢:《老子古今上卷》，北京：中国社会科学出版社，2006 年版，第 216 页。

"势治者不可乱"之效果，充满了狂热的理论期待。他在理想社会中赋予了"自然"以"自己如此"的意味，强调规则治理之下理想状态中人们行为的自然，具有"消极自由"的意味。梁启超曾如此批评韩非子将"自然"转换为"必然"之观念："彼宗最大目的，在'不随适然之善而行必然之道'，此误用自然界之理法以解人事也。'必然'云者，谓有一成不变之因果律为之支配吾侪可以预料其将来，持左券以责后效。如一加一必为二，轻养二合必为水也。夫有'必然'则无自由，有自由则无'必然'。两者不并立也。物理为'必然法则'之领土，人生为自由意志之领土，求'必然'于人生，盖不可得，得之则戕人生亦甚矣。此义固非唯物观之法家所能梦见也。"[1]倘若结合韩非子的"自然"思想来看，梁氏实则误会了韩非子在发生学意义上理解的作为治国基础的"自然"（必然）与理想社会状态中的"自然"（自己如此）的区分，尤其未能洞彻韩非子在事实与价值之间始终存在的"道"与"法"对人们"自然"的呵护与关照。韩非子与老子不同之处在于，老子的"自然"体现了一种价值，而在韩非子那里，"自然"是一种治国必须尊重与遵循的事实。并且，韩非子在更高意义上回应了"自然"的价值，将老子"辅万物之自然而不敢为"的政治理想加以了制度化的改造与创新。

第三节 "必然之治"如何可能？

政治不仅要考虑正当性，强调政治应当怎样，同时还需要考虑有效性，即如何才能在现实生活中加以有效实施。某种程度上

---

[1] 梁启超：《先秦政治思想史》，《饮冰室合集》专集之五十，北京：中华书局，1989年版，第151页。

可以说，真正有意义的政治正当性，必须经过有效性而呈现。否则，政治正当性永远停留在理想层面而沦为口号，其结果终将为人们所抛弃，甚至为人们所厌恶。

拉斯基在评论理想主义者的国家理论时曾深刻指出："人们并不根据国家所宣告的各种意旨来判断国家，虽然这也许对于他们的判断有些影响；在一切极端的事件中（这些是真正重要的事件），人们是根据他们自己对于国家实际行为的见解来判断国家的。他们最后向国家所要求的东西，便是国家所能获得的共同的好处。它应该是每个公民都觉得他应该分享到的东西，而他分享的方式和程度一定要使他能满意于国家的所作所为。在这种情形里，如果告诉他说，理想的东西实在就是现实的东西，那是不够的。在极端的事件中，他必须自己相信才行。任何国家理论要使人认为是适当的，那就必须使个人（作为一个分别的、孤立的人）能够确信：他的好处根本就包括在他的现实国家所建立的那种共同好处之内。"[1]

国家的正当性往往与一种理想化的政治理念密切相关，而这种政治理想必须转化为实际行动在现实生活中真正落实，至少能够让人们相信这种理想正在逐渐实现而不是一种毫无实现希望的空想，并且这种落实必须具体化为真实的社会个体利益而非抽象的群体利益。唯其如此，才能真正获得民众拥护，从而确立起国家所期待的正当性。由此凸显出来的理论意义是，在政治领域，如何实现政治理想永远比单纯宣扬政治理想更为重要。那么，如何才能实现政治理想呢？韩非子的回答是：回归政治学常识，尊重现实生活的客观事实，寻求"必然之治"。

那么，如何才能实现"必然之治"？从逻辑上讲，欲实现"必

---

[1]　[英]拉斯基：《国家的理论与实际》，王造时译，北京：商务印书馆，1959年版，第84-85页。

然之治"，其前提必须在于准确把握现实社会中最普遍的客观事实。问题在于，如何才能把握住"最普遍的客观事实"？众所周知，中国文化的基本特征之一，就是现实生活世界的实用理性精神。即便最富理想色彩的思想家，都会理直气壮地声称自己的政治主张并非空想，而是可以实现的理想，都会主张自己的学说立足于最普遍的客观事实，都认为自己的学说遵循了基本的政治学常识，具有非常现实的可操作性。在孔子看来，以血缘亲情为基础的利他精神是最普遍的客观事实，由此主张"道之以德，齐之以礼"（《论语·为政》）的仁政或德治；孟子则认为，以"不忍人之心"为主要内容的"人性善"是人类社会最普遍的客观事实，由此主张"行不忍人之政"的王道政治；荀子虽然主张性恶论，强调外在规矩对于"化性"之重要性，然而他依然乐观地认为人们可以通过柔性教化而趋善，所以其政治思想的重点在于培养君子进而实现"人治"。总体而言，先秦儒家在寻求现实生活中最普遍的客观事实时的整体基调主要呈现为人们可以通过柔性教化而趋善的乐观预期。

韩非子深表怀疑先秦儒家在"最普遍的客观事实"问题上的这一乐观预期。在他看来，唯有悲观预期，方能真正确立起"必然之治"来。所谓悲观预期，就是在确定"最普遍的客观事实"时，必须考虑如下因素：其一，将现实社会生活中复杂多样的人群划分比例，应该以最绝大多数人所具备的心理特征为依据。韩非子并不否认现实生活中存在道德高尚的人，所谓"太上之士"，同时也意识到一个社会无论规则措施多么完备，亦必然会存在铤而走险的亡命之徒，所谓"太下之士"。然而，他认为这两类人都不占社会的绝大多数，现实生活最主要的群体是那些怀有"自为之心"同时又能接受规则引导与约束的普通人。社会大众绝大多数人如此，即使身处庙堂之高的最高统治者，亦是"上不及尧舜，下不为桀纣"的"中人"（《韩非子·难势》）。这就是他所说的"治也者，治常者也；道也者，道常者也。"常，即是必然，就是社会绝大多数人必然呈现的心理特征。这也正是他说"为治者用众而舍寡，故不务德而务法"（《韩非子·显学》）的根本原因所在。治国应该立足于这个最普遍的客观事实。韩非子之所以认定先秦儒家忽略了"之所以治"的政治学常识而具有理想色彩，根本原因就在于儒家将社会生活中极少部分可以通过道德感召和柔性教化而成德的那些特定人群普遍化，以至于乐观地认为治国应该以同样的方式去感召和教化社会绝大多数人。其二，一种学说欲避免理想主义，就应该考虑现实生活中最坏的可能。赵汀阳认为："如果一种理论能够解决最坏可能性中的问题，就必定能够解决任何可能性中的问题。"[1]先秦儒家尽管没有完全排斥和否定，然其对强制性规则如"法"与"刑"却在价值层面多有批评，强制性规则在先秦儒家那里永远处于次要的地位，对于柔性教化和道德感召这一治理方式存有太多的乐观预期。显然，韩非子对先秦儒家的这一乐观预期不以为然，他以最为悲观的态度看到一种残酷的现实：先秦儒家以所谓"尧舜之道"来治国的结果却是"为人子者有取其父之家，为人臣者有取其君之国者矣"，所以他明确主张"上法而不上贤"（《韩非子·忠孝》）。在他看来，"民者固服于势，寡能怀于义"（《韩非子·五蠹》），人皆有利己之心，当外在规则不具备或不完善时，人人皆有为了名利而违规的可能性，唯有确立并完善以法术势为内核的强制规则体系，治国方能有效。

基于悲观预期，韩非子捕捉到社会的最普遍客观事实就是必须依靠强制性的客观规则体系去引导和约束人们的"自为心"，

---

[1] 赵汀阳：《坏世界研究》，北京：中国人民大学出版社，2009年版，第7页。

社会才能真正和谐有序。韩非子认为，人性自利，"皆挟自为心"，就连亲情之间此类情形亦不乏见，他说："挟夫相为则责望，自为则事行。"（《韩非子·外储说左上》）所谓"相为则责望"，就是期待人与人之间能够互相为对方利益考虑。由于人性自私的特性，"相为"的结果往往是希望别人对自己好，自己不对别人付出。假如人人如此，势必导致人人都希望搭便车捞好处，结果自然无法真正办好事情。所谓"自为则事成"，意指每个人都按照自己利益去处理和对待事情时，必然会充分发挥自己最大的潜能，在利益驱动之下激发创造性与活力，最终很好地办好事情。根据上述认识，韩非子充分阐述了治国过程中"不得不"这一强制规则的重要性。《韩非子·奸劫弑臣》说："圣人之治国也，固有使人不得不爱我之道，而不恃人之以爱为我也。恃人之以爱为我者危矣，恃吾不可不为者安矣。"所谓"不得不爱我之道"，就是基于悲观预期，用强制性的规则约定人们必须遵守的义务，无论什么样的群体，无论何种情况下，不管主观情感层面的爱或者不爱，都必须遵守而不得违背，否则就会受到惩罚；所谓"恃人之以爱为我"，则是基于乐观预期，在治国过程中希冀群臣百姓能够主动站在君主立场去考虑公共利益。在韩非子看来，悲观预期可以治理好国家，乐观预期则无法做到。

韩非子的"必然之治"之所以可能，就在于他在准确把握了最普遍的客观事实之后，主张以赏罚两种方式来对待人们趋利避害的本性，赋予赏以正面的伦理价值，积极提倡；赋予罚以负面的伦理价值，猛烈抨击。其赏罚措施，皆以公共利益为依归，而公共利益的实现在他看来，反过来又有利于个体利益之实现。具体而言，其赏罚逻辑有以下几种情形：

其一，当民之所好与国之所利一致时，适当加以引导即能发挥民众之积极性，从而实现君臣与君民之共赢。"使民以力得富"
（《韩非子·六反》），"使民有功而受赏"（《韩非子·外储说右上》）。
在韩非子看来，人们之所以愿意为雇主或国家付出辛苦劳作，根
本原因就在于丰厚的回报。《韩非子·难一》说："设民所欲以求
其功，故为爵禄以劝之。"有才能的人在官职与爵禄的激励之下，
愿意竭诚效力，执政者治国不用辛辛苦苦地去发现和挖掘人才：
"设官职，陈爵禄，而士自至，君人者奚其劳哉"（《韩非子·难
二》）。因此，当民之所好与国之所好并无利益冲突时，只要稍加
引导，即可实现利益激励，从而达成国家的目的。

其二，当民之所好与国之所利存在冲突时，执政者必须充分
利用民之所恶来围堵民之所好，这构成了韩非子"重罚"观念的
基本逻辑。对财富的渴望，会使一部分人铤而走险，从而与国家
及公众的利益相违背，诸如以谋利为目的的各种犯罪行为。韩非
子以"严刑重罚"来围堵和遏制这种情况的产生。《韩非子·奸
劫弑臣》谓："夫严刑重罚者，民之所恶也，而国之所以治也。"《韩
非子·难一》曰："设民所恶以禁其奸，故为刑罚以威之。"所谓
"重罚"，是相对于一部分人期待不当财富而言的。只有所得越多
而所面临的惩罚越重，形成鲜明的利害对比，人们才能真正趋利
避害，停止或放弃去追求不当利益。在追求不当利益与违法所可
能面临的重罚之间，放弃前者、中止犯罪显然是一种相对容易的
行为："所谓重刑者，奸之所利者细，而上之所加焉者大也；民不
以小利蒙大罪，故奸必止者也。"（《韩非子·六反》）。因此，在
随手扔炭灰与面临断手惩罚之间，经过利弊权衡之后的自我约束
是很容易做到的："无弃灰，所易也；断手，所恶也。行所易，不
关所恶，古人以为易，故行之。"（《韩非子·内储说上七术》）

其三，当民之所恶与国之所利存在冲突时，执政者必须充分

利用民之所好来加以鼓励，使其有利于国之所利的方向，这构成了韩非子"厚赏"观念的基本逻辑。在韩非子看来，人们最大的利益莫过于"生"，最大的危害则莫过于"死"。不断地追求富贵、获得利益固然是人们的普遍想法，但是当外在利益与自身生命发生冲突时，人们会毫不犹豫地选择生命而放弃原来追求的外在利益，从而本能地回避国家有利的某些高危行为，比如上战场。如此，民之所恶（死）与国之所利（战）之间存在利益冲突。如何调和这种冲突成为韩非子思考的重点问题。一方面，利用人们追求利益的心理，以"厚赏"的方式来鼓励士兵在战场冲锋陷阵。他说："夫上所以陈良田大宅，设爵禄，所以易民死命也"（《韩非子·显学》），"利之所在，民归之；名之所彰，士死之"（《韩非子·外储说左上》）。另一方面，重罚畏缩不前和贪生怕死者，让他们充分意识到，"今为之攻战，进则死于敌，退则死于诛"（《韩非子·五蠹》），贪生怕死将被处死，冲锋陷阵即使有可能会死，但也未必没有生的机会，一旦生存下来，将会得到丰厚的奖赏和爵禄。通过这种利害对比，军队自然达到令行禁止、无往而不胜的效果："至夫临难必死，尽智竭力，为法为之。"（《韩非子·饰邪》）

因此，韩非子的"必然之治"，就是充分把握社会绝大多数人趋利避害的心理特征并将最坏可能考虑在内，强调以赏罚为核心内涵的强制性客观规则体系来进行治国。唯有如此，方能确保施政过程行之有效。应该说，韩非子的政治观念，对于所有道德理想主义者来说，都是一副有效的清醒剂。毕竟，再完美的政治理想，如果脱离社会最普遍的客观事实，到头来都会是镜花水月，成为一厢情愿的空想而已。政治有效性，不以牺牲政治正当性为前提。那种认为以韩非子为代表的法家思想只追求政治有效性和政治安全的观点，其实并无多大说服力。韩

非子有政治理想，并且也强调施政过程中的政治正当性，这是
一个不争的事实。[1]只不过他的政治理想，必须奠基于政治有
效性的基础之上，反对忽视最普遍基本事实的理想主义而已。

从柏拉图开始，西方政治哲学始终关注"正义"话题，大量
政治理想的期待与憧憬书之方策，可谓汗牛充栋。然而，罗素却
对此颇有微词，他说："我认为大部分流行的对政治和政治理论的
讨论，都未能充分考虑到心理学。"[2]他所指的心理学特质又包括
占有欲、虚荣心、竞争心和权力欲。并且，他对政治哲学领域盛
行的道德理想主义更是泼了一瓢冷水："从金字塔的建造直至今日
的历史研究，一直都没能给任何仁慈者以鼓励。在各个时代里，
总有能看清什么是善的人们，但他们并不能成功地改变人们的行
为方式。"[3]应该说，罗素对西方政治理想主义的反思，恰好是对
中国先秦时期韩非子"必然之治"观念超越时空的思想呼应。韩
非子之"自为心"，实则可以囊括罗素观念中的心理学内涵。

拉斯基曾说："任何社会理论上的假设，事实上都是立论的那
个思想家个人经验所产生出来的价值判断。"[4]先秦儒家与韩非子
在如何看待"最普遍的客观事实"这一问题上的冲突，实为二者
之间的价值冲突。现实生活复杂多样，各种缤纷多彩的事实构成
了我们的生活世界。无论先秦儒家，还是韩非子，其有关"最普
遍的客观事实"的主张，都可以在日常经验生活世界找到相应依
据。譬如，先秦儒家无论基于自然亲情，还是基于性善论或性恶

[1] 参阅宋洪兵：《韩非子政治思想再研究》，北京：中国人民大学出版社，2010年版，第
　　 156-176页。
[2] [英]罗素：《伦理学和政治学中的人类社会》，肖巍译，北京：中国社会科学出版社，
　　 1992年版，第161页
[3] 同[2]，第159页。
[4] [英]拉斯基：《国家的理论与实际》，北京：商务印书馆，1959年版，第21页。

论思路，其实都强调柔性教化可以导人向善，现实生活中实际亦不乏这样的事例。韩非子主张"民者固服于势，寡能怀于义"《韩非子·五蠹》，认为最普遍的客观事实是只有用强制性的外在规则体系才能使人向善，这同样也不乏现实生活的实例。应该说，各自看到的都是整个现实生活的一部分，而非全部。由此，先秦儒家与韩非子之间，为何选择这般事实而放弃选择那般事实，其背后一定具有一种先入为主的价值倾向作为如此这般选择的依据，实为一种价值判断。先秦儒家力主柔性教化可以导人向善，实则认为政治领域应该道德优位，伦理优先。这种观念又因应于当时社会道德缺失之现状，乃是从"应该如此"的视角为社会开药方而呈现出来的价值，然后再到现实社会寻求经验层面的佐证。韩非子固然也意识到当时社会面临道德缺失的困境，也强调导人向善，然而他却抛弃了先秦儒家"应该如此"的伦理态度，认为造成社会道德缺失的根本原因不在伦理失范，而在政治失序。所以他直面现实"本来如此"的实际状态，主张政治优先，公共利益优先。先秦儒家道德优先的思路，体现了一种伦理价值。韩非子政治优先的思路，体现了一种公共理性价值。单纯从学理角度讲，两种价值无所谓优劣，各有其存在意义。然而，若从政治有效性角度来说，韩非子追求"必然之治"的思路因充分考虑了社会群体的比例问题以及最坏可能性，确实比先秦儒家的思路更为理性与务实。

第四节 如何看待"必然之治"？

可以从积极与消极两个视角来看待韩非子的"必然之治"。从积极视角来看，韩非子的"必然之治"牢牢把握政治有效性，并在此过程中贯穿着一种人道与双赢的政治精神，在政治领域具有正面价值。从消极视角来看，韩非子的"必然之治"在其时代语境中过分专注于人在生理方面的必然需求，进而走向极端，将人追求名利的自然权利视为不得不遵守的自然义务，存有消解其理论正面价值的潜在危险。

韩非子的"必然之治"蕴含着人道与双赢的政治原理，主张外在规则体系必须顺应并引导绝大多数人的利益需求，使人乐生重死。

为何要"顺应"？规则体系之所以必须顺应人情，因为这是一种治国必须直接面对的"必然"事实，是有效治国的基本前提。韩非子认为，但凡人之生存，衣食是基本的物质前提。人的生理属性，注定人类必然具有逐利意识。所以，规则必须顺应人情，尊重绝大多数人都趋利避害的心理事实。这条原则看似简单，然而在具体的政治实践过程之中，却极容易出现偏差。建言献策之人，往往倾向于描绘一幅理想蓝图来吸引执政者，但是却常常堕入一厢情愿的空想主义，忽略了这幅理想蓝图是否具备客观的社会基础。真正英明的执政者应该"举实事，去无用"（《韩非子·显学》）。

为何要"引导"？"顺应"人之实情，承认人人都有权利去逐利，决非意味着人们可以随心所欲地满足自己的各种欲望。所以他在强调厚赏的同时，又主张必罚，充分运用强制性规则体系去限制人们潜在的损害他人利益及国家公共利益的利益追求。一旦逾越，剑及履及，实施严厉的惩罚。因此，治国需"引导"，赏罚二柄，"信赏必罚"（《韩非子·外储说右上》）。软硬兼具，不可或缺。

为何强调"绝大多数人"？韩非子主张，趋利避害是绝大多数人的特性。尽管他在阐述这一原则时通常采用全称的说法："好利恶害，夫人之所有也"（《韩非子·难二》）、"安利者就之，危害者去之，此人之情也"（《韩非子·奸劫弑臣》）。韩非子充分意识到，并非所有人都必然趋利避害，以赏罚来影响和规范人们的行为方式也存在着功能盲区。他明确承认如此社会现象："许由让天下，赏不足以劝；盗跖犯刑赴难，罚不足以禁。"同时也承认上述情况对于其治国逻辑构成挑战："此二者殆物也。"但是，他随即提出一条非常重要的治国原则，即：治国必须立足于绝大多数人都趋利避害这一客观事实，不要受某些例外情况干扰。他说："治国用民之道也不以此二者为量。治也者，治常者也；道也者，道常者也。殆物妙言，治之害也。天下太上之士，不可以赏劝也；天下太下之士，不可以刑禁也。然为太上士不设赏，为太下士不设刑，则治国用民之道失矣。"（《韩非子·忠孝》）所谓"常"，既是绝大多数人正常的心理意识而非超常的思想和行动，也即人们趋利避害本性所呈现出来的必然性。

为何强调"乐生重死"？韩非子厚赏重罚的治国理念，必须以人们都享受活着的快乐、惧怕死亡与痛苦为基本前提，而"乐生"又构成了"重死"的前提。显然，快乐与痛苦，活着与死去，构成了鲜明的利害对比。正常情况下，绝大多数人都会根据趋利避害的本性选择快乐地活着。如果人们无法快乐地享受生活，时刻面临死亡与痛苦，"民不畏死，奈何以死惧之"（《老子》第七十四章），那么，韩非子厚赏重罚的治国理念就将失效。因此之故，韩非子的政治思想格外注重人们是否"乐生"。

如何才能让百姓"乐生"？韩非子提出一个非常重要的概念："天性"。他在批评桀的暴政统治时说："桀，天子也，而无是非：赏于无功，使谄谀以诈伪为贵；诛于无罪，使伛以天性剖背。以诈伪为是，天性为非，小得胜大。"（《韩非子·安危》）韩非子认为，人之驼背乃是天生，倘若因为先天生成的生理特征而加以惩罚，势必亡国。顺此逻辑，欲使人"乐生"，必须尊重人之"天性"。人们追求利益、期待美好的物质生活，也是一种与生俱来的"天性"。不耻言利，尊重天性，承认人们追求合理利益的权利，为人们满足利益需求提供相应的制度保障，乃是韩非子思想的题中应有之义。《韩非子·外储说右下》以延陵卓子过度装饰，造成骏马名驹前进不得后退不能的局面，由此借造父之感慨表明尊重人们追求合理利益这一自然权利之重要性："延陵卓子乘苍龙挑文之乘，钩饰在前，错锼在后，马欲进则钩饰禁之，欲退则错锼贯之，马因旁出。造父过而为之泣涕曰：'古之治人亦然矣。夫赏所以劝之而毁存焉，罚所以禁之而誉加焉，民中立而不知所由，此亦圣人之所为泣也。'"《韩非子·大体》篇所谓"不逆天理，不伤情性"，亦是强调尊重人之天然生成的性情。

韩非子认为，欲让百姓"乐生"，必须杜绝六种导致社会出现危险状况的"危道"："一曰、斲削于绳之内，二曰、断割于法之外，三曰、利人之所害，四曰、乐人之所祸，五曰、危人于所安，六曰、所爱不亲，所恶不疏。"（《韩非子·安危》）所谓"斲削于绳之内"，意为在规则范围之内任意斫削，即枉法徇私、有法不依。《韩非子·大体》则从正面主张"不推绳之内"、"不缓法之内"，但凡规则范围之内，皆应按规则行事，不得延缓与推诿；所谓"断割于法之外"，意为在规则没有明确约定之际，所为无据，随意裁决。规则没有明确约定，就不要管得太多太严，而应给予自由之空间，《韩非子·解老》篇提出的"民不犯法则上亦不行刑"即是这种原则的体现。在此，韩非子的观念实则蕴含着现代意义上的"消极自由"的意味。所谓"利人之所害"、"乐人之所祸"、"危人之所安"，即是指执政者将自己的利益与快乐建立在百姓的危害与痛苦之上。韩非子批判这种行为，主张百姓与国君、个人之利与国家之利应该形成双赢。所谓"上下相得"（《韩非子·守道》)，是韩非子的理想追求。所谓"所爱不亲，所恶不疏"，意指遵从正面价值却无法获得亲近重用，违背正面价值却又不加以责罚疏远。此处之"爱"与"恶"，均非君主个人的好恶，而是具有伦理意味的善恶。《韩非子·八说》也谓："有土之君，说人不能利，恶人不能害，索人欲畏重己，不可得也。"此处之"悦人"与"恶人"，均指正常社会形态下正常之价值判断，"所悦"当为践行正面价值之人，"所恶"自然为践行社会不齿价值之人。韩非子主张赏罚规则必须以善恶伦理为基本依据，所谓"赏罚随是非"、"祸福随善恶"（《韩非子·安危》)，强调赏善罚恶，而非赏恶罚善。如果出现上述六种"危道"，是非颠倒，善恶不分，时刻面临贫穷与痛苦，百姓势必不乐生，不乐生则不重死，不重死，必然导致所有治国规则之失效："如此，则人失其所以乐生，而忘其所以重死。人不乐生，则人主不尊；不重死，则令不行也。"（《韩非子·安危》)

总之，在"乐生重死"之问题上，韩非子力主尊重人之天性，承认人之天性具有正当性（反对"天性为非"的观点，即主张"天性为是"），从而赋予人们追求并实现此种天性的权利，强调为人们实现自身利益需求提供公正合理的制度环境，避免出现是非颠倒、痛苦贫穷及非人道的社会现象。

韩非子的人道与双赢原理主张，治国以绝大多数人均趋利避害这一必然性的客观事实为基本前提，承认百姓追求合理利益之正当性，使其乐生重死，最终将其蕴含之巨大力量导入更为宏大之国家发展战略。在此原理之中，"乐生重死"的人道原则确立了人在社会中的主体地位，双赢原则确立了人既为目的同时也为手段的双重地位。应该说，这是一条纯粹从民众与国家关系的形式逻辑角度提炼出来的政治原理，具有超越时空的普世意义。无论怎样标榜康德意义上"人是目的"及自由主义"小政府、大社会"观念，也无法改变如下客观事实：现实政治运作将民众视为目的的同时，自始至终也将其视为达成某种政治目标的手段。人类社会根本就不存在没有民众不被视为手段及工具的政治。[1]

然而，韩非子追求的"必然之治"所蕴含的潜在理论危机却不可忽视。应该看到，韩非子是在战国末期提出这一治国原理的。在"当今争于气力"（《韩非子·五蠹》）的特定历史背景下，粮食生产及军队建设（耕战）的重要性凸现出来。耕战的核心，又在于人力。可以想象，冷兵器时代，如果农夫与士兵的数量不多，以耕战为内涵的富国强兵政策根本无法实现。韩非子基于战国时代之特定背景，提出了全民参与耕战以提升国力的政治设想。这一政治设想带有浓厚的时代特征，以至于违背了他一贯提倡的人道与双赢的政治原理，从而走向了"反人道"的一面。

韩非子政治观念的"人道"原则，主要体现在承认人类天性之正当性，允许甚至鼓励人们去实现与生俱来的逐利意识。可以说，韩非子承认这是一种不可剥夺的自然权利。既然属于自然权利，追求并实现这种权利，毫无疑问，应该得到认可；同时，作为一种权利，也暗含了可以主动放弃的自由。然而，由于身处战国时代，国家生存之紧迫性又日益凸显，韩非子在人道原则与双

---

[1] 赵汀阳在评论康德"人是目的"的观点时一方面承认这是一种具有价值内容的人道主义价值观，另一方面也指出其太过理想："这条原则的困难是它的要求太高，人们实际上不可能不在某些场合把某些人当成'手段'，否则生活不可能进行（假如无论何时何地都把任何人当成目的而非手段，那么其必然结果就是几乎做不成任何一件事，尤其是生活中必定有一些'不纯的'事情，比如政治和经济活动）。"参阅赵汀阳：《论可能生活》（修订版），北京：中国人民大学出版社，2004年版，第312页。

赢原则之间，刻意强调国家发展战略，进而将人道原则之自然权利理论，悄然改造为自然义务理论。韩非子只赋予了人们满足天性之权利，但并未赋予人们放弃此种追求的权利，民众在国家发展战略之中完全沦为一种工具性存在，为国家效力，成为民众必须承担的一种责任和义务。《韩非子·外储说右上》说："赏之誉之不劝，罚之毁之不畏，四者加焉不变，则其除之。"在此，"赏之誉之不劝"、"罚之毁之不畏"，分别对应于《韩非子·忠孝》篇所说之"太上之士"与"太下之士"的行为表现。对于"太下之士"，由于其贪利行为损害了他人及社会公共利益，理所当然应该受到应有的惩罚。然而，对于"太上之士"的行为，他只是拒绝追求名利，放弃部分自利之权利，甘愿过一种清贫的生活，并未对他人及公共利益造成伤害。按照韩非子的绝大多数人（而非所有人）具有趋利避害的特性，本不应该受到任何惩罚。但是，韩非子却在特定语境之中主张除掉此类并无实际危害的人。除掉"太上之士"的理由主要有两点：其一，对于有才能之人，如果无法为我所用，就应将其毁灭。其二，担心太上之士的存在，对现实社会秩序具有潜在的危害性。[1]韩非子认为，必须人们有名利追求时，才有可能被外在的规则体系所驯服。他从驯服乌鸦（"畜乌"）必须断其双翅仰赖主人给食从而得以驯化这一生活经验生发政治联想，认为只有人们都一心一意仰赖君主的功名利禄，才有可能真正治理好国家。他说："夫驯乌者断其下翎焉，断其下翎则必恃人而食，焉得不驯乎？夫明主畜臣亦然，令臣不得不利君之禄，不得无服上之名；夫利君之禄，服上之名，焉得不服？"

---

[1]《韩非子·外储说右上》："狂矞，天下贤者也，夫子何为诛之？太公望曰：狂矞也议不臣天子，不友诸侯，吾恐其乱法易教也，故以为首诛。今有马于此，形容似骥也，然驱之不往，引之不前，虽臧获不托足以旋其轸也。"

（《韩非子·外储说右上》）从现代人的立场来看，韩非子的这种观念，体现了统治者尝试将所有人均置于其管理之下的野心，充分体现了权力的傲慢甚至蛮横，也完全违背了韩非子人道与双赢原理。

王充在《论衡·非韩篇》就曾批评韩非子这一霸道观念："赏无功，杀无辜，韩子所非也。太公杀无辜，韩子是之，以韩子之术杀无辜也。"在王充看来，人性多元，现实社会各色人等都存在，治国着眼于绝大多数人所体现的客观事实，本无可厚非。然而，既然承认绝大多数人皆趋利避害、"太上之士"与"太下之士"并不占社会主流这一事实，那么，太上之士的存在，就很难号召人们都去过那种清贫淡泊的生活，诚如王充所说"清廉之行，人所不能为也"，这种生活方式对于绝大多数人并没有吸引力，不足以动摇现实政治之秩序。太上之士的存在不会使赏罚失效。韩非子最担心，"太上之士"会动摇以趋利避害为核心的赏罚机制。王充则认为，在如何对待"太上之士"的问题上，"不杀"之效果优于"杀"之效果。原因在于，既然身为"太上之士"，早已将个人利益置之度外，奖赏自然无法使之动心，同时惩罚亦不能改变其行为。所以，与其杀掉此类人而落个空杀无辜之恶名，不如顺其自然，不用过多理会他们。王充评论韩非子，最大的贡献就在于从方法论层面指出了韩非子思想之中基本原则与特定主张之间存在矛盾。一方面，韩非子极力反对"赏无功，杀无辜"，另一方面，他又极力称赞周公杀无辜的行为。

之所以出现这种矛盾，笔者以为有以下几个原因：其一，冷兵器时代，谁实际拥有的劳动力及士兵数量越多，实力就越强。故而韩非子在"争于气力"的战国末期，力主富国强兵之国家发展战略，亟须最大限度利用统治范围内之人力，主张全民耕战。

特定的时代背景导致韩非子更倾向于将民众完全纳入庞大的国家发展战略,强调社会的每一分子都需要为国家的生存与发展做贡献。在确定国家发展战略相对于人道原则的绝对优先次序之后,追求利益和财富不再成为民众的自然权利,而是一种不得不履行的义务,从而出现了某些民众因放弃某些权利而非行使不当权利而受罚的奇怪现象。[1]其二,战国末期政治家与思想界对于"上不臣天子,下不友诸侯"的"无君论"者普遍反感,主张除掉此类人是当时社会的主流观点。"普天之下,莫非王土;率土之滨,莫非王臣"(《诗经·小雅·北山》)的观念,在战国时期业已根深蒂固。"上不臣天子,下不友诸侯",无异于自外于"天子"及"诸侯"之统治领地。在当时社会看来,太上之士的这种行为,是在鼓励其他民众像他们一样生活,《战国策·齐策》记载,齐国使者到赵国,赵威后问他:"于陵仲子尚存乎?其为人也,上不臣天子,下不友诸侯,是率民出于无用者也,何为至今不杀乎?"当时舆论认为,之所以要杀这种人,原因就在于他们不仅自身对于社会来说"无用",并且还可能起到一种坏的榜样作用:"率民"。无用且对社会秩序具有潜在的危害性,故主张杀掉。显然,在当时社会背景之下,韩非子在《韩非子·外储说左上》亦认为田仲"无益于人之国",与无用的"坚瓠"无异。如此,他认同周公诛杀"太

---

[1] 其实现实生活中依然存在因放弃某些权利而招致批评的社会现象,值得我们去深思:比如,乞丐是否有自由选择自己生活方式的权利?但是现实确实又有不少人批评乞丐丧失做人的基本尊严,甘愿当社会的寄生虫;再如,每个人都有支配自己身体的权利和自由,然而当一个人选择自己结束自己生命的时候,旁人是否应该施救?甚至批评他为什么想不开,居然不顾父母妻儿等人伦义务。这说明,即使主动放弃某些权利,尽管对社会公共利益无害,但其实同时也在逃避某些责任。也就是说,人不仅仅是一个权利主体,同时也是一个义务主体。认识到这点,也就能对于韩非子为何在当时特定背景下有如此主张给予同情的理解。只不过韩非子在特定历史背景下采取了更为激进的措施,主张用强制力量将这种人消灭。

上之士"的主张。其三，当时个别统治者对"太上之士"的尊崇态度从反面刺激韩非子对这类人采取激进手段。韩非子提及的"太上之士"，皆为广为人知的名士。显然，如果一个默默无闻的平头百姓放弃追逐名利隐居山林，他肯定不会被统治者关注并因此丢掉性命。韩非子批评"太上之士"，恰恰在于这类人往往以贤能自居，并且通过不臣服于任何统治而博取美名。某些统治者不仅没有意识到在"争于气力"的时代应该重用那些实实在在为富国强兵做出贡献的农夫与战士，反而为这些"太上之士"的贤名所迷惑，甚至欲尊奉这些无用之人。如《孟子·滕文公下》匡章称赞田仲为"廉士"，《韩非子·外储说右上》周公称狂矞为"天下贤者"。韩非子发现，战国末期的君主也有此种倾向："不畏重诛，不利重赏，不可以罚禁也，不可以赏使也。此之谓无益之臣也，吾所少而去也，而世主之所多而求也。"（《韩非子·奸劫弑臣》）"今世主察无用之辩，尊远功之行，索国之富强，不可得也。"（《韩非子·八说》）因此之故，韩非子赞同周公诛杀"太上之士"的做法。[1]

　　显而易见，上述三种理由，均与战国末期特定的历史背景密切相关。特定的历史语境及问题意识，使得韩非子的某些具体政治主张与其人道、共赢基本政治原理相违背。今日审视韩非子思想之真精神，必须立足于其基本原理，秉持此种原理之中蕴含的多元与包容的精神，摒弃其特定历史语境中的政治观点。

　　当然，即便在摒弃韩非子"必然之治"在特定历史语境下的弊端之后，还应该看到，在现代语境下提倡"必然之治"以及政治有效性时应该具有更为清醒的理性态度。追求"必然之治"，

---

[1] 参阅宋洪兵：《韩非子政治思想再研究》，北京：中国人民大学出版社，2010年版，第184-188页。

实则奠基于人性趋利避害的必然性，将人们生理层面的肉体作为绝对支配的对象。这种做法固然有效，然而却可能为蛮横暴力的绝对控制提供理论说明，从而戕害人性、危及自由。对此，阿伦特具有非常深刻的理论认识。她在论述"革命"时指出，因物质匮乏的社会问题而导致的穷人造反，在法国大革命中扮演着非常关键的角色。物质匮乏与极度贫穷，作为一种"非人化的力量"，把人置于肉体的绝对支配之下。"这就是必然性的绝对支配。每个人都能从他们最切身的体验中，不假思索地了解到"。法国大革命正是以物质层面"人民福利"的崇高名义走向了恐怖政治："自由不得不屈从于必然性，屈从于生命过程本身的迫切性。"[1]由此，阿伦特认为，暴力与必然性之间存在着天然的联系，暴力甚至被一些思想家理解为一种"基础性的、支配性的一项功能或一个表面现象"，"只要存在肉体及其需要，我们就无法摆脱必然性。"[2]

毋庸置疑，阿伦特对那种以支配肉体为目的的"必然性"的判断是深刻的。然而，不得不承认，肉体支配是所有社会秩序的基本前提。如果放弃肉体支配，人类觉悟除非达到了共产主义社会那样的高度自觉，否则社会势必出现混乱和无序。法国哲学家福柯深刻发现，无论古代还是现代，社会秩序的形成都是经由政治权力形成知识、知识又为政治权力提供正当性的互动过程。在此过程中，人的肉体始终处于不断被规训、被支配的状态，以至于最终达到一种习惯而不知的常识。这被福柯称之为"肉体的政治技术学"[3]。无论人们对福柯的描述持怎样的价值立场，但其揭

---

[1]［美］阿伦特：《论革命》，陈周旺译，南京：译林出版社，2007年版，第48页。

[2] 同[1]，第52页。

[3]［法］福柯：《规训与惩罚》，刘北城、杨远婴译，北京：读书·生活·新知三联书店，1999年版，第3-33页。

示出来的事实却是，人类过去、现在以及未来，其实始终生活在肉体置于支配之下的社会秩序之中。这是人类群居必然付出的代价，群居不能无序，不能无序必然需要控制，而所有控制的物质基础，事实上最终都归因于人类的肉体。

结合阿伦特及福柯的观点，我们可以说，以追求政治有效性为首要目标的"必然之治"，在立足于人类肉体的生理需求而进行治国时，还必须考虑到人是复杂的社会存在，除了自然欲望应该得到满足之外，还需要人格尊严、消极自由以及对于强权批评与抗拒的权利。唯其如此，韩非子所期待的由"必然"而"自然"的政治理论才有可能为人们所接受，"循法成德"的理想才可能正当地实现。

社会整体道德水平低下之根源

　　当代中国面临着社会道德滑坡及伦理失范的困境。一般认为，一个道德败坏、品质恶劣的人，很难遵守社会公共道德规范。因此，按照"为仁由己"及"为政在人"的儒家思维，社会道德滑坡的根源自然而然地归结于个体心性涵养及内在信仰的贫乏；而社会道德的重建之途，亦应以提升个体道德素质、重建道德信仰为起点。上述思路也常常被视为儒家当代价值的表现之一，备受世人推崇。同时，受西方伦理学影响，现代学界在纯粹知识层面对于道德如何可能的理论命题具有持续不断的研究热情。然而，正如余英时所指出的："如果儒学仅仅发展出一套崭新而有说服力的道德推理，足以与西方最高明的道德哲学抗衡，然而这套推理并不能造就一个活生生的人格典范，那么这套东西究竟还算不算儒学总不能说不是一个问题。"[1] 历史与现实的经验表明，提升个体道德素质的培养模式所存在的"不可批量生产"的根本局限，使得人们对于儒家观念究竟能在社会道德层面有多大作为始终存在诸多疑窦，因为古今中国在观念及教育领域的道德说教不可谓不多，

---

[1]　[美] 余英时：《现代儒学的困境》，《中国思想传统及其现代变迁》，桂林：广西师范大学出版社，2004 年版，第 264 页。

然而其效果却令人失望。这使我们进一步深思，社会道德滑坡与重建固然与个人道德素养的提高存在关联，但是社会道德集体滑坡的背后是否还存在更为复杂的政治因素及道德心理呢？欲提升社会道德整体水平，又该何去何从呢？韩非子的"循法成德"理论，可以为我们反思这个问题提供一个很好的参照。

第一节　人性、规则与道德

韩非子认为，人性好利，无分善恶，故而外在规则体系可以发挥引导与约束的作用。他指出，"舆人成舆，则欲人之富贵；匠人成棺，则欲人之夭死也。非舆人仁而匠人贼也，人不贵，则舆不售；人不死，则棺不卖。情非憎人也，利在人之死也"（《韩非子·备内》）。就动机而言，舆人欲人之富贵不是因为他内心仁慈，而是追求利益，卖棺材之匠人欲仁之夭死，亦非其内心险恶，同样出于利益之追求。因此，在韩非子看来，追求利益之动机以及人们内在之贪欲，是一个无可回避的客观事实。然而，人们追求利益的欲望固然出自内心之真诚，但是其追求利益的手段却未必正当，争夺与混乱势必难免，由此亟须制定外在规则体系来加以制约和引导。

韩非子外在规则体系的特性在于，一方面为趋利避害的人性确立一个合理的界限以便于人们规避真害追求真利；另一方面，运用赏罚手段，以一种人为的利害关系来规范和引导人性自生自发的利害意愿。韩非子的规则欲将好利之人性导向何处？是否具有价值正当性呢？在他看来，外在规则体系的价值正当性源自"道"与"法"的逻辑同构，所谓"欲成方圆而随其规矩……万物莫不有规矩"（《韩非子·解老》）、"道法万全"（《韩非子·饰邪》），尽管作为规则体系的"法"出自君主之手（韩非子之前的典籍《管子·任法》曾有"生法者君也"的说法），但是此君非现实之君，乃是韩非子理想中去除个人好恶的"体道"之君，故而其规则体系，意在体现道的品格与意图，其基本属性当为一种合理且人道的规则。

韩非子的理论目标在于通过外在规则体系对人性的引导、制约，最终实现一个好的社会，一个有道德的社会。外在规则体系的规范与引导功能如果能够切实贯彻，社会就将沿着一种良性的制度程序发展，最终达到互利共赢的和谐局面，有了制度保障，君臣之间就能结成一种良性关系。是故，法家"生善去恶"、"上下和谐"之规则，充分体现了韩非子的价值意图和道德取向。

韩非子敏锐地洞察到，一个道德社会之所以可能，合理且正当的规则固然不可或缺，但是欲明晰其内在理路，还需要进一步深究人们的道德意愿与道德行为之间存在复杂而密切的逻辑关联。韩非子认为，人的道德意愿具有两个向度：其一，无条件的操守自持意愿。此种道德意愿关注人的内在修养，具有鲜明的儒家特征。《论语·述而》谓"仁远乎哉，我欲仁，斯仁至矣"，《论语·颜渊》也说："为人由己，而由人乎哉？"《孟子·离娄下》也谓"君子有终身之忧，无一朝之患"的"反求诸己"，《荀子·天论》之"君子不为小人之匈匈也辍行"，其实都在彰显自持意愿。在儒家看来，如果做到无条件的操守自持，最佳状态时可以利他，最低限度亦可以作一个道德高尚的人，由此而体现道德行为，即孟子所谓"达则兼善天下，穷则独善其身"，荀子也云："在本朝则美政，在下位则美俗。"韩非子认为，儒家无待于外在社会条件与客观环境的利他道德意愿，尽管不能完全否定此类圣贤的存在，然而却因陈意甚高而与社会民众的心理状态相脱节："财用足

而力作者，神农也；上治懦而行修者，曾、史也，夫民之不及神
农、曾、史亦明矣。"（《韩非子·六反》）原因就在于："盖贵仁者
寡，能义者难也。"（《韩非子·五蠹》）其二，有条件的行为自限
意愿。根据韩非子人性自利的理论前提，人们很难产生儒家意义
上的圣贤，所以从经验现实的角度而言，人们之所以能够自觉地
产生遵守某种道德规范的主观意愿，根本取决于外在规则体系所
倡导的价值理念体现并满足了人们趋利避害的本性。在此，韩非
子对于道德意愿之所以可能是否在于"恻隐之心"、"孝弟"之类
的"儒家命题"并不十分感兴趣[1]，而是更多强调外在规则体系真
切关注人们趋利避害心理的必要性，所以《韩非子·六反》篇说：
"凡人之取重赏罚，固已足之之后也。"只有人们物质生活水平达
到一定程度的满足之后，才能在利害面前形成"差别意识"和"利
害意识"，才能真正引导人们在利害攸关的事情上做出符合法律
规定的正确抉择，此即《韩非子·安危》所说的："治世，使人乐
生于为是，爱身于为非，小人少而君子多。"《韩非子·奸劫弑臣》
篇突出强调外在规范体系的价值引导功能，要求君主在"设利害
之道以示天下"时应该以"正直之道"为标准，为建构一种正常
良好的社会道德奠定政治基础。所谓"正直之道"的内容，包括
"贞信"、"忠信"、"方正"、"清廉"等美德。人们如果信仰外在
规则体系的公正，也就等于接受了该规则体系所规范、引导的道
德价值，尽管这些价值相对于高远无待的仁义理念而言，在道德

---

[1]　韩非子在人的道德意愿如何可能的命题上并非没有思考，《韩非子·解老》称："聪明睿智，
天也；动静思虑，人也。人也者，乘于天明以视，寄于天聪以听，讬于天智以思虑。"表明，
人与生俱来的智慧，能够理性而明智权衡利弊，从而接纳"道"的原则，生发自我约束、
自我限制的主观意愿。当然，这也只有少数人能够做到。详见本书第一章第三节。

价值谱系中具有低位及底线的特征[1]。在韩非子看来，道德的最后底线在于能够使坏人不做坏事的一整套外在规则体系。

韩非子明确指出，不同类型的道德意愿与道德行为之间可以构成四种逻辑组合：（1）无条件的操守自持意愿产生的道德行为；（2）有条件的行为自限意愿产生的道德行为；（3）既无道德意愿又无道德行为；（4）主观无道德意愿客观却有道德行为。组合（1）、（3）的特征在于，无论有否规则存在，道德行为的最终呈现都是确定不移的。组合（1）属于纯粹的圣贤，韩非子称之为"太上之士"，组合（3）属于无丝毫道德意愿且不惧刑辟，专门损人利己、为非作歹的完全恶人，韩非子称之为"毁廉求财，犯刑趋利，忘身之死"的"太下之士"。法家强调，"治国用民之道也，不以此二者为量"，治国应该立足于社会绝大多数人的基本状况，因为这是政治领域千古不变之常道，所谓"治也者，治常者也；道也者，道常者也"（《韩非子·忠孝》）。可见，韩非子并不崇拜外在规则体系万能，自始至终都以对整个社会现实保持着清醒的理性认识。组合（2）所具有的真实凡人的特性，才是韩非子关注的重点。但是，有效实现组合（2）的逻辑前提，却在于组合（4），即把最坏的可能性考虑在内：假定人们个个都无道德意愿，如果能使无道德意愿的人最终产生道德行为，所谓"暴者守愿，邪者反正。大勇愿，巨盗贞"（《韩非子·守道》），那么组合（2）的问题也便迎刃而解。韩非子深信，如果外在规则体系能够使最坏的人不做坏事，那么就等于守住了社会的道德底线，其余不好不

---

[1]　事实上，西方哲学史上道德哲学问题亦呈现从"至善"到"底限"的演变。西哲阿多诺曾提出"最低限度的道德"概念，其基本内容包括谦虚、诚实、守信、责任等。参阅谢地坤：《从道德的"至善"到道德的"底限"：读阿多诺〈道德哲学〉的问题》，《江苏行政学院学报》2002 年第 2 期。

坏的人以及好人自然更不会做坏事。故韩非子认为"度量信，则伯夷不失是，而盗跖不得非"，由此而推导出轻罪重罚的逻辑："古之善守者，以其所重禁其所轻，以其所难止其所易。"(《韩非子·守道》)

组合（2）、（4），凸显了外在规则体系的重要性。组合（2）的条件性实则指向合理、正当的外在规则体系的落实情况，组合（4）所强调的轻罪重罚逻辑，亦与外在规则体系及其实施密切相关。在此，韩非子已充分认识到人性对于社会道德的形成事实上具有双刃剑的功能。趋利避害的人性具有恒定性，外在规则体系却有可能存在多样性。如前所述，趋利避害，本无道德善恶可言，能否产生道德行为的关键，就在于外在规则体系的价值引导及行为规范功能是否能够得以落实。因此，外在规则体系是否完备就成为韩非子道德—政治哲学的自变量。合理、正当的规则体系与非合理的例外规则都可以左右人们的好恶偏向和行为逻辑。合理、正当的规则体系可以利用趋利避害的人性去规范与引导人们的行为，打破合理、正当规则从而事实上另立非合理的例外规则或"潜规则"同样具有如此功能。一般情况下，合理、正当的规则体系占据上风，社会就会形成人性、规则与美德的良性互动。反之，人类趋利避害的本性在非合理的例外规则的挟持下亦完全可能导致心安理得的无耻，从而使得社会整体道德水平低下。这样，事实上就为我们从人性、规则、道德意愿及道德行为的理论关联层面深入分析社会整体道德水平低下的内在机制提供了可能。

第二节　"不敢清白"与"不愿清白"

韩非子关注道德底线，所以不希望看到外在规则体系在执行过程中出现"例外",规则体系的落实必须稳定并且唯一,所谓"法不两适"(《韩非子·问辩》)。然而,韩非子复又认识到,政治领域的两难困境,使得任何完全杜绝例外规则出现的理论努力终不可能。原因在于:其一,"独木不成林"的政治特征决定了任何统治机构的运转无法凭借一个或几个人就能实现,势必需要一个统治集团,由此就意味着统治权力的等级分配。只要政治权力不是完全集中于一人并由其单独行使,那么就无可避免地存在统治集团中的个人或群体利用手中权力打破既有合理规则从而形成例外规则的可能性。对此,韩非子深有体味,他感慨:"物之所谓难者,必借人成势而勿使侵害己"(《韩非子·难三》),意思是说,君主必须借群臣之力来治国,同时要想分权给群臣时而不使群臣手中的权力反过来威胁自己的统治,这是政治领域非常困难的事情。其二,人具有情感好恶之主观性,而任何外在规则体系欲发挥作用必须依靠人来执行,这就难免规则体系在落实过程中被人为破坏的可能性。韩非子之前,《商君书·画策》就曾说:"国皆有法,而无使法必行之法。"在最高政治权力未能受到有效限制和约束的时代,韩非子及其前辈都认识到,最高统治者出于个人及少数团体之私利企图,更使外在规则体系的落实呈现不稳定性,所谓"法之不行,自上犯之"(《史记·商君列传》)及"上之所贵与其所以为治相反"(《韩非子·诡使》)的政治现象更屡见不鲜。由此,例外规则的出现势所难免,而因规则体系的可变性与趋利避害的人性所构成的逻辑映射亦势必深刻影响人们的道德意愿及道德行为。

"独木不成林"的政治特征,为当权重臣的产生提供了可能。韩非子洞察了当权重臣对于外在规则体系的破坏性:"重人也者,无令而擅为,亏法以利私,耗国以便家,力能得其君。"(《韩非子·孤愤》）一旦规则体系遭到破坏而未能及时予以制止，当权重臣便可以运用手中权势利用人们趋利避害的特性，设定以自己利益为中心的例外规则，一方面排斥打击异己，另一方面笼络人心组建小集团，进而达成自己的政治目的。《韩非子·外储说右上》有明确阐述："故人臣执柄而擅禁，明为己者必利，而不为己者必害，此亦猛狗也。"《韩非子·八奸》篇再次予以深刻揭露："为人臣者，聚带剑之客、养必死之士以彰其威，明为己者必利，不为己者必死，以恐其群臣百姓而行其私，此之谓威强。"

合理、正当规则与当权重臣设立的例外规则的并存局面，势必使局内之人在两类规则之间何去何从的问题上面临利害抉择，从而对社会道德造成既深且巨的直接影响。首先，组合（1）不受例外规则影响。具有无条件操守自持意愿的人，无论外在社会环境及个人遭遇怎样，泰然自若，洁身自好。一方面，他们深刻洞察到当权重臣的行为乃是无可宥赦的大罪并随时面临制裁惩罚的危机，从而主动与当涂重臣拉开距离；另一方面，他们能够在道德层面洁身自好，不与当权者同流合污（《韩非子·孤愤》）。其次，组合（3）无道德意愿的小人巨盗，在例外规则面前往往会为了更便于谋求更大的私利而寻求制度依托及权力庇护，从而迅速选择与当权重臣同流合污，成为其党羽扈从，共同侵害公共利益。《韩非子·孤愤》篇对这种同流合污型人格的性质有深刻阐述："是当涂者之徒属，非愚而不知患者，必污而不避奸者也。大臣挟愚污之人，上与之欺主，下与之收利侵渔，朋党比周，相与一口，惑主败法，以乱士民，使国家危削，主上劳苦，此大罪也。"《韩非子·外储说右上》则将这些人视为防不胜防的"社鼠"，充分揭示了"猛狗"、"社鼠"相互勾结给社稷利益带来的巨大危害：齐桓公向管仲请教如何治国，管仲回答"社鼠"最难对付，他们和"猛狗"沆瀣一气，欺下瞒上，徇私枉法。道德卑劣的"社鼠"人格现象非常典型地呈现了例外规则对于社会道德的负面影响。随处可见的例外规则，势必使得规则的遵守和执行变得异常困难，如此，组合（4）"暴者守愿，邪者反正"的法家制度设想成为泡影，随即波及影响到组合（2）的道德形成机制，进而形成"不敢清白"的不良社会现象。

韩非子深刻指出，在权臣当道及另类规则盛行的政治生态环境中，使得原本具有道德意愿的人面临两难抉择。倘若选择公平、正当的合理规则，无形之中等于宣告了与当权重臣及流俗理念的对立，如此尽管可以清白做人，但是会因此付出沉重的利益代价。韩非子曾引述子产之父子国对子产恪尽职守、忠于郑君的一段耐人寻味的话："夫介异于人臣，而独忠于主。主贤明，能听汝；不明，将不汝听。听与不听，未可必知，而汝已离于群臣。离于群臣，则必危汝身矣。非徒危己也，又且危父也。"（《韩非子·外储说左下》）显然，在例外规则主导下的"天下乌鸦一般黑"的时代，洁身自好、忠于职守就会因不合群而脱离日常人际关系，不仅面临排挤打压，而且还可能面临迫害。韩非子在《奸劫弑臣》篇还有十分精彩的分析。他认为，"国有擅主之臣，则群下不得尽其智力以陈其忠，百官之吏不得奉法以致其功矣。"原因就在于，另类规则的存在，使得老实本分的人不仅得不到好处（"身困而家贫"），反而遭受政治迫害（"父子罹其害"）。显然，这不符合人类趋利避害的本性，他们不会像贤智之士那样选择洁身自好。毕竟，养家糊口、功名利禄等功利考虑依然是他们从政的主要动机，但是他们赞同"官贤者量其能，赋禄者称其功"（《韩非子·八奸》）、"人臣之欲得官者，其修士且以精洁固身，其智士且以治辩进业"（《韩非子·孤愤》）这样的正当规则，他们追求的是合理的利己主义。尽管他们没有洁身自好型人格的贤智之士那样洒脱、干净，但是他们却真实地代表了统治集团内部的绝大多数。在此意义上，他们属于典型的有条件的道德意愿者。当他们所期待的条件已不再可能时，他们便会出于个人利害关系的考虑而选择屈从另类规则，选择不得罪当权重臣，选择不得罪世俗观念，进而呈现一幅"不敢清白"的道德图景：

> 左右知贞信之不可以得安利也，必曰："我以忠信事上积功劳而求安，是犹盲而欲知黑白之情，必不几矣。若以道化行正理不趋富贵事上而求安，是犹聋而欲审清浊之声也，愈不几矣。二者不可以得安，我安能无相比周、蔽主上、为奸私以适重人哉？"此必不顾人主之义矣。其百官之吏，亦知方正之不可以得安也，必曰："我以清廉事上而求安，若无规矩而欲为方圆也，必不几矣。若以守法不朋党治官而求安，是犹以足搔顶也，愈不几也。二者不可以得安，能无废法行私以适重人哉？"（《韩非子·奸劫弑臣》）。

其结果，势必造成社会道德水平急剧下滑，混淆是非、颠倒黑白。韩非子并不从道德立场谴责"不敢清白"的群臣百官，而是将批判的焦点集中于当权重臣及其设定的例外规则。在此，韩非子通过趋利避害的人性与例外规则的互动，深刻揭示了社会道德整体水平滑坡背后所蕴含的政治因素及道德心理。如果例外规则得不到有效制止及废除，那么群臣百官内心深处残存的道德意愿势必会逐渐销蚀于无形，由"不敢清白"的被迫无奈色彩蜕变为心安理得的贪污腐败。

"不敢清白"与"不愿清白"之间的距离，仅一步之遥。当政治领域盛行一种因当权重臣设定的"逆者必有祸，而顺者必有福"的例外规则而迫使那些原本具有道德意愿的政治参与者"不敢清白"时，置身事外的"局外人"、"旁观者"就会慢慢由"不谙世事"变为"人情练达"，逐渐领悟到为了很好地实现、维护自己的利益有时哪怕是正当的利益，也必须按照例外规则的逻辑行事，相反地，如果一味坚持政治领域通常口头上流行的公平、正义原则，虽则不像直接政治参与者那样面临被打压、迫害的危险，但至少不利于自身利益的实现，同时还会有被人讥为"傻帽"之虞。《商君书·农战》对此亦有非常深刻的阐述：在明确宣扬"官爵不可巧而取"政治规则的时代，如果出现"可以巧言辩说取官爵"这样的例外规则，如此便为大臣进行权力寻租的卖权行为提供了契机，势必造成拉关系、走后门的请谒之风盛行，从而形成"不愿清白"政治人格。官员求迁本为正常、正当的利益需求，然在例外规则盛行的政治氛围之中，如此正常、正当的利益需求却必须通过非正常的方式和手段来获得（"以货事上"），否则无法达成这样的愿望。如此，谁还愿意主动遵守规则致使自己正当的利益需求受到干扰呢？比较前引《韩非子·奸劫弑臣》篇描述的"求安"与此处的"求迁"，二者存在细微差别。前者着重于被动的避害，后者则着重于主动的趋利，前者属于"不敢清白"，后者属于"不愿清白"，共同表征着例外规则盛行的时代整个社会道德行为的匮乏。

韩非子分析社会道德水准整体滑坡的内在机制，根本意图在于重建社会道德。从前文分析可以看出，社会道德整体滑坡的根源实则在于合理且正当之规则与例外规则的并存格局，而造成这种格局的原因却又在于人类社会政治领域的两大困境："独木不成林"与"国皆有法，而无使法必行之法"。因此，从逻辑上讲，欲实现社会道德重建，关键在于如何妥善处理两大政治事实。问题在于，只要人类社会尚需要政治，那么上述两大事实就会始终存在并不断制造规则与例外规则的并存格局，彻底制止、杜绝例外规则的存在事实上并无可能。韩非子显然已经意识到了这个问题，并尝试性地提出了克服上述困境的政治理念，以期重建并提升社会的整体道德水准。其核心观点，在于打击当权重臣以防止例外规则内在机制的运转，在于重塑既有规则体系的权威性及公信力以培育并肯认"不敢清白"者及"不愿清白"的道德意愿、道德行为，在于君主道德自律及法术之士的政治参与以确保既有的合理正当规则避免遭受最高政治权力的负面干预。

韩非子深刻洞察到，例外规则之所以能够兴起并呈泛滥之势，其源头就在于手握重权的当涂重臣及其形成的小利益集团。因此，防止并打击当权重臣，是韩非子重建社会道德的重要一环，也是君主治国理政的核心内涵。韩非子认为，欲妥善解决政治领域"独木不成林"的困境，防止当权重臣的出现，必须"以法禁之"、"以术察之"、"以势治之"。韩非子要求人臣守法，不得枉法徇私。《韩非子·定法》篇明确主张"臣无法，则乱于下"。因此之故，君主应该以法治国，应该"明法"，《韩非子·南面》篇说："人主使人臣虽有智能不得背法而专制，虽有贤行不得踰功而先劳，虽有忠信不得释法而不禁，此之谓明法。"此即明确要求人臣在法治的范围内行事，从而做到进退有据，动作合度。

韩非子意识到，精致严密的制度设计根本无法杜绝当权重臣的产生，因为当权重臣之所以能够出现，更与"国皆有法，而无使法必行之法"的政治困境密切相关，突出表现为君主个人好恶影响基本政治原则的落实。权力觊觎者正是充分利用了君主个人好恶，投其所好，进而成为君主心腹，成为当权重臣。《韩非子·奸劫弑臣》谓:"凡人之大体,取舍同则相是也,取舍异则相非也。"是故,"凡奸臣皆欲顺人主之心以取亲幸之势者也"。《韩非子·孤愤》亦云:"凡当途者之于人主也,希不信爱也,又且习故。若夫即主心同乎好恶,固其所自进也。"在既有规则体系之外一旦形成以"请谒"为务的政治风气,就会为当权重臣攫取权势大开方便之门,从而形成《韩非子·饰邪》篇所描绘的情形:"释法禁而听请谒,群臣卖官于上,取赏于下,是以利在私家而威在群臣。故民无尽力事主之心,而务为交于上。"追根溯源,君主对此负有主要责任,"法之不行,自上犯之"的负面政治效应非常明显地呈现出来。

为克服"法之不行,自上犯之"的负面政治效应,韩非子从两个方面进行了理论努力。其一,君道无为。法家理想中的君主不是儒家的圣贤,而是"中主"、"庸主"。然此"中主"政治并非简单意味着普通人手握至高权力,而是强调"中主"的行为自限与自律,要"去好去恶,虚心以为道舍"(《韩非子·扬权》)。韩非子认为,君主的力量和智慧都十分有限,要想治理好国家,必须舍身体道,戒除"身治"、"心治"。《韩非子·解老》篇强调君主不应该"强视"、"甚听"、"思虑过度",要"爱其精神,啬其智识"。韩非子不断告诫君主要对自己能力和智慧的不足、有限保持清醒认识的思想非常普遍,如《韩非子·难三》说:"下众而上寡,寡不胜众者,言君不足以遍知臣也,故因人以知臣。"《韩非子·八经》也谓:"力不敌众,智不尽物。"韩非子之所以详细阐述君主能力和智慧有限的观点,根本目的就是要告诫君主本身并非万能,只有舍身体道、无为而治,利用臣民的众智,才能真正治理好国家。显然,如果法家理想中的"中主"能够真正理性地认清自我智慧与能力之有限,进而真正做到去好去恶,权势觊觎者利用君主个人好恶偏向来获取权力的途径就会被有效阻断。

其二，君臣各有所职，君臣共治。《韩非子·外储说左上》记载，子产相郑，郑简公告知子产，君主之职责在于祭祀礼乐，而宰相之责则在安定国家、治理百姓、谐和耕战，强调"子有职，寡人亦有职，各守其职"。同篇还批评魏昭侯欲超越君主之职干预日常行政之事，主张君主之职责在于牢牢地掌握权柄，而不应"欲为人臣所宜为"。君臣各有所职的制度设想，彰显了法家君臣共治的政治理念。《韩非子·难二》篇所谓"凡五霸所以能成功名于天下者，必君臣俱有力焉"云者，正是这种政治理念的集中体现。《韩非子·南面》篇也对此阐述得非常清楚："伊尹毋变殷，太公毋变周，则汤、武不王矣。管仲毋易齐，郭偃毋更晋，则桓、文不霸矣。"韩非子认为，"是否变"与"如何变"的问题，并不仅仅由君主一人说了算，必须要有诸如伊尹、太公、管仲、郭偃这样精明能干的大臣辅佐才能做出正确决断。《韩非子·奸劫弑臣》篇更将伊尹、管仲、商君誉为深明法术赏罚的"足贵之臣"，突出彰显了"君臣共治"的政治理念：

> 伊尹得之汤以王，管仲得之齐以霸，商君得之秦以强。此三人者，皆明于霸王之术，察于治强之数，而不以牵于世俗之言；适当世明主之意，则有直任布衣之士，立为卿相之处；处位治国，则有尊主广地之实；此之谓足贵之臣。

因为他们能够洞察政治治理的深刻道理，所以才能不牵于世俗之言，在"变"与"不变"的问题上辅佐君主，从而使现实政治更趋于理性务实。可见，韩非子心目中，始终存在一种"君臣共治"的想法。然而，"君臣共治"理念遇到的一个重大现实难题，就是身处体制之外的法术之士如何才能进入既定政治体制进而发挥其辅佐君王的政治作用呢？韩非子显然察觉到了这个困难，《韩非子·难言》感慨"世之仁贤忠良有道术之士"遇到"悖乱暗惑之主"的悲剧命运，意识到"愚者难说"。加之法术之士在进取仕途的过程中时刻受到来自既定政治体制内"当涂重臣"的百般阻挠与迫害，所谓"五不胜之势"（《韩非子·孤愤》），如此，韩非子君臣共治的政治理念势必凌空。当此之际，韩非子甘冒被人指责为无耻之徒的巨大道德风险，韩非子在《韩非子·说难》篇通过阿谀讨好君主的非正常手段以获取信任，达到"明割利害而致其功，直指是非以饰（通"饬"）其身"的政治目的，最终克服"悖乱暗惑之主"在位时法术之士实现君臣共治理念的现实困难。

显然，韩非子重建社会道德的途径与《尹文子·大道上》的基本思路在逻辑上是完全吻合的，即："道不足以治，则用法；法不足以治，则用术；术不足以治，则用权；权不足以治，则用势。势用，则反权；权用，则反术；术用，则反法；法用，则反道；道用，则无为而自治。"这表明，社会道德的重建，端赖社会环境的不断改善，而政治环境的不断改善又与"法"、"术"、"势"等政治措施的正当呈现密不可分。需要指出，尽管韩非子对于克服两大政治困境做出了艰难的理论探索，但是因政治困境的恒定性决定了这种理论探索必然带有浓厚的理想色彩。并且，韩非子给出的有些理论答案具有鲜明的时代性与历史感，甚至某些制度设想隐含着深刻的道德风险，对于今人而言，都应进行理性的辨别，而非一概肯定。不过，倘就问题意识及理论方法而言，韩非子从另外的不同于儒家思路的视角为我们提供了一个分析社会道德整体滑坡的理论模型，发现政治领域的两大政治悖论并尝试对此进行理论回答，以期社会道德的重建与改善，这些都是值得我们深长思之的。

韩非子更在《外储说左下》以西门豹的故事为例，深刻分析了违背例外规则与顺从例外规则而产生的不同政治利益，由此使得整个社会的"坚持规则"、"遵守规则"意识变得异常淡漠：西门豹为邺令，正直无私、明察秋毫地行使手中职权，却因"甚简左右"而招致谗毁，使其在年度"上计"中被魏文侯斥责，欲收其权力。此时，西门豹要求魏文侯再给他一次机会，让他重新担任邺令之职。得到魏文侯应允之后，西门豹一改其正直无私、明察秋毫的政治作风，"重敛百姓，急事左右"，第二年的"上计"自然因"左右"利益的满足而使其获得魏文侯赏识。西门豹由此辞官不作，原因就在于，坚持公认的政治原则难以获得认同（"为君治邺"），相反，按照"例外规则"行事，处理好与左右的关系，即使实行"重敛百姓"的苛政，却能得到正面赏识。由此，赏罚无度、进退失据之风的形成，必然使奸邪得遂而良善受欺，对罪恶的宽容无形中势必造成对正义的不公。西门豹第一年的遭遇，昭示了一种"不敢清白"的政治现象；第二年的遭遇却反向说明"不愿清白"背后隐藏的利益驱动。在既有规则体系之外一旦以"请谒"为务上升为一种社会风气，就会形成《饰邪》篇所描绘的情形："释法禁而听请谒，群臣卖官于上，取赏于下，是以利在私家而威在群臣。故民无尽力事主之心，而务为交于上。"由此，政治领域的例外规则对整个社会道德的负面影响呈现逐渐蔓延和扩展之势。

现代道德心理学及制度经济学可以为韩非子有关社会整体道德水平低下的理论分析提供佐证。休谟认为："你和我一样都有舍远而图近的倾向。因此，你也和我一样自然地犯非义的行为。你的榜样一方面推动我照样行事，一方面又给了我一个破坏公道的新的理由，因为你的榜样向我表明，如果我独自一个人把严厉的约束加于自己，而其他人却在那里为所欲为，那么我就会由于正直而成为呆子了。"[1] 当代也有学者深刻指出，绝大多数人之所以遵守社会规则是有条件的，即：他人遵守正义规范是每一个人遵守正义规范的前提。"如果社会上一部分人的非正义行为没有受到有效的制止或制裁，其他本来具有正义愿望的人就会在不同程度上仿效这种行为，乃至造成非正义行为的泛滥。"[2] 无疑，如果正当规则持续遭到破坏，整个社会为此付出的道德代价是无比巨大的。现代制度经济学也认为，如果存在垄断性的行业、机构和组织，那么隶属于其中的成员就完全可以通过"权力寻租"的方式来为自己牟取额外的收益，如果这种权力寻租没有得到有效遏制的话，就会产生一系列连锁的寻租活动，最终形成"没人愿意从事艰苦的生产活动和创造活动"。[3] 韩非子自然不知何谓现代道德心理学和制度经济学，然而他有关政治领域存在权力垄断的现象分析及其政治危害的深刻认识，的确与现代理论之间有一种异曲同工的妙处。

第三节 维护道德底线会将导致社会整体道德水平低下？

韩非子重视以强制性规则体系来维护社会的道德底线，主张一旦逾越这个底线标准，就要受到严厉的惩罚。问题在于，强制性规则体系体现的价值往往具有低标准的特征，这还称得上是道德吗？有学者指出，在何谓道德底线的问题上，有三种观点：其

---

[1] [英] 休谟:《人性论》，关文运译，北京: 商务印书馆，1980 年版，第 575-576 页。

[2] 慈继伟:《正义的两面》，北京: 生活·读书·新知三联书店，2001 年版，第 1-2 页。

[3] 王跃生:《没有规矩不成方圆》，北京: 生活·读书·新知三联书店，2000 年版，第 167 页。

一，良心是道德底线；其二，诚实或诚信是道德底线；其三，不杀人是道德底线。尤其对于不杀人是道德底线的说法，该学者反问道："如果不杀人，可能什么都可以了。而杀人则意味着人与人之间的战争状态。恐怖分子以人肉炸弹炸毁美国世贸大厦、炸损五角大楼，因此而挑起战争。然而，从战争状态到人的道德生存状态，又有着何等大的距离！难道一个社会只要能够和平的生存，就可以容忍一切非道德的行为吗？"[1]也就是说，从伦理角度讲，遵守某些法律规定的底线，其实根本算不上伦理层面的道德。进一步讲，如果一个社会只强调强制性规则体系之落实，真的有可能导致孔子所批评的"民免而无耻"的现象，如此一来，即使人们都遵守强制性的规则体系，社会的整体道德水平就能由此提高吗？

尽管道德底线的概念在不同的观念体系里面有不同的内涵，但是从韩非子的道德底线理论出发，我们至少可以提炼出一个框架性的形式命题，即：他所主张的道德底线，在一个正常的社会，应该界定在不损害他人利益及公共利益，并且这个底线由强制性的规则体系来加以确定[2]。准此而论，一个社会的道德底线是否得到有效维护，关键就看其强制性规则体系是否得到有效落实与执行。在韩非子看来，良心或动机，显然不构成道德底线，卖舆之人冀人富贵，卖棺之人冀人多死，那都是人之常情，不必加以道德批判。只要其行为没有损害他人利益及公共利益即可。其他诸如诚信、诚实以及不杀人，都在韩非子强制性规则体系范畴之内，

---

[1] 龚群：《也谈道德底线》，《博览群书》2001 年第 12 期。

[2] 美国学者詹姆斯·雷切尔斯、斯图尔特·雷切尔斯认为，道德的底线概念可以表述为："道德至少是用理性指导人们行为的努力——做有最充足的理由去做的事，同时对行为影响所及的每一个个体的利益都给予同等的重视。"参阅氏著：《道德的理由》，杨宗元译，北京：中国人民大学出版社，2014 年版，第 13 页。

违背了就要受到严厉惩罚。简言之,韩非子的道德底线就是强制性规则所确定的行为准则。

在此,需要对赵汀阳有关道德底线的观点做一个理论回应。他认为现代伦理学界流行的道德底线思维存在根本障碍,这种思维方式给人这样一种错觉:讨论了道德的最低要求或最低标准,这些原则是最基本的,而那些更好的、更高要求的道德好像可以由此发展出来。在赵汀阳看来,这是一种错觉。他说:"事实上,由低要求的价值是不可能推出或者发展出高要求的价值的,在价值上,如果把低要求规定为基本要求,低要求马上就变成了最高要求。通常人们在价值上总是就低不就高,因为低标准比较容易做到,比较省心。……根本不用出于坏心眼,仅仅因为人类偷懒的天性,如果要求比较稀松,人在价值上就会滑向低处。不是说人们不想要尽可能好的东西,但人们更愿意偷懒,谁都知道这一点。假如把'不许说谎'、'说话算数'、'同情弱者'等等规范定义为基本伦理要求,这些规范很快就会变成行为的最高要求。这是事实。正如人们现在经常抱怨的那样:见不到几个说实话的人,见不到几个关心别人的人,于是,那些低要求的规范已经变成高标准了。"[1]因为在他看来,"道德不是用来收敛人性、抑制行为的伦理规范,而是把人性和生命引向辉煌的召唤"。[2]按照赵汀阳的观点,道德底线不仅不能提升社会整体道德水平,反而会在"取法乎中,斯风下矣"的逻辑下降低人们的道德标准,从而导致社会整体道德水平更为低下。显然,赵汀阳的观点,对于韩非子确保社会道德底线进而提升社会整体道德水平的思路,可以说是一种针对性的批评。

---

[1] 赵汀阳:《论可能生活》(修订版),北京:中国人民大学出版社,2004年版,第224-225页。
[2] 同[1],第243页。

需要指出的是，赵汀阳的观点乃是一种伦理学的视角。他批评现代伦理学过分注重伦理规范，而忽略了伦理学应该是关于人的、生活的真理。因此，当他在反对道德底线的伦理学思维时，实际是立足于伦理层面的最佳状态的可能生活。也就是说，在关注生活真理层面，人类社会不应仅仅停留或满足于一种底线道德，而应该追求更好的道德生活。在此意义上，赵汀阳批评道德底线，其观点是完全站得住脚的。

然而，赵汀阳的观点是从可能生活的伦理角度而立论的，其关注的是美好的生活应该是怎样的；韩非子并非不关注美好的生活，但是他更关注美好生活如何可能的问题。也就是说，真正美好的生活，不应仅仅停留在观念层面，还应考虑如何从现实出发，从而实现这种美好生活。考虑现实问题，必将涉及政治与法律诸多现实领域。赵汀阳也同样意识到，光谈伦理并不能真正实现一种美好的可能生活，还必须在文化和生活的大环境中去解决，正因如此，他才主张伦理学与政治学之分离，前者研究的是幸福，后者研究的是利益。所以他主张："对于人类道德来说，良心不仅是不够用的，而且往往靠不住。"[1]韩非子道德理论的洞见，恰恰就在于他是在社会大环境中分析社会个体道德意愿与道德行为，进而主张维护道德底线，通过改善整个社会环境来提升社会整体道德水平。那么，维护道德底线，是否能够提升社会整体道德水平呢？

的确，某种意义上讲，维护道德底线本身，并不足以提升社会整体道德水平。然而，不可否认的是，相对于一个道德底线都没有得到有效维护的非正常社会而言，韩非子强调通过外在强制性的规则体系来确保道德底线，实则也是对社会整体道德水平的

[1] 赵汀阳：《论可能生活》（修订版），北京：中国人民大学出版社，2004年版，第307页。

一种提升，哪怕这种提升对于完美的道德社会而言，还存在着很大的距离。韩非子主张最大限度消除例外规则，最大限度地让那些不具备道德意愿的人也表现出道德行为来，实则就是对社会整体道德水平的有效提升。

同时，最重要的是，维护道德底线是提升社会整体道德水平的基本前提。只有当一个社会道德底线得以确保之后，好人才不会因为选择高标准的道德而面临自己合理的正当的利益之丧失，这样才能真正鼓励那些原本具有道德意愿的人呈现出道德行为来，儒家所期待的风草效应才有可能真正感召更多的人去做君子或圣人。试想，如果一个社会就连道德底线都无法确保和维护，就连低标准的道德都做不到的情况下，侈谈高标准的道德，还有什么意义呢？！韩非子认为，维护道德底线重在外在规则体系之落实，其所维护的最低标准的"道德"（甚至算不上伦理学意义上的道德）其实是通过制度实践"做"出来的而不是口头"说"出来的。只有身处一个外在规则体系完备并且道德底线真正得以维护的社会，人们才不会挖空心思去谋求正当规则体系之外的利益，只有当例外规则只存在于极个别情形时，只有当人们不再担心自己的正当利益会因某种不确定因素而受损时，也就不再处心积虑地去拉关系走后门，人心才会变得单纯，才会更加专注于做自己应该做的事情，社会风气才能由此得以改善。唯有在这样正常的社会氛围之中，口头上的高尚道德，才会真正具有吸引力。因此，韩非子维护社会道德底线的思路，实则在于通过政治领域制度化的建构，给正直善良的人营造良好的社会氛围，从而由此提升社会整体道德水平。道德之花，必须植根于道德底线得以确保之社会土壤。否则，道德之花，要么孤芳自赏，要么枯萎凋零。

从社会环境及客观制度的视角而非自个人内在道德修养的层

面思考社会道德的滑坡，是韩非子的思想洞见。然而，正如韩非子自认的，他追求的是社会道德底线，对于具有无条件道德意愿及道德行为的贤圣，事实上采取了一种存而不论的态度。也就是说，韩非子在如何培养一个道德高尚的贤圣之人，缺乏理论探索，尽管并未绝对否定儒家的圣贤伦理。近人张尔田反思法家"除良莠固有余，能生嘉谷乎？"[1]此话有其合理性。在此意义上，我们可以看到儒法思想共存的可能：儒家着意于培养高尚道德之人，以韩非子为代表的法家关注于社会道德底线的维护及社会整体道德水平的提升。然而，前提必须是，放弃儒家覆盖一切领域的"道统"思维，将解决社会整体道德滑坡的重心放在维护道德底线而非培养高尚道德的圣人或君子的思路之上。

---

[1]　张尔田：《汪悔翁乙丙日记纠谬》，国家图书馆古籍馆藏，第15页。

第四章

移风易俗

　　韩非子倾注极大理论热情去分析社会整体道德水准滑坡的内在机制，根本意图在于提升社会的整体道德水平。既然社会整体道德水平低下的根源在于例外规则凌驾于正当规则之上，在观念与行事层面主导着社会群体的生存逻辑。欲提升社会整体道德水平的途径，最佳状态就是消除例外规则。然而，政治领域"独木不成林"与"国皆有法，而无使法必行之法"的困境，使得任何彻底消除例外规则的理论尝试，都会归于失败。因此，韩非子的理论重心，不在彻底消除例外规则，而是防止其蔓延，进而重塑正当规则体系的权威性及公信力并鼓励人们做正直清白的好人。那么，如何在一个例外规则盛行的社会实现正当的规则之治呢？韩非子给出的思路在于自上而下地运用强制性规则体系进行移风易俗。风俗习惯，是一种长期的历史积淀，它对社会成员的观念和行为具有潜移默化的影响。欲提升社会整体道德水平，必须从提倡良风美俗着手，改变恶俗、陋俗。问题在于，移风易俗的理论依据何在？如何才能有效地移风易俗？这些都是韩非子"循法成德"理论念兹在兹的核心话题[1]。

---

[1]　笔者曾初步探讨过"移风易俗"的问题，本章拟在原有基础研究之上做进一步的思考。参阅拙著《韩非子政治思想再研究》，北京：中国人民大学出版社，2010 年版，第 327-334 页。

第一节　"道""俗"对立：移风易俗的理论依据

中国古代政治是一种典型的精英政治，民本观念盛行。作为士大夫阶层的知识精英，往往以民众利益代言人的身份自居，他们关注民众的利益，甚至在思想理论层面还主张天下为天下人之天下，非谓君主一家一姓之天下。但是知识精英们并不相信民众具有参与国家和社会公共治理的能力。依据林肯 1863 年《葛底斯堡演讲词》中的"民有"、"民治"、"民享"（The government of the people, by the people, for the people）政治理论，中国古代的民本观念，具有"民有"、"民享"的内涵，"民治"观念则阙如。正因如此，梁启超才认为："我国学说，于'Of, For'之义，盖详哉言之，独于 By 义则概乎未之有闻。……此种无参政权的民本主义，为效几何？我国政治论之最大缺点，毋乃在是。虽然，所谓政由民出者，不难于其理论也而难于其方法。"[1]在此思路之下，社会大众始终是知识精英教化与改造的对象，知识精英提倡移风易俗的观念亦便顺理成章。然而，这仅仅是一种深层观念主导之下而产生的思想现象或社会现象，这种深层观念实为移风易俗观念背后的理论依据，即："道"与"俗"的对立。

金岳霖认为，"道"是"中国思想中最崇高的概念，最基本的原动力"，同时亦是"最高境界"[2]。先秦时期，儒墨道法等具有代表性的思想流派，事实上都以"道"为理论依归，将其作为各自学说的形而上依据。"道"蕴含着经验世界的各种可能，在逻辑上不仅是万物生长的依据，同时亦是人类各种价值的最终渊源。"道"

---

[1]　梁启超：《先秦政治思想史》，《饮冰室合集》专集之五十，北京：中华书局，1989 年版，第 4 页。

[2]　金岳霖：《论道》，北京：商务印书馆，1987 年版，第 16-17 页。

乃是思想家通过苦思冥想而逻辑推导出来的一个概念，似有还无，并不在经验世界里被感知，或者经验世界被感知的实际事物只是"道"的部分呈现而不是"道"本身。任何经验世界具有"名"的确定事物，均不得称为"道"。"道"之名称，亦是老子勉强给出的一个称谓，并且一再强调变动不居、没有常形的特性。

"道"的上述特性，决定了只有极少数善于思考并不断追问的思想家能够感受其存在，而在社会绝大多数人那里，"道"之存在与否，于他们的实际生活并不发生影响。对社会大众而言，他们只关心经验世界可以感知的事物，只有那些与他们发生切实关系的人和事，才能引起他们的关注和兴趣。某种程度上可以说，探讨并关心"道"，是思想家的专利，具有贵族特性。"道""俗"对立由此产生。所谓"俗"，主要体现为社会绝大多数人习以为常的生活方式及行为观念。这种生活方式及行为观念因缺乏"道"的引导，很可能面临不以为耻反以为荣的价值危机、危害社会及国家的公共危机、短视的个人危机。

道家具有移风易俗的观念。在老子那里，他明确揭示了"道""俗"对立，所谓："上士闻道，勤而行之；中士闻道，若存若亡；下士闻道，大笑之。不笑不足以为道。"（《老子》第四十一章）在此，上士、中士、下士对"道"的态度耐人寻味。上士闻道，将其落实于自己的行动；中士闻道，似懂非懂，处于半懵懂的状态；下士闻道，居然是加以嘲笑。下士，实则占社会的绝大多数的世俗之人，他们对于"道"并无深刻的体悟，亦无源自生活或生存的实际需求。所以，他们必然嘲笑具有贵族特性的"道"。"道""俗"对立，决定了老子对"俗"的态度。他站在"道"的立场，主张"愚民"，《老子》第六十五章明确赞同远古社会使民返璞归真的政治道理："古之善为道者，非以明民，将以愚之。"

很多学者据此认为老子在提倡"愚民论"。这实在是天大的误解。"愚"在先秦语境中有"朴"的内涵，意指精神与性情层面的淳朴自然[1]。在老子看来，"道"的本色和底蕴就是"朴"。《老子》第三十二章说"道常无名，朴"，"朴"体现着未经人为雕琢的自然真实的一种原始状态。《庄子·山木》对南越小国民风的描述则将这种"朴"与"愚"连在一起："南越有邑焉，名为建德之国。其民愚而朴，少私而寡欲。"吕思勉曾认为老子观念中"器"代表形形色色之现象，而"朴"则是"未成万物前之原质"[2]。老子所主张的"愚民"，实则蕴含移风易俗的意味，试图以"道"之"朴"来影响和教化社会大众狡诈奸猾的习性。只不过在移风易俗的方式层面，老子更多立足于史官的长程视野思考祸福，以得道之人尤其是得道之国君行"不言之教"来彰显并告诫民众祸福相依的道理。庄子同样立于"道"的立场，屡次对"世俗"进行批评，其"大小之辨"实际蕴含价值优先的次序，这都为其移风易俗观念提供了思想基础。《庄子·让王》亦明确说"有道者之所以异乎俗者也"，《庄子·天地》则主张："大圣之治天下也，摇荡民心，使之成教易俗。"当然，庄子在个人修养层面并不像儒家那样积极"美俗"，而是选择"不遣是非，与俗世处"，"独与天地精神往来"，自得其乐（《庄子·天下》），所以其移风易俗的途径更多还是把希望寄托于"应帝王"，希望有道之帝王来实施移风易俗。

儒家亦在"道""俗"对立的思路之下，主张移风易俗。孔子非常崇尚"道"，一再表示士人应该"志于道"，称赞"天下有道"之政治，还表明心迹："朝闻道，夕死可矣"，强调"吾道一以贯之"（《论语·里仁》）。那么，孔子一以贯之的"道"是什么呢？我以

---

[1] 宋洪兵：《先秦诸子"愚民论"考辨》，《求是学刊》2008年第6期。

[2] 吕思勉：《论学集林》，上海：上海教育出版社，1987年版，第292页。

为应该指的是《论语·学而》所说的"先王之道"及《论语·子张》所说的"君子之道"、"文武之道","君子之道"意指作为君子应该具有仁义礼智信等高尚道德修养,"先王之道"或"文武之道"意指君子之道在政治领域的实践,即:仁政或德治。相对于"道"之"俗",社会大众则由"小人"构成,孔子思想中的"小人",不仅仅指道德低下之人,同时也包含社会普通民众的意味。所以孔子说:"君子喻于义,小人喻于利。"(《论语·里仁》)只有少数君子才通晓明白仁义道德,而普通民众则只关心其个人利益,由此凸显"道"、"俗"对立。孔子认为儒者的使命在于弘道,他说"人能弘道,非道弘人"(《论语·卫灵公》),弘道的过程实则移风易俗的过程,也是其"君子之德风,小人之德草。草上之风,必偃"(《论语·颜渊》)这一"风草效应"致思逻辑之所在。

孟子继承了孔子的这一思路,一方面他主张"得道多助失道寡助",强调"尊德乐道"(《孟子·公孙丑下》);另一方面,他在解释"乡愿"为何被孔子定性为"德之贼"的原因时明确说:"同乎流俗,合乎污世"(《孟子·尽心下》),表明了一种"道""俗"对立的思路,由此他猛烈批判当时崇尚战争掠夺土地的世俗观念,强调移风易俗之必要性:"由今之道,无变今之俗,虽与之天下,不能一朝居也。"(《孟子·告子下》)孟子移风易俗之途径在于正面提倡先王之道,借此教化百姓,如前所述,主要体现为"推广"与"吸引"两个方面。

荀子主张"贵俗化性",其思路依然建立在"道""俗"对立的基础之上。荀子认为,道乃是正道,君子之道,是人伦价值之形而上依据。他说"道者,非天之道,非地之道,人之所以道也,君子之所道也。"(《荀子·儒效》)因此,治国就在于了解并掌握"道":"治之要在于知道"。如何才能知"道"?在于具有理性思考能力的"心"。唯有圣人充分发挥自己虚壹而静之"心"的理性思考能力，才能超越自己之"性恶"，化性起伪，制订礼义规范，引导并约束其他绝大多数人向善。所谓"心知道，然后可道；可道然后守道以禁非道"（《荀子·解蔽》）。"禁非道"的过程实则推行良风美俗遏制恶俗陋俗的移风易俗过程。荀子说："人之生固小人，无师无法则唯利之见耳。人之生固小人，又以遇乱世，得乱俗，是以小重小也，以乱得乱也。"（《荀子·荣辱》）人，天生具有贪利的小人倾向，如果缺乏后天的教化、老师的身教以及法制的约束，那么就会唯利是图。此时，如果再加上乱世乱俗，人们贪利的特性就会变本加厉，无所不用其极，乱上加乱，所谓"以小重小，以乱得乱"。

在荀子思想中，绝大多数人所体现的"俗"并不具备运用自己"心"的理性功能而向善的能力，必须经由圣王制订定义然后移风易俗的过程。如何才能移风易俗呢？荀子的思路体现在三个方面：其一，依赖道德高尚的人来美俗："儒者在本朝则美政，在下位则美俗。"（《荀子·儒效》）其二，依赖乐教熏陶，移风易俗："乐者，圣王之所乐也，而可以善民心，其感人深。故先王导之以礼乐，而民和睦。夫民有好恶之情，而无喜怒之应则乱；先王恶其乱也，故修其行，正其乐，而天下顺焉。"（《荀子·乐论》）其三，依赖圣王之制，由上而下地进行移风易俗。《荀子·君子》说："圣王在上，分义行乎下，则士大夫无流淫之行，百吏官人无怠慢之事，众庶百姓无奸怪之俗，无盗贼之罪，莫敢犯上之大禁，天下晓然皆知夫盗窃之不可以为富也，皆知夫贼害之不可以为寿也，皆知夫犯上之禁不可以为安也。由其道则人得其所好焉，不由其道则必遇其所恶焉。是故刑罚綦省而威行如流，世晓然皆知夫为奸则虽隐窜逃亡之由不足以免也，故莫不服罪而请。"在荀子看来，移风易俗的关键在于圣王在上，通过圣王的制度约束，以柔性教化为主，同时辅以强制性的惩罚，"不由其道"者必然遭受惩罚。由此，荀子基于"道""俗"对立而形成的移风易俗观念，既有教化优先的儒家色彩，同时他注重外在强制规则进行移风易俗的观念又具有鲜明的务实特征，后一种思路为韩非子所继承并发挥到了极致。

墨子也有"道""俗"对立的观念。墨子同样提倡"道"，此"道"与儒家一样，主要体现为人类社会的"人之道"，即先王之道、尧舜禹汤文武之道。墨子亦主张尚贤，这与先秦儒家思想亦殊途同归。所不同者在于，墨子反对儒家的爱有差等观念，主张"兼爱"。同时，墨子更反对儒家的厚葬观念，认为如果这种观念上升为执政者在伦理层面的价值导向，势必形成一种恶俗："上以为政，下以为俗。"在他看来，这是对物质财富的奢靡浪费，明显违背先王之道以民利为先的做法："厚葬久丧，果非圣王之道。"（《墨子·节葬下》）由此，墨子主张社会治乱之根源，关键在于执政者："存乎桀纣而天下乱，存乎汤武而天下治。"桀纣在位则天下乱，汤武在位在天下治。天下之所以治的根本原因，在于圣王能够任贤举能，运用强制性措施赏善罚暴，由上而下地进行移风易俗："出政施教，赏善罚暴"、"上变政而民改俗"（《墨子·非命下》）。墨子对"俗"的看法，显然不同于儒家的观念，儒家所提倡的正是墨子所反对的，已然隐约呈现出学派纷争的时代色彩。何谓"俗"，事实在先秦思想界的争鸣语境中，实则具有不同的内涵，然而在移风易俗这一整体思路上却是一致的。

法家亦具有明显的"道"、"俗"对立的思想特质。一般认为，前期法家不重"道"，唯有到了韩非子那里，才因关注《老子》而有《解老》、《喻老》诸篇。其实，这种看法是片面的。重

"道"不仅是法家的一贯风格，而且法家基于"道""俗"对立的思路对移风易俗的理论有着非常深入的阐述。《管子·法法》说："国何可无道。"《管子·禁藏》亦谓："凡治乱之情，皆道上始。"《商君书·错法》则说："道明，则国日强。"《韩非子·主道》更主张："道者，万物之始，是非之纪也。"此"道"，既指形而上之道，又指形而上之道在政治领域之运用，即：治国之道。总体而言，法家具有代表性的著作如《管子》、《慎子》、《韩非子》更关注形而上之道及治国之道，而《商君书》更多关注治国之道。形而上之道的特性在于，无处不在于世间万物，然而却又难以经验感知，唯有圣人才能体悟到"道"的存在，并在政治领域加以实践。故而法家都强调君主应该悟"道"体"道"，然后依据"道"的原则来制定"法"，进行移风易俗。所以，法家移风易俗之主体，依然在于君主通过政治措施来进行教化，其方式主要体现为强制性的规则体系，即以赏罚为内涵的"法"。《管子》一书特别阐述了移风易俗对于治国之重要性，屡次强调"教训成俗"（《管子·权修》）、"变俗易教"（《管子·七法》）、"变易风俗"（《管子·法法》），认为执政者移风易俗可以在潜移默化之中让民众接受由上而下的教化，将执政者倡导的价值内化为民众的自觉意识："未之令而为，未之使而往，上不加勉，而民自尽"（《管子·立政》），从而达到"刑罚省"的效果（《管子·权修》）。《商君书》、《韩非子》则更多强调了"道""俗"对立。《商君书·更法》说："论至德者，不和于俗；成大功者，不谋于众。"明确表示："民不可与虑始，而可与乐成。"这种观念为韩非子所继承，他不仅主张"民智之不足用"（《韩非子·显学》），而且更强调"道""俗"对立："圣人为法国者，必逆于世，而顺于道德。知之者，同于义而异于俗；弗知之者，异于义而同于俗。天下知之者少，则义非矣。"（《韩非子·奸劫弑臣》）

通过对先秦时期主要思想流派的梳理，可以总结出以下几个理论问题：

其一，儒墨道法在移风易俗的问题上具有高度共识，都基于"道""俗"对立的思路，强调移风易俗的重要性。

其二，"道""俗"对立与"道"尊于"势"的观念并行不悖，先秦思想界对此亦有高度共识。先秦诸子其实均假设君主为他们的阅读对象，他们的观念绝大多数都是针对君主如何治国而言的。他们均主张唯有少数人能够体道悟道，尤其希望君主能够体道悟道。在此，当君主尚未体道悟道之时，实则属于"俗人"。先秦诸子暗含着"道"之代言人向君主宣示的意味，这也是"道"尊于"势"观念的根源。

其三，移风易俗的方式可以分为柔性教化与强制改造，实施途径主要体现为由上而下地进行，墨子"上变政而民改俗"的思路具有代表性。其中，道家的"不言之教"与儒家的德教或礼教，以柔性教化为主，儒家亦主张儒者在民间时可以"美俗"；墨家与法家，则更多强调外在的强制性措施对于移风易俗的重要性，墨家还运用鬼神等宗教色彩浓厚的观念来确保移风易俗的推行。

其四，风俗可分为美俗与恶俗，提倡美俗、遏制恶俗是移风易俗的应有之义，荀子的观点具有代表性："无国不有美俗，无国不有恶俗。"（《荀子·王霸》）所以，治国一方面要顺应良好的风俗，即《商君书·算地》所说的"观俗立法则治"，另一方面又要遏制恶俗，移风易俗。

其五，在先秦思想界的争鸣语境中，"道""俗"具有不同的内涵，尤其对"俗"的理解具有明显的价值冲突色彩。儒家与墨家之"道"，更多体现为圣王之道、人伦之道；道家之"道"更多体现为形而上之道；法家之道，更多体现为形而上之道与形而下的治国之道的融合。如果说先秦各家对于"道"的理解只是侧重点不同而在价值层面并不存在明显冲突，那么，各家对于"俗"的理解就显得尤为复杂。儒家提倡六亲孝慈，而道家却认为由此带来名利计较之心，由此主张"绝仁弃义"，回归道之朴素状态；儒家提倡厚葬久丧，墨家却认为奢靡浪费，由此主张节葬；儒家主张仁义惠爱，法家却认为爱心泛滥导致资源分配不公，由此主张"有道之主，远仁义，去智能，服之以法"（《韩非子·说疑》）。由于"俗"之内涵渗入了思想争鸣的因素，这就给移风易俗带来了空前的困难和阻力。因为在一个学派看来应该改造之"俗"，却可能恰好是另外一个学派提倡之"俗"。"俗"若获得来自某一个学派的理论支撑而具有某种正当性时，欲移风易俗，难度可想而知。

第二节　移风易俗与规则意识

韩非子立足于"道""俗"对立，主张由体道之君制定强制规则体系，公平公正地运用赏罚措施，由上而下地进行移风易俗。韩非子并不关心人们基于地域不同形成的吃穿住行方面的风俗习惯，他所在乎的是在是与非的问题上盛行的观念和行为。在他看来，如果一个社会正当规则体系之外的例外规则盛行并泛滥，势必破坏正当规则体系之良性运作，这是一种最大的恶俗。他的移风易俗，就是要在社会实践领域与舆论领域向盛行的例外规则宣战，阻止其蔓延，杜绝"不敢清白"与"不愿清白"的道德现象。

韩非子的移风易俗观念，集中体现在《韩非子·奸劫弑臣》的一段精彩阐述。他说：

古秦之俗，君臣废法而服私，是以国乱兵弱而主卑。商君说秦孝公以变法易俗而明公道，赏告奸，困末作而利本事。
当此之时，秦民习故俗之有罪可以得免、无功可以得尊显也，
故轻犯新法。于是犯之者其诛重而必，告之者其赏厚而信，
故奸莫不得而被刑者众，民疾怨而众过日闻。孝公不听，遂
行商君之法，民后知有罪之必诛，而私奸者众也，故民莫犯，
其刑无所加。是以国治而兵强，地广而主尊。此其所以然者，
匿罪之罚重，而告奸之赏厚也。此亦使天下必为己视听之道
也。至治之法术已明矣，而世学者弗知也。

在此，涉及如何在一个恶俗盛行的社会确立起正当规则的
问题。具体而言，涉及韩非子对"恶俗"的看法、移风易俗的手
段以及移风易俗过程中所可能遇到的阻力问题。毫无疑问，在韩
非子看来，"君臣废法而服私"的"古秦之俗"属于典型的"恶
俗"。"法"本来代表着公正的规则体系，而当时盛行的风俗却是
"废法而服私"，有法不依，轻公利而重私利，所谓"有罪可以得
免，无功可以得尊显"，这是一种典型的丧失是非标准的例外规
则。恶俗，既是社会各种不法行为的温床，又是例外规则的代名
词。于是，秦孝公听从商鞅建议，"变法易俗以明公道"，实则倡
导正当规则体系，自上而下地进行移风易俗。移风易俗的方法和
手段，就是赏罚，所谓"诛重而必，赏厚而信"。韩非子注意到，
通过厚赏，鼓励人们参与到移风易俗的过程，其结果便是很多私
奸行为被揭发出来，并受到重罚。在此过程中，民众的反应是怎
样的呢？"民疾怨而众过日闻"，怨声载道，对商鞅移风易俗的
做法不理解，不支持。百姓因长期生活于"有罪可以得免，无功
可以得尊显"的社会氛围之中，做事极少考虑正当规则，规则意
识缺失。当移风易俗的新法出现时，亦未认真对待，依然按照原

来的思维方式去为人做事，"轻犯新法"而遭受重罚，如此自然
充满抵触情绪。由此，移风易俗陷入了困境。如果继续推行移风
易俗，容易失去民众支持；如果中止移风易俗，势必前功尽弃。
秦孝公当时并未犹豫不前，果断推行商君之法，在经历一段时间
之后，"民后知有罪之必诛，而私奸者众也，故民莫犯，其刑无
所加"，最终实现了以刑去刑、移风易俗的政治预期。

　　通观《韩非子》一书，其深恶痛绝的，其实就是例外规则盛
行的恶俗。某种程度上可以说，在韩非子眼中，例外规则盛行是
一个社会最大的恶俗。移风易俗就是要加强社会风气的治理和纯
洁社会道德环境，其方法就是信赏必罚的法术势等强制性规则体
系的综合运用。韩非子认为，欲有效阻止例外规则蔓延，移风易
俗过程中必须要消除人们的侥幸心理。消除人们侥幸心理的做法
全部落在一个"必"字上面，主要体现为"必知"与"必罚"两
个方面。

　　所谓"必知"，一方面在于让所有臣民必须对正当规则如何
规定有明白清醒的认识；另一方面在于让所有的违法行为都暴露
在光天化日之下，无处藏身，使正当规则体系的威慑力完全体
现于生活之中，只有这样，才能有效祛除人们违法犯罪的侥幸
心理。移风易俗必须创造一个能让正当规则体系施行的近乎透明
的环境。具体而言，"必知"可以从以下几个途径来实现：其一，
从而规定人们关心公共社会治理的义务，否则就要受到惩罚。具
体内容就是鼓励告奸，实行连坐制度。为了尽可能达到"必知"，
韩非子甚至提出惩治"微奸"之观念。所谓"微奸"，即指那些
受社会风气的习染而在社会生活中在细小琐屑的事情上的不正当
行为。韩非子认为，只有使这些败坏社会风气的不良习俗都杜绝
了，方能提升社会整体道德水平。其二，秘密监察。派密探出去

打听情报，然后再以出人意料的方式告诉当事者，从而达到震慑的效果。其三，挟知而问，突然检查。当很多事情无法进行暗箱操作、随时都会处于透明状态被他人知晓时，对于各种违法犯罪的行为自然有着重要的遏制作用，从而有效杜绝人们的侥幸心理。当然，从当代视角观之，韩非子的“必知”途径具有鲜明的时代色彩，告奸、连坐、秘密监察等行政技术，蕴含着严重的权利危机及道德风险，很多都已不可取。然而，韩非子要求人们关心并参与公共事务的“必知”思路，对于今日移风易俗却是值得借鉴的。

“必知”必须随之“必罚”，“以势治之”。唯有说一不二，才能维护正当规则体系的权威性与公信力。《韩非子·内储说上七术》记载：人们之所以无法抵制丽水之金矿的暴利诱惑，铤而走险，屡禁不止，其根源并非在于规则体系（“法”）本身没有严格的规定，而是有了规则而无规则的落实，执法不严，如此就让人们心存侥幸心理。只要有人对于一些违法乱纪的行为存有侥幸心理，那么就很难真正实现社会风气和道德环境的改善。基于这样的考虑，韩非子反对有法不依、执法不严的情况，不让人们心存任何侥幸心理。《韩非子·内储说上》记载卫嗣君不惜以“左氏”这个都邑为筹码换回逃跑的胥靡，以维护规则的威严。这个故事亦突出强调了“必罚”对于维持规则体系威信进而塑造整个社会道德风气的重要性。此外，执法过程的公正性亦能影响整个社会的道德风气。韩非子主张“法不阿贵，绳不挠曲”（《韩非子·有度》），“内举不避亲，外举不避仇”（《韩非子·说疑》）、“疏贱必赏，近爱必诛”（《韩非子·主道》），强调“赏不加于无功，罚不加于无罪”（《韩非子·难一》）。只有执法过程避免私人情感的介入，做到公平、公正，才能有效维护规则体系的尊严，从而使人们对法治的公平性、公正性产生深信不疑的信赖感。相反，倘若违法乱纪者不能得到及时有效的制裁，或者制裁力度不够，或者执法者本人存有私心，其结果不仅会引起民怨，同时也会损害法治的尊严，还会打击人们对于法治公正性的信心，进而影响整个社会的道德水平[1]。

韩非子意识到，规则体系的权威性还与执政者的诚信度密切相关。所以，他十分重视诚信。《韩非子·外储说左上》晋文公因诚信而"攻原得卫"的典故，吴起等待故人共进早餐的一诺千金，曾子杀猪教子诚信的故事，都在强调诚信原则对于治国的重要功能。《韩非子·难一》篇虽然批评雍季混淆对内政策与对外政策的本质区别，但是对其"以诈遇民，偷取一时，后必无复"的政治见解还是表示赞同的，明确主张："信，所以不欺其民也。"显然，韩非子已经洞察到，依靠欺骗、蒙蔽百姓，采取口惠而实不至的做法，必将为人民群众所抛弃。唯有说到做到，才能让社会上广大"不敢清白"者、"不愿清白"者的道德意愿所具有的条件性得到满足，从而有利于社会整体道德水准的提高。

移风易俗最大的困难，来自社会的阻力。韩非子移风易俗的本质，实则依据"道"的正当规则体系来改造"俗"，阻止例外规则泛滥。韩非子给今人带来的启迪，在于如何确立守法传统及规则信仰的问题。欲在一个规则意识缺乏的社会环境里规则主导的制度体系并切实运转，其难度可想而知。规则体系的创立实则为移风易俗的过程，意味着对此前各种行为的约束与限制，必然给某些群体带来不便，甚至利益损失。同时，其阻力，不仅来自既得利益集团的抵制，更来自民众因不理解而产生的排斥情绪。以前述商鞅变革"古秦之俗"的例子来看，如果去掉赏告奸、重

---

[1] 有关"必知"、"必罚"的讨论，参照宋洪兵：《韩非子政治思想再研究》，北京：中国人民大学出版社，2010年版，第329-332页。

农抑商等具有特定时代语境的措施，单纯从逻辑上讲，由上而下主导的变法易俗或移风易俗，是一个缺乏规则意识的社会环境形成"守法"传统的必然逻辑起点。问题在于，如何解决在此过程中既得利益集团的抵触与民众的不合作？韩非子认为一旦确立起一个正确的目标，就要有足够的政治勇气加以推行，此时不必太在意社会的不适应。这就需要执政者的决心与毅力，即使遇到阻力，也要加以推行，在此过程中切实让百姓感受到移风易俗所带来的利益和好处。久而久之，原有强制推行的措施在民众那里产生的不适感逐渐消失，一种新的社会风俗由此形成。《韩非子·显学》记载禹决江河、子产开亩树桑，其执行过程中民众皆不理解，亦不合作："昔禹决江浚河而民聚瓦石，子产开亩树桑郑人谤訾"，但最终结果证明这些措施对百姓都是有利的，最后得到民众的拥护和支持。当然，韩非子如此主张的前提在于：执政者所倡导的价值必须真正有利于民众而非假民众之名而行私利之实。规则意识的确立以及"守法"传统的形成，关键还在于什么样的"法"，这个"法"应切实观照民众福祉而非一家一姓一党一派的利益。

问题的复杂性在于，在先秦思想界的争鸣语境中，各家对"俗"的理解不同，所以移风易俗的过程必然伴随某些价值冲突。韩非子已然意识到，在以血缘及地缘为核心的"差序格局"之中，某些超越道德底线及最低社会规则的例外规则往往因其利他性而呈现迷惑性。比如：为故人行私谓之"不弃"，以公财分施谓之"仁人"，枉法曲亲谓之"有行"（《韩非子·八说》）。所谓"仁政"就是视政治公平原则为无物，毫无原则地宽宥和赏赐："不忍则罚多宥赦，好与则赏多无功。"（《韩非子·八说》）韩非子反对的上述现象，恰好是儒家仁政观念的表现（当然，儒家实际并不完全如此主张，只是其政治主张隐含着某种负面倾向）。这也正是韩非子批判儒家"以文乱法"的根本原因（《韩非子·五蠹》）。韩非子的观念亦可以从当代的社会学研究寻得佐证。费孝通认为，差序格局会导致公私意识及是非观念的相对化："为自己可以牺牲家，为家可以牺牲族……这是一个事实上的公式。在这种公式里，你如果说他私，他是不承认的。因为他牺牲族时，他可以为了家，家在他看来是公的。当他牺牲国家为他的小团体谋利益，争权利时，他也是为了公，为了小团体的公。在差序格局里，公和私是相对而言的，站在任何一圈里，向内看也可以说是公。"[1] 韩非子认为，倘若是非善恶观念模糊不清，人们就会出于个人私利而在例外规则作用之下形成的非道德行为与正当规则体系主导的道德价值之间选择前者，对于非道德行为，"布衣循私利而誉之"，对于正常的道德观念及道德行为，"百姓循私害而訾之"（《韩非子·六反》）。此时，倘若执政者对此不加详审，终将跟随世俗观念做出错误的判断。由此，"不愿清白"的非道德行为及观念一旦获得某种道德学说或政治势力的正面支持，谁还愿意去主动遵守原本正常现却"落伍"的价值观念呢？韩非子强调，价值层面的多元化及相对性并不足以成为挑战、超越道德底线的理由与借口。

在争鸣语境中，韩非子还意识到，当果断地进行移风易俗时，往往容易受到舆论层面的攻击，《韩非子·显学》说："禹利天下，子产存郑，皆以受谤。"有时甚至被冠以暴政的恶名，《韩非子·奸劫弑臣》亦谓："圣人者，审于是非之实，察于治乱之情也。故其治国也，正明法，陈严刑，将以救群生之乱，去天下之祸，使强不陵弱，众不暴寡，耆老得遂，幼孤得长，边境不侵，君臣相亲，父子相保，而无死亡系虏之患，此亦功之至厚者也。愚人不知，顾以为暴。"当执政者真正出于公心秉公执法旨在实现并维护绝大

---

[1] 费孝通：《乡土中国·生育制度》，北京：北京大学出版社，1998年版，第30页。

多数人利益而移风易俗时，愚人却将其视为暴政。在此，不仅有现实方面的阻力，更有社会舆论层面的阻力，某些思想流派对以韩非子为代表的法家思路颇有微词。

针对上述情况，韩非子主张在舆论及观念层面还要有所作为。在移风易俗的实际运作过程中，厚赏必罚的措施，必然伴随为何赏为何罚的价值提倡，也就是他所说的"誉"与"毁"。《韩非子·八经》说："赏莫如厚，使民利之；誉莫如美，使民荣之；诛莫如重，使民畏之；毁莫如恶，使民耻之。"在韩非子看来，赏的功能在于使人们获得切实的利益；罚的功能在于通过有效威慑使人们不敢作奸犯科；誉的功能则在于提升人们的荣誉感；毁的功能在于让人们在价值观念层面产生道德耻感。赏罚毁誉的关系，必须首先立足于社会公共理性及公共利益，依据功利原则，确定事实领域的赏罚，然后再定舆论领域的誉毁，真正做到"赏誉同轨，非诛俱行"（《韩非子·八经》）。在争鸣语境中，韩非子认为，执政者受其他政治观念的影响，容易颠倒赏罚与毁誉的关系，依据毁誉而定赏罚，这是韩非子所极力批评的社会现象。《韩非子·有度》说："以誉为赏，以毁为罚也，则好赏恶罚之人，释公行、行私术、比周以相为也。"如果颠倒赏罚与毁誉的关系，其社会危害在于人们就不会专心去做实实在在的事情，而汲汲于四处拉帮结派营造名声。韩非子告诫执政者，任命官员及判断功过的依据，在于实际能力及效果，不在声誉。真正有能力的人，在一种非正常的毁誉舆论环境中，极有可能招致舆论的诋毁，如此，执政者就不可能真正治理好国家："精洁之行决于毁誉，则修智之吏废，则人主之明塞矣。"（《韩非子·孤愤》）显然，韩非子批评的社会现象，主要是针对先秦儒家在道德层面以贤取人的政治观念而言的。他提出的赏随之以誉、罚随之以毁的思路，就是要在实践与舆论层面正本清源，移风易俗，真正做到依据实际能力而非社会声誉来任用人才。唯有如此，才能鼓励有才能的人为国家做贡献。

　　韩非子移风易俗的最终理想，就是在一个缺乏规则意识的文化语境里面不仅能够有效落实强制性的规则体系，而且还能使这一套规则体系内化为人们的自觉意识，形成一种"规则信仰"或"制度信仰"。韩非子之"法"并非单纯现代西方意义上的"law"，其蕴含的规则意识，远比现代意义的"法"更为宽泛。以韩非子为代表的法家诸子是政治学家而非现代意义上的法学家。因此，与其说韩非子主张"法律信仰"，莫若说其强调"规则信仰"或"制度信仰"更为贴切。需要指出，韩非子之"规则信仰"或"制度信仰"并不排斥伯尔曼意义上的"法律信仰"，因为二者均强调公平、正义，并且都对这些价值怀有深切而执著的情感[1]。

　　韩非子对于"法"的执著超乎想象，已然上升为信仰层面。《韩非子·内储说上》记载卫嗣君以左氏一座城池换一个胥靡的故事："卫嗣君之时，有胥靡逃之魏，因为襄王之后治病，卫嗣君闻之，使人请以五十金（铜）买之，五反而魏王不予，乃以左氏易之。群臣左右谏曰：'夫以一都买胥靡可乎？'王曰：'非子之所知也。夫治无小而乱无大，法不立而诛不必，虽有十左氏无益也。法立而诛必，虽失十左氏无害也。'"胥靡，本为地位低贱的劳役之人，如果以工具理性来衡量，其与左氏一座城池之间的价值评估，悬殊实在太大，根本没有可比性。绝大多数崇尚工具理性的人，都不会做出卫嗣君那样的非理性行为。然而，卫嗣君之所以做出这个决定，就在于他心中对"法"及其治国价值的信仰，深信只有言出必践，才能真正确立公信力，治国根基才有保障。这里貌似只有维持君主统治的实际需求，殊不知作为法家之理想代言人，

----

[1]　[美] 伯尔曼：《法律与宗教》，梁治平译，三联书店 1991 年版，第 43 页。

卫嗣君的所作所为，正体现了法家对于公平、正义的执著追求。

《韩非子·外储说左下》记载一个"以罪受罚，下不怨上"的事例：孔子相卫时，弟子子皋作为狱吏，曾经惩罚过一个人，施以刖刑（砍去脚）。后来，有人毁谤孔子欲犯上作乱，卫君欲将孔子抓起来。孔子及子皋众弟子纷纷避难，紧急之时，曾遭受子皋施以刖刑的看门人将他们引到地下室，从而逃过追捕。子皋不解，询问受刑之人为何危难之时施以援手而不趁机报复，受刑之人回答大意是：我之所以遭受断足惩罚，那是咎由自取，理应受罚。您宅心仁厚，在判决之时，数次不忍，虽最终秉公执法，然我心悦诚服，甘愿受罚。可以想象，如果受刑之人内心缺乏对于公平、公正、正义规则的真心敬畏与情感认同，就很难理解他解救"仇人"的举动。类似案例，在先秦法家的著作中俯拾皆是，不胜枚举。《韩非子·外储说左下》阐述"外举不避仇"的案例，同样也在彰显法家对于公正的信仰："解狐荐其雠于简主以为相，其雠以为且幸释己也，乃因往拜谢，狐乃引弓送而射之，曰：'夫荐汝公也，以汝能当之也。夫雠汝，吾私怨也，不以私怨汝之故拥汝于吾君。故私怨不入公门。'"解狐不计前嫌，推荐自己的仇人给赵简主为相国。其仇人感激之余，欲前往拜谢，不料却被解狐用箭给射跑了。理由就在于：举荐你不是因为我和你之间的私怨不复存在，而是因为你有能力，我有责任与义务向国君推荐有能力之人，不能因为私怨而影响公家之事。如此大公无私之举，只能从"信仰"及情感层面来解释。

人们对于韩非子思想之认识，往往停留于充分趋利避害之人性而定赏罚，认定韩非子思想体系中人们之所以遵守规矩，其原因在于一种利害权衡，而非心悦诚服地认同。其实，这是一种片面的认识。韩非子强调人们"守法"，实则始于惩罚之利益权衡，终于公正情感之确立。"以刑去刑"的法家理想，必然伴随"守法"传统之形成，以及"规则信仰"之确立。

守法传统与规则信仰之确立，有赖于执政者移风易俗的决心与毅力。按照韩非子的思路，就在于铁面无私、刚正不阿，即使亲人犯法违规，亦不姑息。韩非子及其前辈之所以给汉儒留下一个"残害至亲，伤恩薄厚"的"残暴"印象，根源就在于他们极端重视规则的权威性，其目的在于通过正当规则体系的引导实现天下大治，最终有利于民众。韩非子在《外储说右上》借晋文公与狐偃的对话表达法家为何"严而少恩"的深层缘由，晋文公问："刑罚之极安至？"狐偃对曰："不辟亲贵，法行所爱。"施行刑罚的最高境界，就是在自己最亲近的人违法犯规时铁面无私、依法办事，其目的就在于"明法之信"。如果一个人连自己最亲近的人犯法都不徇私枉法，那么谁还能怀疑他维持公正的决心和信念呢？人们自然真正从内心相信规则体现的是非、善恶观念，从而逐渐形成规则意识，在足够长的时间内，就会慢慢形成守法传统。

第三节　移风易俗与自生自发秩序

韩非子的移风易俗观念，主张执政者自上而下通过强制性的规则体系来改造社会恶俗及陋俗。韩非子的这种思路与西方自由主义的政治观念之间，尤其哈耶克（Friedrch Von Hayek）主张的自生自发秩序的观念之间，存在着异常紧张的理论冲突。那么，在国家行动与自生自发秩序的理论问题层面，究竟应该如何评价韩非子的移风易俗观念？

毋庸置疑，韩非子立足于"道""俗"对立而形成的移风易俗观念，如果依据哈耶克的观念来分析，属于一种典型的"建构主义"（constructivism）。哈耶克认为，西方思想传统可以分为进化论的理性主义与建构论的唯理主义。哈耶克自认为自己属于进化论理性主义者，其观念主要体现为"文明乃是经由不断试错、日益积累而艰难获致的结果，或者说它是经验的总和。……文明于偶然之中获致的种种成就，实乃是人的行动的非意图的结果，而非一般人所想象的条理井然的智识或设计的产物。"建构论的唯理主义则主张："人生而具有智识和道德的禀赋，这种禀赋能够使人根据审慎思考而型构文明，并宣称'所有的社会制度是，而且应当是，审慎思考之设计的产物。'"[1] 在哈耶克看来，"建构主义"的谬误就在于理性自负，企图通过政治权力的参与来设计和改造社会，这种思路存在损害自由的风险尤其可能会损害那种实际发挥作用而又尚未为人所察觉的自发秩序。

哈耶克真正服膺的是一种自生自发的秩序。那么，何为"自生自发的秩序"？对此，哈耶克并未给出明确的答案。从他的描述中我们只能获知所谓自生自发的秩序所具备的几个特征：其一，人类社会自然演化而形成的一种秩序，是社会个体行为互动而形成的结果，并非人为刻意安排的秩序；其二，这种秩序确实存在并且在无形之中影响着人们的观念和行为，但是它又具有抽象性，并不能为人们的肉眼或经验所感知，人们必须依靠理性能力才能感知它的存在；其三，相对于人为秩序所服务的特定目的而言，自生自发的秩序并不存在特定的目的。其中，哈耶克给出的最具代表性的自生自发秩序就是亚当·斯密在经济领域发现的"看不

[1] 邓正来：《哈耶克的社会理论：〈自由秩序原理〉代译序》，《自由秩序原理》，北京：生活·读书·新知三联书店，1997 年版，第 15 页。

见的手"（invisible hand）[1]。哈耶克认为，唯有自生自发的秩序不被外力所破坏，人类的自由才有可能得到切实保障。

　　然而，哈耶克将经济领域自生自发的秩序推及整个人类社会时，面临着一个非常棘手的理论问题，即：经济领域"看不见的手"如何体现于人类整个社会？究竟如何在社会领域把握自生自发的秩序，自生自发的秩序体现在什么地方？唯有知道其具体表现，方才能够保护这种自生自发秩序之中的自由。正因如此，布坎南才批评哈耶克过分相信自然进化的力量，人类有意识的制度改革虽然艰难，但是其必要性无可否认。所以，布坎南并不主张将自生自发秩序扩展至制度和法律结构层面。J.Gray 亦指出，自生自发秩序观念缺乏确切的轮廓，其适用的内容及范围存在着很大的分歧[2]。由于哈耶克特别强调自然演化的力量，所以其自生自发秩序观念极容易导向一个结论：自生自发的秩序存在于传统生活方式尤其风俗习惯之中。对此，哈耶克自己也有相关阐释，他说："如果对于也已发展起来的各种制度没有真正的尊重，对于习惯、习俗以及'所有那些产生于悠久传统和习惯做法的保障自由的措施'缺乏真正的尊重，那么就很可能永远不会存在什么真正的对自由的信奉，也肯定不会有建设一自由社会的成功努力在。……一个成功的自由社会，在很大程度上将永远是一个与传统紧密相连并受传统制约的社会（tradition-bound society）。"[3]哈耶克的理论努力，在于指出建构性的外在强制秩序的弊端，在于强调自生自发秩序对于自由的保障："强制在有些时候之所以是可

---

[1]　[英]哈耶克:《法律、立法与自由》第一卷，邓正来译，北京：中国大百科全书出版社，2000 年版，第 55-57 页。

[2]　邓正来:《哈耶克的社会理论:〈自由秩序原理〉代译序》，《自由秩序原理》，北京：生活·读书·新知三联书店，1997 年版，第 8-9 页。

[3]　同[2]，第 71 页。

以避免的，乃是因为人们自愿遵守惯例或规则的程度很高；同时这也就意味着自愿遵守惯例或规则，乃是自由发挥有益的作用的一个条件。"[1]哈耶克对传统习俗及惯例的尊重以及对建构性强制秩序的警惕，使得其自由思想体系具有天然排斥移风易俗思路的特质。

问题在于，传统的习俗与惯例虽然经由时间的积淀而逐渐形成，但是这种自生自发的秩序就一定是合理和正当的吗？这是一个不得不追问的问题。在西方思想界，确实存在"社会习俗就是'正确'"这样的观念[2]。然而这种"正确"只是相对于生活于特定社会习俗中绝大多数人们认为"应该"如何去做的"正确"，是一种"局内人"的正确。而欲判断一种风俗习惯是否"正确"，必须立足于"局外人"的立场，依据某种价值标准来进行评判。事实上，哈耶克对此也有过思考：他一方面主张自生自发的秩序，另一方面并不完全反对用"立法"方式纠正自生自发秩序的随意性："自生自发的发展过程有可能会陷入一种困境，而这种困境则是它仅凭自身的力量所不能摆脱的，或者说，至少不是它能够很快加以克服的。……因此，以此方式演化生成的法律都具有某些可欲的特性的事实，并不能证明它将永远是善法，甚或也无法证明它的某些规则就可能不是非常恶的规则；进而，这也就意味着我们并不能够完全否弃立法。"[3]如此一来，哈耶克自生自发秩序思路强调的其实是一种有益的习俗或惯例，他也承认自生自发秩序有可能演化为一种坏的秩序。如果这样的话，其实也就间接承

[1] [英]哈耶克：《自由秩序原理》，北京：生活·读书·新知三联书店，1997年版，第72页。
[2] W.G.萨姆纳：《社会习俗》，波士顿，1906年版，第28页。转引自E.霍贝尔：《原始人的法》，严存生等译，贵阳：贵州人民出版社，1992年版，第13页。
[3] [英]哈耶克：《法律、立法与自由》第一卷，北京：中国大百科全书出版社，2000年版，第135-136页。

认了自生自发秩序并非完全正当，那么，又该如何对待无益的甚至有害的自生自发秩序呢？依靠外在强制性规则来进行移风易俗的思路不也就因此而获得正当性了吗？可见，即使哈耶克，也并非完全否认移风易俗之必要性，只不过哈耶克更多强调自生自发秩序的优先性而已。

自生自发秩序并非完全正当，还可以从"集体堕落"的社会现象中获得证明。赵汀阳曾提出一个非常有意思的问题："一件没有人反对的坏事是否就变成了好事？"[1]事实上，在逻辑上并不能排除这种社会现象的出现。而一旦出现这种社会现象，依靠政治权力来进行移风易俗，势在必行。人们不能因为自生自发形成的生活习惯，就反对移风易俗之正当性。

按照先秦诸子"道""俗"对立的移风易俗思路，社会习俗分为美俗与恶俗。对于美俗，自然需要顺应，并且尊重；对于恶俗，基本都强调移风易俗，只不过方式和手段不同而已。韩非子的移风易俗针对的乃是一种是非不分的例外规则，具体而言，就是先秦儒家提倡的基于血缘亲情以及由此而形成的关系圈子。那么，韩非子所反对的例外规则究竟是否属于哈耶克主张的自生自发秩序呢？

哈耶克曾说："人不仅是一种追求目的（purpose-seeking）的动物，而且在很大程度也是一种遵循规则（rule-following）的动物。"[2]先秦儒家以血缘亲情为基础的关系圈子并非没有规则意识，而是遵循一种交互报偿的原则来进行。《礼记·曲礼上》说："太上贵德，其次务施报。礼尚往来。往而不来，非礼也；来而不往，

---

[1] 赵汀阳：《论可能生活》（修订版），北京：中国人民大学出版社，2004年版，第314页。
[2] [英]哈耶克：《法律、立法与自由》第一卷，北京：中国大百科全书出版社，2000年版，第7页。

亦非礼也。人有礼则安，无礼则危。"杨联升对此有非常精辟的诠释，他说："当一个中国人有所举动时，一般来说，他会预期对方有所'反应'或'还报'。给别人的好处通常被认为是一种'社会投资'（social investments），以期将来有相当的还报。"[1]如此文化心理，实则符合哈耶克对"秩序"的看法，对整体的某个空间部分或某个时间部分所作的了解中学会对其余部分作出正确的预期，或者至少是学会作出颇有希望被证明为正确的预期[2]。李泽厚曾将先秦儒家的这种观念视为一种文化心理结构，认为这构成了中国人的"人情味"特征[3]。人情关系及其"报"的文化心理特征，确乎对中国古代"公私生活"都产生了深远影响，延绵数千年而不绝，符合哈耶克自生自发秩序的描述。问题在于，自生自发的秩序并非绝对正当，也有可能是一种恶俗。韩非子在先秦时期就对这种观念及行为大加挞伐，强调加以改造，实则对其负面社会效应具有清醒的理论认识。

　　客观地说，以血缘亲情为基础的社会关系网络如果在一个规则体系健全的社会，其存在价值是不容置疑的。比如，李泽厚就认为以"和稀泥"方式来调解纠纷和冲突，而不追求是非对错的全输全赢的理性法则，是一种继承中国文化"人情味"的可能途径[4]。换言之，如果在一个道德底线得以确保、规则意识深入人心的社会，血缘亲情以及由此形成的社会关系网络具有正面价值。

[1]　[美]杨联升:《报:中国社会关系的一个基础》,《中国现代学术经典·杨联升卷》,石家庄:河北教育出版社,1996年版,第861页。

[2]　[英]哈耶克:《法律、立法与自由》第一卷,北京:中国大百科全书出版社,2000年版,第54页。

[3]　李泽厚:《历史本体论·己卯五说》,北京:生活·读书·新知三联书店,2003年版,第209页。

[4]　同[3],第214页。

然而，一个道德底线之保障以及规则意识深入人心的社会，其前提在于完备的制度环境以及强制性规则体系之权威性。如果这个前提缺失，以血缘亲情为基础的社会关系网络，必然会带来极大的负面作用。

这种负面作用具体表现在两个方面：其一，以血缘亲情为基础的社会关系网络具有极强的伸缩能力，与普遍客观的公共原则相违背。费孝通指出，每一个圈子都以"己"为中心向外延伸，其影响力随着中心的势力大小而定。在这样的社会文化氛围中，个人预期并不确定，总是随着自己关系圈子的大小而变化。凡事都是攀关系，讲交情[1]。唯有个人关系影响力不够时，人们才会无奈地选择普遍性的公共原则。讨还公道，只是贫贱与卑微的社会群体的无奈诉求。其二，"各人自扫门前雪，莫管他人瓦上霜"。个人及小团体利益优先于公共利益、国家利益。费孝通精辟指出这种现象："一说公家的，差不多就是说大家可以占一点便宜的意思，有权利而无义务了。……私的毛病在中国实在是比愚和病更普遍得多，从上到下似乎没有不害这毛病的。"[2] 事实上，韩非子早在两千多年前就针对这种社会现象展开了激烈批判："行货赂而袭当涂者则求得，求得则私安，私安则利之所在，安得勿就？是以公民少而私人众矣。"（《韩非子·五蠹》）当可以通过攀关系讲交情的方式去获得利益时，人们怎么可能还会尊重公共规则呢？其结果自然是"公民少而私人众"。这种不必遵守公共规则就能得到好处的文化氛围，最严重的一个社会后果就是体现公共利益的普遍规则意识无法获得人们发自内心的认同和拥护。规则意识无法谈起，更遑论守法传统与规则信仰了。

[1] 费孝通：《乡土中国·生育制度》，北京：北京大学出版社，1998年版，第27页。

[2] 同[1]，第24页。

正因如此，在一个缺乏普遍规则意识的文化语境之中，韩非子强调必须运用强制性规则体系，自上而下地进行移风易俗。此时，任由自生自发的秩序自然演化，无论如何都无法形成守法传统与规则信仰。正如承认经济领域"看不见的手"依然不排除宏观调控一样，自生自发的秩序，依然需要移风易俗，尤其对于那种自生自发形成的具有排斥普遍规则的秩序，更是如此。如果一个民族的文化基因里面缺乏守法传统与规则意识，侈谈民主、自由，尤显天真与幼稚。事实上，在深受儒家观念濡染的东方文化语境中，欲实现真正意义上的规则之治——法治，必须首先移风易俗，真正确立起规则意识。唯有经过长时期的移风易俗，才有真正实现规则之治的那一天。否则，那一天永远无法到来。对此，新加坡的李光耀具有非常深刻的认识。在他执政初期，他意识到新加坡不能实行西方自由主义观念主导下的法律制度。在他看来，英国的"谦谦君子及行为端庄的淑女"以及良好的社会氛围，都是经过两三百年的教育积淀而成的。刚刚独立的新加坡必须实行法家式的不信任人民的严刑峻法，打击不法，维持社会秩序，移风易俗。李光耀认为新加坡必须要再等两百年，才可以适用英国的法律思想[1]。尽管李光耀并非有意借鉴韩非子的治国理念，但是新加坡的成就，实则暗合了韩非子移风易俗的思路。

当然，韩非子移风易俗的思路，如果运用不当，亦可能出现哈耶克所担心的建构主义的错误，从而对社会原生的自发秩序及自由构成伤害。但是，我们仍然不能因为存有这种顾虑而忽视中国儒家文化影响下人们在观念及行为层面都欠缺守法传统及规则意识这一社会现象，更不能因此而否认当下及未来中国移风易俗

[1]　陈新民:《李光耀的法治观：以中国法家来验证》,《国家政策论坛》第1卷第4期。

之重要性。在韩非子看来，一个缺乏守法传统与规则意识的社会，自上而下地运用强制性规则来进行移风易俗，是其必然途径。唯有在一个强制性规则体系得到有效遵守的社会，其整体道德水准才会真正提升。在韩非子看来，移风易俗的重中之重，不在社会层面，而在政治层面，尤其在于治吏肃贪。

第五章

治吏肃贪

韩非子具有丰富的治吏思想，他曾明确强调"明主治吏不治民"（《韩非子·外储说右下》）。整部《韩非子》十万余言，半数以上的篇幅均在探讨如何治吏的问题。然而，现代中国学界对此并未予以应有的关注与研究。原因在于，现代学者多从政体理论入手去分析治吏问题，认为"君主政体"（或者如坊间所公认的"君主专制"）乃是产生腐败之根源，而在此政体之下的任何反腐败措施，都会归于无效。如王亚南认为君主政体中的官僚一旦形成巧取豪夺的贪欲之后，"严格组织他们满足贪欲的法轨又不可能在专制官僚政权下确立。……官僚的政治生活就一般地体现为贪污生活。"[1] 毫无疑问，韩非子的治吏智慧是在君主政体时代形成的，这就使得绝大多数现代学者不相信韩非子的政治思想对于现代社会还有启迪，自然就不会从《韩非子》中去寻找反腐败的思想资源。显然，这种研究思路过分夸大了政体与腐败之间的关联，或者对于民主政体解决腐败问题存在不切实际的理论幻想。因为从社会经验事实很容易看出，官僚腐败不仅是所有政体共同存在的一种政治现象，而且，在民主国家与非民主国家之间，腐败程

---

[1] 王亚南:《中国官僚政治研究》，北京: 中国社会科学出版社, 1981 年版，第 118 页。

度并未呈现出明显的界限，反倒有时呈现相反的态势。例如，单纯从民众参与政治实践的程度而论，新加坡显然不及菲律宾、印度，但是根据"透明国际"（Transparency International）2011 年发布的腐败印象指数（Corruption Perceptions Index），新加坡得分9.2，位居全球第 5 位，菲律宾得分 2.6，位居全球第 129 位。印度得分 3.1，位居全球第 95 位。而向来被视为民主标杆的美国得分仅为 7.1，位居全球第 24 位[1]。这表明，腐败与政体之间并不存在必然的逻辑联系。既然如此，作为君主政体时代的韩非子治吏智慧，在现代社会所具有超越时空的价值与意义得以凸显。

需要指出，偶尔也有学者关注到先秦法家在反腐领域的思想智慧，认为"法家政治文化较早意识到官吏腐败对国家的严重危害性"、"对官吏贪赃枉法、触犯刑律的都要加重处罚。……这是非常宝贵的反贪意识"，同时也基于政体理论指出这种宝贵的反贪意识在专制政体下难以实施："避免官吏中可能出现超越法律约束以外的特权阶层，在法家政治文化那里甚至君主也无法任意越法行事。……这种意识对于加强反贪的力度确实是极为宝贵的。但在专制主义政体中要把它付诸实施又无疑是困难重重的。因为专制主义政体的特点恰恰就在于凌驾于社会全部制约力量以外的特权者存在。"[2]王春瑜主编的《中国反贪史》分上下两卷，统共1246 页 90 多万字。然而，该书在介绍法家反贪理论时仅仅 4 页篇幅不到，区区几千字的简单介绍，无论在深度还是广度层面，对法家尤其韩非子的治吏思想都无法充分展开。这与韩非子丰富的治吏思想明显不相称。可以毫不夸张地说，《韩非子》是中国历史上理所当然的反腐第一书，韩非子也是中国历史上的反腐第

---

[1] 参阅"透明国际"网站：http://cpi.transparency.org/cpi2011/results/
[2] 王春瑜主编：《中国反贪史》（上卷），成都：四川人民出版社，2000 年版，第 92-95 页。

一人。

　　本章拟对韩非子的治吏思想详加探讨，意在表明：例外规则破坏既有正当规则之公平性，从而导致人们为了自己切身利益不敢清白与不愿清白。作为移风易俗之关键环节，欲使人们自觉遵守规则，必须打击例外规则，防范例外规则的蔓延和泛滥，而其突破口在于政治领域，在于执政官员之贪腐行为得到有效抑制。执政者还必须设计一个制度给正直清廉一个机会。倘若政治氛围为之清明，官员敢于清白、乐于清白，以清白廉洁而获取应得之俸禄，政治公信力由此确立，社会整体风气就能随之好转，规则意识以及守法意识才会真正形成。

第一节　"竖刁假定"与理想状态之君臣关系

　　韩非子治吏理念的前提预设可以概括为"竖刁假定"。在《韩非子·难一》篇，韩非子系统阐述了"竖刁假定"命题。该篇记载：管仲有病，齐桓公前往问政。管仲从人的内在动机角度分析竖刁、易牙、公子开方对于齐桓公并非发自内心地爱戴，而是别有用心地伺机夺权谋利，故而劝诫齐桓公"去竖刁，除易牙，远卫公子开方"。管仲的基本思路符合常人的判断，即：如果一个人连自己的身体、自己的亲生儿子、自己的母亲都不爱，那么他怎么可能会发自内心地爱戴并效忠于君主呢？

　　然而，韩非子对管仲的这种观点并不认同，他以"或曰"的形式提出商榷。韩非子从实际行为来分析竖刁、易牙、公子开方"尽死力"来效忠的行为，追问齐桓公本人是否希望自己的臣子都能竭尽所能为他、为社稷服务？韩非子主张齐桓公应该充分利用易牙、竖刁、公子开方之效忠行为，而不必过多去追问其动机如何。

韩非子的"竖刁假定"命题强调从实际行为而非主观动机来用人任事，其内涵可以表述如下：

（1）人们追求利益之动机并不可怕。韩非子认为，人各自利，这是一个必须面对的事实。韩非子的君臣观，若着眼于君臣各自之动机，那就是自利，追求自身利益最大化；若着眼于利益之付诸实践，又势必与他人利益发生联系，从而形成一种利益博弈。这种利益博弈，韩非子将其称为"计"（《韩非子·饰邪》）。主观动机之差异，直接导致君臣之间展开了一场权力与利益的博弈，此即《韩非子·扬权》所谓"上下一日百战"。需要指出，这与先秦时期儒家思路截然不同。先秦儒家尤其孔孟对于人欲泛滥所蕴含的潜在破坏性抱有深刻的戒心。今日治吏思路，依然徘徊在儒家观念的老路上，就此而论，韩非子以利益和权力博弈来思考政治现象的治吏思路，不乏警醒价值。

（2）人们追求利益的动机不可怕，关键在于如何去引导和约束外在行为。人们内心的求利欲望必然呈现为可以观察可以感知的现实行为，如此就可以通过外在的制度规则加以引导与约束。一方面，可以通过利益驱动机制，引导人们最大限度地发挥个人潜能及创造力，将个人利益与国家利益融为一体；另一方面，对于邪恶动机所具有的破坏倾向，可以通过外在的制度规范加以最大限度的规避。所谓"明主之道不然，设民所欲以求其功，故为爵禄以劝之；设民所恶以禁其奸，故为刑罚以威之。庆赏信而刑罚必，故君举功于臣，而奸不用于上，虽有竖刁，其奈君何？"（《韩非子·难一》）

（3）政治领域的人际关系实质为权力与利益关系，处理权力与利益关系的原则，不在内在的情感与动机，而在最高统治者是否"有道"。换言之，决定人臣最终政治行为的关键因素，不在他们的动机如何，而在君主是否能够有切实之措施来加以应对，所谓"君有道，则臣尽力而奸不生；无道，则臣上塞主明而下成私"（《韩非子·难一》）。在韩非子看来，作为一种基本的客观事实，君臣博弈不是问题，如何正确对待这个事实才是真正的问题。君臣异利，蕴含着正面与负面两种可能性。关键在于执政者之治吏理念，在于是否意识到君臣之间实质为利益与权力的博弈关系，并且加以有效引导与防范。韩非子认为，如果君主认识到君臣异利这点，引入客观规则加以引导与防范，那么，君臣之间就可能由"异利"转变为"互利"；如果君主没有意识到君臣异利所蕴含的权力与利益之博弈，盲目信任，忽视监管，其负面后果将不堪设想。在此，执政者之君臣观念及治吏政策，起着至关重要的作用。君主治吏政策如果能够有效应对君臣异利之事实，且加以制度约束，官员就清正廉洁；相反，官员必然滥权腐败。

（4）因内在动机不可捉摸，内在之动机与外在之行为相对分离。当内在动机不可捉摸时，只能以外在行为为治吏出发点，强调制度与规则之重要性。在韩非子看来，动机难测，使得甄别政治领域之中孰为竖刁孰非竖刁，成为一件十分困难之事。若从动机而论，人人都是潜在的"竖刁"，去此明显之竖刁，则彼隐藏之竖刁又至，政治领域到处都存在着竖刁式的人臣。因此，韩非子的"竖刁假定"具有重"外"（客观行为）轻"内"（主观动机）的显著特征。

需要强调的是，韩非子的"竖刁假定"，并不意味着他认定现实生活中所有人臣均是竖刁式的人物。他对"法术之士"的赞颂（《韩非子·孤愤》）与伊尹等"足贵之臣"（《韩非子·奸劫弑臣》）的褒扬，足以证明这点。事实上，韩非子的观念与西哲休谟的"无赖假定"存在异曲同工之妙。休谟认为："在设计任何政府体制和确定该体制中的若干制约、监控机构时，必须把每个成员都设想为无赖之徒，并设想他的一切作为都是为了谋求私利，别无其他目标。"这并不意味着把所有人都视为无赖之徒，而是一种设计政治制度时必须预设的基本前提："必须把每个人都设想为无赖之徒确实是条正确的政治格言。虽然，这同时看来有些令人奇怪：箴言在政治上是真理，在现实中则是谬误。"[1]因此，韩非子之"竖刁假定"，只是一种政治理论之最坏假设，并非生活之实际。之所以要考虑最坏情况，根本原因就在于，一种理论之有效性，必须立足于能够解决最坏可能性中的问题。韩非子认为，真正有效的政治策略，应该在假定人臣均怀有"竖刁"式的动机前提下，切实关注人臣之实际行为，依靠外在之制度规则加以规范与约束。而能否做到这一点，关键在于君主防范和惩治官吏的决心和意志。

韩非子认为，君臣关系实质就是"君臣异利"。君臣异利的论证逻辑，在于指出最少蕴含利害因素的亲情关系，尚且存在利害纷争；那么，没有亲情关系的君臣之间的常态，就更应是各怀心事追求不同的利益："父母之于子也，犹用计算之心以相待也，而况无父子之泽乎？"（《韩非子·六反》）"人臣之于其君，非有骨肉之亲也，缚于势而不得不事也。"（《韩非子·备内》）。韩非子所谓"君臣异利"，根本原因就在于"君臣异心"（《韩非子·饰邪》）。从主观动机而言，人主追求的利益在于"国富兵强"，所以要求人臣"修身洁白而行公行正，居官无私"；人臣追求的利益则在于个人的"富贵"，所以总是渴望在规则之外追求私利之最大化："污行从欲，安身利家"（《韩非子·六反》、《韩非子·饰邪》）。缺乏规则约束之利益最大化，总以损害他人利益为前提。如果君臣都在缺乏规则引导与约束的社会语境之中追求各自利益

---

[1]［英］休谟：《休谟政治论文选》，张若衡译，北京：商务印书馆，1993年版，第27页。

最大化，其结果注定了君臣之间不可能存在任何形式的合作。问题在于，君臣之所以成为君臣，就在于彼此之相依相存乃社会稳定与治理之基本前提。一方面，国君作为秩序稳定之象征，对于社会而言，不可或缺。因为唯有秩序稳定，作为社会个体之利益才有可能最大限度地得以实现；另一方面，国君又无法单独依靠个人一己之力来进行统治，必须依靠大量人臣构成一个统治集团。官吏之政治功能，在韩非子思想中具有举足轻重的地位，是执法与治民不可或缺的重要环节[1]。如此，君臣之间既钩心斗角又互相依存的特殊关系，事实上与基于利益交换之买卖关系或雇佣关系十分类似，从而形成一种利益博弈。

在韩非子看来，君臣关系的理想状态即是充分展现君臣异利的正面可能性。具体表现为，君臣之间因彼此利益需求形成一种互利关系。这种各取所需的互利关系类似于一种雇佣关系。这种雇佣关系实质在于利益互补。雇主之所以愿意给予庸客很好的待遇，原因就在于庸客能为自己带来利益，跟私人情感毫无关系；庸客的利益得到满足，自然卖力苦干，争取把事情做得尽善尽美，之所以如此，原因在于雇主给予的丰厚待遇，而非出于内心之感激。韩非子实则将君主视为高级雇主，将人臣视为高级庸客，彼此之间，尽管各自的利益诉求不一致，但却可以通过买卖合作机制，实现双赢互利。君主需要他人的智慧与能力为国家效力，人臣渴望追求富贵利禄以养家糊口、出人头地；君主能够提供官职爵禄，人臣能够为国效力，二者正好形成互补，可以按照雇佣关系或买卖关系实现利益双赢，此即《韩非子·外储说右下》所说："主卖官爵，臣卖智力。"因此之故，韩非子指出官职爵禄之基本

---

[1]《韩非子·外储说左下》说："吏者，平法者也，治国者不可失平也。"《韩非子·外储说右下》
　　也谓："吏者，民之本纲者也。"

职能，就是为了满足那些有才能的人的名利需求。人臣名利需求
得到满足之后，人主治国理政的利益需求自然也会得到满足。

既然君臣之间是一种基于利益交换之雇佣关系，那么，正如
买卖双方用不着大谈特谈彼此私人感情一样，君臣之间并不需要
任何私人情感夹杂其中。故韩非子反复申明一项基本君臣原则：
"君通于不仁，臣通于不忠，则可以王矣"《韩非子·外储说右
下》，"君不仁，臣不忠，则可以霸王矣"(《韩非子·六反》)。此
处之"仁"与"忠"，都带有私人情感。韩非子认为，只谈买卖，
不谈感情。为何不谈私人感情？一方面，韩非子认为，买卖双方
各取所需，不必谈感情；另一方面，韩非子担心，一旦私人情感
介入买卖关系，势必影响公平交易的原则。《韩非子·外储说右下》
记载了一个典型的故事：秦昭王有病，百姓为其祈祷，病愈，百
姓杀牛还愿庆祝。按照常理，秦昭王本该高兴才对，至少不应该
责罚为他祈祷的百姓。但是，出人意料的是，秦昭王不但不领情，
反倒对这些人实施一定程度的惩罚。原因就在于，如果私人情感
("爱")介入公共政治领域，势必导致以后处理政事时顾及情感
而破坏规则之执行。

因此，君臣之间的利益交换能否得以顺利进行，取决于君主
是否意识到君臣异利之事实，取决于主导君臣关系之间的规则是
否公正与透明。所谓"设利害之道以示天下"，让臣下跟君主进
行公平、公开之利益交换。在韩非子看来，人臣追求自身利益无
可厚非，甚至与君主进行利益和权力之博弈，亦属正常，但是君
主应该意识到这点，并采取公正透明的规则来进行积极引导，发
挥人臣之才智，同时严格避免其负面倾向。人臣之表现，最终取
决于规则是否公正、完善、透明。规则体现正直之道，人臣自然
全力以赴，做好本职工作，在合理的规则范围内实现自己的利益

诉求；一旦规则违背正直之道，人臣势必投机钻营，谋取规则之外的私利。

在"君臣异利—君臣互市—正直之道—君臣互利"的逻辑结构中，韩非子特别强调了人臣在君臣利益交换过程中的基本素质，即"忠臣"形象。在正直透明规则体系之中，人臣不必对人主有个人情感，比如报恩、爱戴之类，他必须忠于职守，因为这是他分内应尽之义务。所以，韩非子眼中的忠臣，因受制于公平之利益交换规则，永远是能够做事的忠于职守之人臣，决非那种只知表决心而无实际行动能力之臣。既然承受俸禄，人臣必须忠于职守。这样就可以非常清楚地理解，韩非子为何一方面反对"忠臣"，认为君臣之间应该是"君不仁、臣不忠"；另一方面又大力提倡忠臣。所谓"忠臣"，均指有能力有作为且"忠于职守"之臣，而豫让、伯夷、叔齐等仅有忠心之情而无实际能力之人，只能被视为"无益之臣"（《韩非子·奸劫弑臣》）。

食君之禄，忠君之事。显然，在韩非子看来，"忠臣"即是立足于君臣之间依据公平原则进行利益交换之际人臣获得爵禄之后，需要诚信地履行自己的责任和义务，尽职尽责。这种清正廉洁，体现在以下几个方面：

其一，在人事举荐及职位安排方面，内举不避亲，外举不避仇，真正做到公正无私。《韩非子·外储说左下》分别讲了两个著名的故事来说明这点。第一个故事："中牟无令，晋平公问赵武曰：'中牟，三国之股肱，邯郸之肩髀，寡人欲得其良令也，谁使而可？'武曰：'邢伯子可。'公曰：'非子之雠也？'曰：'私雠不入公门。'公又问曰：'中府之令谁使而可？'曰：'臣子可。'故曰：'外举不避雠，内举不避子。'赵武所荐四十六人，及武死，各就宾位，其无私德若此也。"赵武绝对公正客观的为官态度，深得晋平公之赏识，举荐人才的唯一标准在于能力与职位的契合度，公私分明，铁面无私，即使仇人，如果真有能力，亦应本着公正之心举荐为官。在此，私人情感被排除在政治领域人事安排之外。第二个故事："解狐荐其雠于简主以为相，其雠以为且幸释己也，乃因往拜谢，狐乃引弓送而射之，曰：'夫荐汝公也，以汝能当之也。夫雠汝，吾私怨也，不以私怨汝之故拥汝于吾君。故私怨不入公门。'"解狐的故事情节与赵武大致相似，不同之处在于仇人之反应。解狐不计前嫌，推荐自己的仇人给赵简主为相国。其仇人感激之余，欲前往拜谢，不料却被解狐用箭给射跑了。理由就在于：举荐你不是因为我和你之间的私怨不复存在，而是因为你有能力，我有责任与义务向国君推荐有能力之人，不能因为私怨而影响公家之事。

其二，真正的清正廉洁之士，还能一心为公，主动让贤。韩非子反对尸位素餐，认为这是一种"诬能"之表现。所谓"诬能"，就是隐瞒自身之无能以获得官职爵禄，在君臣利益交换之中，这种行为恰似假冒伪劣产品骗取买主的钱财。《韩非子·外储说左下》盛赞少室周之行为："少室周者，古之贞廉洁悫者也，为赵襄主力士，与中牟徐子角力，不若也，入言之襄主以自代也，襄主曰：'子之处，人之所欲也，何为言徐子以自代？'曰：'臣以力事君者也，今徐子力多臣，臣不以自代，恐他人言之而为罪也。'"嫉贤妒能，常人所难免。然而，少室周之所以为韩非子所称道，关键就在于他能够一心为公，当出现比自己更合适的人才时，主动让贤，目的就在于更好地实现君主设置官职之政治功能。当然，少室周的做法，必须以存在一个完全公正、透明的人事任免规则为基本前提。因为按照韩非子的说法，人臣追逐个人利益之动机是无法消除的，既然如此，那么少室周又为何甘愿主动让出自己的官职？

少室周自己道出了如此做的根本原因，即在公平、公正、透明的人事任免规则制度之下，无人能够尸位素餐，无人能够无功受禄。与其被他人发现并指出自己存在尸位素餐之嫌疑，莫若急流勇退、主动让贤，以成全人事规则之公正与客观。在韩非子政治观念中，贞廉公正等品德，并不源自内在之心性修养，而是源自外在规则之规范与生活于其中的个人之利害权衡。

其三，区分正当利益与不当利益，在利益面前深知"舍"、"得"之辩证关系，廉洁奉公。韩非子主张，懂得舍弃不当利益，才能真正拥有正当利益，而唯有正当利益，才是人臣最大的利益。最经典的故事非公仪休辞鱼莫属。《韩非子·外储说右下》记载：公仪休贵为鲁国宰相，手握重权，特别喜欢吃鱼。于是，大家都争先恐后地给公仪休进献鱼，以此贿赂他，目的无非就是想投其所好，最终法外施恩。公仪休一概不收。其理由就在于：拿人手短，吃人嘴软，一旦要到公正地执行规则的时候，必然因曾经收受贿赂而心慈手软，枉法徇私。一旦枉法徇私，相位势必难保。相位难保，人走茶凉，谁还会给你送鱼？没了宰相之俸禄，自己还能买得起鱼吃吗？所以，最好的办法，就是拒绝任何贿赂，用自己的正当收入满足自己个人的喜好。类似"得"与"失"的道理，也可见于《韩非子·说林上》卫人嫁女之故事。卫人嫁女时，分不清楚哪种利益才是自己女儿最大的利益，告诉女儿多存私房钱。结果，被婆家给休了。卫人不但没有幡然醒悟，反倒为自己得了小便宜而沾沾自喜，却不曾意识到自己女儿失去幸福其实是她本人最大的损失。韩非子认为，人臣为官，也如卫人一般，贪图一时之小利，往往错失长远之大利。

综上所述，在韩非子的思想语境中，君臣之间是一种基于利益与权力之博弈关系。理想之君臣状态应为正当规则主导之下的利益交换关系。君臣各自利，自利同时又利他，故而能够促成君臣合作，实现共赢。君臣能否实现共赢之关键，在于合作规则是否公正、公开、透明。如果指导君臣雇佣关系之规则没有瑕疵，那么，人臣就会像庸客为主人尽心尽责干活一样，恪尽职守，廉洁奉公，为人主尽心竭力，做好职责范围内的事情。

第二节　官吏滥权之表现及危害

君臣之利益博弈与权力较量，若缺乏正当规则之引导，势必酿成公权之滥用，腐败由此产生。腐败概念，外延很广，众说纷纭，很难有一个绝对准确的说法；然而，腐败概念之内核却非常清晰，那就是滥用公权力以及以权谋私。西方学者认为，"腐败涉及信任滥用，通常与为了私人利益而滥用公权有关。……我把腐败界定为追求私人利益而滥用公共角色或资源"。[1]作为人类社会的一种普遍现象，腐败在国家机器尚存之时代，根本无法彻底消除。腐败涉及政治、经济甚至社会心理多个领域，现代社会之腐败除了政治领域诸如以权谋私、任人唯亲之外，还更多表现为"权力寻租"，当权者彼此之间形成权权交易、政治领域与经济领域之间形成权钱交易、当权者与异性之间形成权色交易等。在特定时代背景下，韩非子对腐败现象的分析，主要集中在政治领域，应该说，这是各种官吏滥权现象中最核心之部分。或者说，所有腐败，其实都与公权力之滥用密切相关，而公权力之滥用，实为政治领域腐败之最基本特征。韩非子认为，政治领域的腐败现象主要表现在以下几个方面：

---

[1] ［美］迈克尔·约翰斯顿：《腐败症候群：财富、权力与民主》，上海：袁建华译，上海人民出版社，2009 年版，第 11-12 页。

其一，收受贿赂，徇私枉法。

韩非子发现，在政治领域普遍存在利用私人情感关系在人事安排及赏罚方面违背正当规则的腐败行为。韩非子将这种腐败现象描述为"货赂"（财物贿赂）、"请谒"（托关系）、"私门之请"（托关系）。《韩非子·说疑》篇说"为人臣者，有侈用财货赂以取誉者"，将这种向上级行贿以博取好名声的做法视为"五奸"之一；《韩非子·五蠹》篇也称："其患御者，积于私门，尽货赂而用重人之谒，退汗马之劳。"所谓患御者，即指那种只享受利益而不承担任何义务之极端自利之人，他们为了达到自身利益之最大化，通过贿赂及托关系的方式来逃避兵役及劳役等政治义务。

《韩非子·说林上》记载鲁丹的故事，意在阐明政治领域金钱贿赂之危害。鲁丹向中山之君表达自己的政治见解以期获得重用。刚开始，鲁丹试图通过正当渠道向中山国君表达自己的政治见解，但并未获得认同。于是，鲁丹用五十金贿赂国君身边之人，再次拜见中山国君时待遇已是迥异于前，没说一句话就获得君主赏赐。这对于鲁丹个人来说，本是一件好事，因为已经得到国君之赏识。但是，鲁丹深知，他之所以获得赏识，并非国君看重其才能，而是因为国君左右之人为他说了好话的缘故。在这过程之中，不是正当规则，而是国君左右之人的看法影响着君主之判断。贿赂之所以能够盛行并在实际生活中切实发挥作用，关键就在于正当规则之缺失。鲁丹之所以离开中山国，原因亦在于此。《韩非子·外储说左上》则记载了韩昭侯与申不害的一则典故。韩昭侯对申不害感慨法度真正执行起来很不容易，申不害给出的办法，就是根据实际的功劳和才能来论功行赏，不要听亲近之人的说情请托。可是，某一天，申不害却在韩昭侯面前推荐其堂兄做官，韩昭侯则依据申不害曾经教导的政治理念加以回应，说明请托说情在政治领域尤其人事安排层面具有极大的危害性，因为其破坏了规则之公平性。

其二，卖官鬻爵，滥用职权。

作为一种腐败现象，卖官鬻爵在古今中外的政治领域都切实存在。韩非子身当战国末期，亲眼目睹当时政治生态中广泛存在的卖官鬻爵行为，对此可谓切齿痛恨。官职爵禄之功能，在于进贤才劝有功。然而，如果金钱与权力形成合谋关系，权钱交易介入政治领域，势必导致官职爵禄原有的奖赏激励功能根本丧失，其结果便是"劣币驱逐良币"，真正有才能的人被排斥，彻底边缘化。韩非子认为，这是一种"亡国之风"（《韩非子·八奸》）。韩非子强调切断金钱与权力的内在利益链条，主张手握财富的工商阶层不得利用情感关系去买官。否则，"劣币驱逐良币"的逻辑必然导致很少有人愿意做真正有操守的"耿介之士"进而争相去经商盈利，"高价之民多矣"（《韩非子·五蠹》）。韩非子主张君臣之间本质是一种基于利益之买卖关系，但这种关系是基于能力与爵禄之公平交换，而非通常意义上金钱与权力之间形成的卖官鬻爵。韩非子一再告诫君主，如果不依照制度与规则来进行国家治理，势必导致卖官鬻爵之风的盛行，从而产生严重之腐败现象[1]。

其三，中饱私囊，贪污公家财物。

贪污公家财物亦是古今政治腐败的一种突出表现。韩非子对此也有相当深刻的阐述。他在《韩非子·外储说左下》记载了这样一个故事："韩宣子曰：'吾马菽粟多矣，甚臞，何也？寡人患之。'周市对曰：'使骐尽粟以食，虽无肥，不可得也。名为多与之，

---

[1] "释法禁而听请谒，群臣卖官于上，取赏于下，是以利在私家而威在群臣。"（《韩非子·饰邪》）

其实少，虽无蠹，亦不可得也。主不审其情实，坐而患之，马犹不肥也。'"通过韩宣子与周市的对话可知，马料不可谓不丰富，然而马却因为喂马之人中饱私囊，克扣马料，贪污公家财物，致使马瘦弱不堪。《韩非子·外储说右下》亦记载了同样性质的典故：赵简主制定租税政策，主张采用轻重适当的基本原则，既不可与民争利，又不能国贫民富，国家与民众利益应该均衡。要做到这点，当然离不开官吏上通下达的职能，所以赵简主特别强调官吏应该无私公正。此时，薄疑说了一句话，"君之国中饱"。赵简主起初理解为"君之国中，饱"，以为薄疑是在称赞他治理国家时让所有人都获得了利益，非常高兴。然而，薄疑却冷不丁地告诉他，应理解为"君之国，中饱"。作为联系国家与民众的纽带，官吏发挥着重要功能，赵简主之官吏不仅中饱私囊、损公肥私，而且还搜刮百姓。真正获益的，只有贪官污吏，所以叫做"君之国，中饱"。

其四，利用裙带关系谋取私利。

利用裙带关系谋取私利是政治腐败的一个重要表现。政治领域的裙带关系，直接侵蚀了公平与公正的政治原则。所谓裙带关系，就是亲属及关系亲近者之间形成的利益同盟关系。具体呈现于政治领域，大多表现为任人唯亲、为亲谋利。作为手握权势一方，在人事任免及利益分配方面，倾向于为那些与自己关系亲近的人谋利，此为第一层级的裙带关系腐败；作为有权势之人的亲属或亲近之人，亦可因裙带关系而获得优势影响力，进而为自己及自己身边的人谋取私利，这是第二层级的裙带关系腐败。

韩非子在《韩非子·八说》描述了当时盛行的第一层级的裙带关系腐败："为故人行私谓之不弃，以公财分施谓之仁人……枉法曲亲谓之有行。"《韩非子·八奸》则深刻揭示了第一层级与第二层级裙带关系腐败的内在关联，这种腐败现象被韩非子命名为"父兄"现象：侧室公子、大臣廷吏作为君主的亲近之人，深获君主信任，言听计从，这些人之所以能够获得重用进而手握重权，本身就是君主任人唯亲的一个结果，这是第一层次意义上的裙带关系腐败；同时，这些与君主关系亲近的人又充分利用裙带关系形成的政治影响力，在次级政治生态领域任用与自己关系亲近的其他臣子，狼狈为奸，结成利益攻守同盟，最终侵犯君主利益。在韩非子看来，君主利益代表着公利或社稷之利，因此他劝解君主应对"父兄"保持警惕。这是第二层级的裙带关系腐败。归根结底，第二层级的裙带关系腐败，源自君主第一层级的裙带关系腐败。

在韩非子的思想体系中，上述四种腐败现象，均与当权重臣为首的小利益集团腐败联结在一起。韩非子反腐败思想的重心，即在入木三分地描述当权重臣构建小利益集团的过程、危害以及防治之策。当权重臣及朋党政治，成为韩非子关注的重要话题。韩非子认为，当权重臣之所以能够结党营私、以权谋私，根本原因就在于其手中拥有权势，而当权重臣的权势又源自君主之信任与授权。问题在于，君主为什么能够信任并授权给他？在韩非子看来，那是因为他善于揣摩君主心思，充分利用君主之人性弱点，投其所好，阿谀奉承。当权重臣一旦大权在握，势必排斥异己，拉帮结派。当权重臣获得君主信任之具体步骤如下：第一步，揣摩君主好恶进而投其所好、阿谀奉承，以此博取君主信任，拉近与君主的关系，构建一套基于君主宠信而对其他群臣百官产生的权威体系。第二步，充分利用自身已经获得的政治影响力，在人事任免及政治考核过程中，举荐自己的亲信，排斥异己，构建自己的小利益集团，从而谋取私利。《韩非子·孤愤》则详细分析了诸侯及群臣百官在当权重臣独揽大权的政治生态中出于自身利益之考虑不得不向当权重臣效忠的政治现象，所谓"外内为之用"，诸侯、百官、郎中、学士构成"四助"，组建小利益集团，狼狈为奸。

伴随当权重臣与朋党政治的惯常行为，便是欺上瞒下与恶意中伤。腐败之目的在于谋取非正当利益，同时又为了逃避惩罚，因此，欺骗蒙蔽是所有腐败行为之必然手段。西方学者认为，没有人能够真正了解腐败是否在增多，因为"大部分腐败行为都在秘密中进行的，了解非法交易的人则热衷于掩盖真相"。[1]韩非子已然认识到，当权重臣及其党羽之腐败行为之所以能够得逞而不被发现，就在于他们善于欺骗蒙蔽。韩非子对政治领域的欺骗蒙蔽现象的深刻揭露，在中国思想史上可以说是空前绝后的。欺骗蒙蔽，又往往伴随着欺骗者对于被欺骗者之信息垄断而将谬论伪造成真理之过程。《韩非子·内储说下》记载燕人李季如何被其妻、与其妻私通之士以及自家仆人合伙起来欺骗之事，众口一词时，当事人就会被欺骗蒙蔽。《韩非子·内储说上》亦以侏儒对卫灵公的劝诫为例，说明弥子瑕专权，政治信息被垄断，导致卫灵公饱受蒙蔽与欺骗，故而侏儒称卫灵公只是为弥子瑕一人挡住了光明与热度的"灶"而非"兼烛天下"的"日"。

如果欺骗蒙蔽与谣言中伤联系起来，其危害更为严重，韩非子对此亦深恶痛疾。谣言中伤的目的，在于使听言之人相信虚假之信息，所以谣言中伤依然是对听言之人的一种欺骗。《韩非子·内储说上》记载的"三人成虎"的典故，同样也在说明这个道理。魏王欲派庞恭与太子为质于赵，在赴邯郸之前，庞恭就给

---

[1]　［美］迈克尔·约翰斯顿：《腐败症候群：财富、权力与民主》，袁建华译，上海：上海人民出版社，2009年版，第6页。

魏王讲了"三人成虎"的故事。三人之所以能够无中生有，使人相信闹市有虎之谬论，关键就在于信息不对称，君主由此被欺骗蒙蔽。庞恭早就预料到有人会恶语中伤他，而且他也预见到魏王容易听信谗言，于是才用"三人成虎"之寓言来点拨魏王。尽管如此，他依然未能逃脱被谣言中伤的命运，以至于魏王不愿再见到他："庞恭从邯郸反，竟不得见。"《韩非子·内储说下》则记载郑袖在楚王面前处心积虑地陷害新到美人最终致使美人被楚王割鼻之详细过程，其要诀即是在楚王面前搬弄是非、谣言中伤。在韩非子看来，通过谣言来恶意中伤政治异己及正直廉洁之士，是当权重臣及其党羽掩饰腐败罪行降低败露风险之重要方式。韩非子认为，智术能法之士不仅正直清廉，而且远见卓识、明察秋毫，他们最有可能发现当权重臣及其党羽之奸行，所谓"烛私"、"矫奸"。因此，当权重臣及其党羽势必将智术能法之士视为眼中钉肉中刺，欲除之而后快，并不择手段地加以陷害，基本方法就是诬陷与暗杀。"其可以罪过诬者，以公法而诛之；其不可被以罪过者，以私剑而穷之。是明法术而逆主上者，不僇于吏诛，必死于私剑矣。"（《韩非子·孤愤》）韩非子曾以春申君之爱妾余恶意谗言正妻及正妻之子甲的故事，说明谗言中伤如何陷害忠良之详细情状，故事之最终结果是春申君听信谗言"弃妻杀子"（《韩非子·奸劫弑臣》）。韩非子由此感慨："故妻以妾余之诈弃，而子以之死。从是观之，父子爱子也，犹可以毁而害也。君臣之相与也，非有父子之亲也，而群臣之毁言，非特一妾之口也，何怪夫贤圣之戮死哉！"夫妻父子之情尚能被谣言离间中伤，没有骨肉亲情之君臣关系，谣言中伤岂不是更为容易？！

　　韩非子认为，当权重臣及朋党政治的危害性极大，主要表现为：其一，破坏赏罚制度的公平性与公正性，这在官职爵禄等人事任免层面尤为突出。朋党政治，即是政治腐败的一个突出表现。官职爵禄的功能在于激励和奖赏真正有才能之人。然而，如果在实际的政治操作过程之中背离这条基本原则，选拔、任用官员时以虚假名誉及亲疏远近为标准，如此势必导致拉帮结派，结党营私，全然不顾规则之公义。韩非子一再强调朋党政治的社会危害，他们目无法纪，同流合污，在规则之外相互勾结，结成攻守联盟以权谋私而不易暴露；其二，当权重臣及其党羽为防止其腐败行径败露，又极力排斥和打击正直忠诚之士，从而形成一种是非混淆、黑白颠倒的政治氛围。在此政治氛围之中，一部分正直清廉之士往往会选择洁身自好，逃离此种畸形的政治生态，由此造成政治领域人才之匮乏。韩非子认为如此情况乃是国家灭亡之根源，所谓"忠臣危死而不以其罪，则良臣伏矣；奸邪之臣安利不以功，则奸臣进矣；此亡之本也"。(《韩非子·有度》) 其三，形成正当规则与例外规则并存之局面，导致政治领域出现"不敢清白"与"不愿清白"的心理现象，社会整体道德水平因此而急剧下降。选择退隐而维持自己做人操守的正直清廉之士毕竟占少数，绝大多数身处政治领域的普通人却在体现公平、正义的正当规则与当权重臣设定的例外规则之间面临艰难的抉择，最终结果便是为了维护自身之生命安全与基本利益主动放弃正当规则之遵守而臣服于例外规则，不敢清白，进而带动整个社会群体"不愿清白"。马基雅维利也曾关注到人之个人修养与政治氛围之间的内在联系，他指出："人们是多么易于腐化变质，使自身表现出相反的性情，不管他们多么善良，或有多好的教养。看看那些被阿皮乌斯网罗到身边的年轻人吧，他们为了他送来的小恩小惠，多么容易成为专制统治的帮凶。"[1]

---

[1]　[意] 马基雅维利:《论李维》，冯克利译，上海：上海人民出版社，2005 年版，第 156 页。

　　韩非子告诫，政治腐败之最终恶果，在于酿成亡国之惨祸。在韩非子的思想体系之中，亡国具有双重含义：其一，君主对于政权失去实际控制力，处于被蒙蔽架空的状态；其二，君主被劫杀，政权易姓。双重含义之亡国，均与当权重臣之政治腐败密切相关。就第一层含义而言，韩非子有很清晰的阐述，他说："亡征者，非曰必亡，言其可亡也。"（《韩非子·亡征》）即是说，所谓"亡国"，就是指存在亡国征兆，即使君主象征性的存在，但由于君主失去了实际的权力控制，那也叫"亡国"。关于这点，他在《韩非子·孤愤》明确指出：齐、晋之所以亡，不在其土地与城池被大国占领，而是君主之权力被臣子篡夺。而臣子篡夺君主权力又是通过欺骗蒙蔽、谣言中伤等卑劣行径来实现的，所以韩非子才将"国无臣"视为"国为亡国"之体现，其真实情况并非朝中无臣，而是朝中无一心为公之臣（《韩非子·三守》）。就第二层含义而言，韩非子意识到，当权重臣及其党羽腐败到一定程度，会由政治腐败上升为政治斗争，酝酿着夺权之可能。在韩非子看来，政治腐败与政治斗争并无明确的界限。尤其大贪官掌握重权之时，更容易导致政权被其直接颠覆和推翻。韩非子通过大量历史事实之梳理，指出臣弑其君现象之普遍性。《韩非子·说疑》历数"田成子取齐、司城子罕取宋、太宰欣取郑、单氏取周、易牙之取卫、韩、魏、赵三子分晋，此六人，臣之弑其君者也"，据此，他引述当时史书记载之内容："周宣王以来，亡国数十，其臣弑其君而取国者众矣。"认为这些历史事实给当今之奸臣提供了坏的榜样，竞相效仿，所谓"奸臣闻此，蹙然举耳以为是也。故内构党与，外挹巷族，观时发事，一举而取国家"，最终演变为劫杀君王之事。正因如此，韩非子才不断强调臣弑其君而取其国实为亡国之主要表现。《韩非子·奸劫弑臣》历数楚王之"绞颈"、齐庄公之"射股"、赵主父之"饿死"、齐湣王之"擢筋",皆因君主过度宠信当权重臣进而造成大权旁落最终才落得如此悲惨结局。毋庸置疑,韩非子有关政治腐败会导致亡国的见解是深刻的,政治腐败与政治权力斗争之间存在着密切关联,这也是中国古代政治的一个突出特点。不过,现代政治腐败与政治斗争之间,这种内在关联已经不再明显。也就是说,现代政治生活中,政治腐败,逐渐侵蚀着政治统治的正当性,即使执政者因为政治腐败而垮台,其直接原因往往并非源自腐败分子或贪官污吏之政变,而是指丧失民心及正当性而言。韩非子对当权重臣因腐败而篡国之探讨,类似马基雅维利之"阴谋论"[1]。

有鉴于政治领域之腐败情状及其巨大危害,韩非子对于当权重臣,可谓深恶痛疾。他不仅将其比作"猛狗",而且还主张将其绳之以法,判处死刑:"故当世之重臣,主变势而得固宠者,十无二三。是其故何也?人臣之罪大也。臣有大罪者,其行欺主也,其罪当死亡也。"(《韩非子·孤愤》)在此,韩非子以下定义的方式展现了当权重臣之必然下场,其深刻的预见性与洞察性,屡屡为古今历史所验证。

第三节 官吏滥权之责任与成因

对于公权力滥用之成因,先秦儒家倾向于归结为人之贪欲。孔子、孟子都对于人欲泛滥所蕴含的潜在破坏性抱有深刻的戒心。

---

[1] 马基雅维利认为:"搞阴谋的都是大人物或君主的熟人。……这些人的君主给他们高官厚禄,他们的势力臻于完美,除了国家之外,他们似乎什么都不缺。然而他们连国家也要搞到手,所以才想谋害君主。"参阅氏著:《论李维》,冯克利译,上海:上海人民出版社,2005 年版,第 325 页。

因此之故，儒家往往避免正面谈论利欲，进而强调慎独、自律以节制个人私欲之泛滥。所以才会出现如下思想现象："子罕言利"（《论语·子罕》）、"王何必曰利"、"上下交征利而国危矣"（《孟子·梁惠王上》）。在此，孟子向内诉诸心性动机的思路，尤具代表性。该思路认为：如果人们一心追求利益，势必导致人心变坏而无所不用其极，就会不择手段地谋利；因此，为了避免这种可预见的后果，最好的办法就是诉诸内在之心性涵养，见贤思齐，反对见利忘义。当代学者在分析腐败成因时亦往往强调思想动机问题[1]。

与孟子思路不同，韩非子分析政治现象，并不讳言人们追求利益之动机，相反，他甚至对于人们追求利益之心理还给予高度之肯定。关于这点，前文已做详细阐述，此处不赘。韩非子认为，人之动机如何并不重要，原因就在于"其心难知"（《韩非子·用人》）。人心难测，与其挖空心思去追问难以捉摸之内在动机，不如立足于简单明白之实际行为，这是韩非子分析政治现象的一个基本前提。

韩非子认为，政治腐败的直接原因，首先应该归责于奸臣当道，而奸臣当道又应归责于君主之昏聩无能。因此，在韩非子看来，政治腐败之产生，君主负有不可推卸之责任[2]。君臣异利，本是一个无可回避的事实，此时，决定大臣忠奸、廉污取向的关键因素，就在于君主是否意识到君臣异利之事实，并且采取有效之规则来加以约束与防范。如果意识到君臣异利并加以引导，就会有效防止人臣权力之滥用；相反，一厢情愿地认定君臣同利，并

---

[1] 罗忠敏主编：《腐败成因与防治对策：北京市典型案例分析》，北京：北京大学出版社，2008 年版，第 63-71 页。

[2] 马基雅维利认为："君主不应抱怨他所统治的人民犯下的罪行，因为这些罪行不是来自他的疏忽大意，就是因为他的诸如此类的过失。"参阅氏著：《论李维》，冯克利译，上海：上海人民出版社，2005 年版，第 397 页。

忽视引导与防范，其结果就会导致当权重臣及朋党政治等腐败现象之产生。君主的政治见识及其采取的政治行为，乃是决定人臣是否腐败之关键。大权重臣及其党羽之大罪，固然与其私欲野心密不可分，但是作为一国之君的统治者又何尝能够推脱掉治理无能之过失呢？当当权重臣存在大罪之时，如果君主不及时加以有效惩戒，那么，他就应对政治腐败承担无可推卸之责任，此亦《韩非子·八经》所谓："官之重也，毋法也；法之息也，上闇也。上闇无度，则官擅为。"因此，在韩非子看来，君主之政治能力与统治策略，决定着政治领域之廉洁程度，亦决定着奸臣及其党羽是否能够形成小利益集团。

如果说权力滥用是腐败之表象，那么，权力与利益之内在关联则成为腐败产生之根本原因。在韩非子看来，人类需要权力，离开权力，人类社会秩序就很难得以维持，所谓"尧为匹夫，不能正三人"（《韩非子·难势》）。作为维持人类社会秩序的基本要素之一，权力具有强制性特征："柄者，杀生之制也；势者，胜众之资也。"（《韩非子·八经》）权力之强制性特征，又与利益密切相关。可以说，如果没有利益内涵之权力，其对于人类来说，是缺乏吸引力的。一般说来，与权力相关的利益主要包含尊重、安全与收入三个方面[1]。霍布斯认为："人的权势普遍讲来就是一个人取得某种未来具体利益的现有手段，一种是原始的，另一种是获得的。自然权势（原始权势）就是身心官能的优越性，如与众不同的臂力、仪容、慎虑、技艺、口才、慷慨大度和高贵的出身等等都是。获得的权势则是来自上述诸种优越性或来自幸运，并以之作为取得更多优势的手段或工具的权势，如财富、名誉、朋

---

[1]　[美]哈德罗·D.拉斯韦尔：《政治学：谁得到什么？何时和如何得到？》，杨昌裕译，北京：商务印书馆，1992年版，第3页。

友以及上帝暗中的神助（即人们所谓的好运）等都是。在这方面权势的性质就像名誉一样，愈发展愈大；也像重物体的运动，愈走得远愈快。"[1] 韩非子对此具有非常敏锐的洞察力，他认为权力如果没有蕴含尊重、安全与收入等方面的利益，即使天子这样的位置，也不会具有吸引力，所以在三代时期才会出现轻辞天子之位的"禅让"现象；相反，一旦权力与利益挂钩时，即使当今县令这样的小官，人们也会争相夺取，原因无他："薄厚之实异也。"（《韩非子·五蠹》）可以说，正是因为权力与利益密切相关，才导致手握权力之人为了攫取更多利益不择手段甚至铤而走险，从而导致权力被滥用，腐败由此滋生。

政治的真正困境在于，权力既与利益密不可分，为避免权力滥用，最好的办法其实是让最少的人掌握权力。那就是只有一个人拥有权力，同时这个人又是一个品德高尚之人。然而，事实又是，人类社会之治理，又必须依靠一群人而非一个人，由此，权力必然面临分配。这是令最高权力拥有者最为头疼的困境。

因此，腐败形成与产生的深层原因源自官僚体制之层级分权。韩非子的政治思想具有明显的官僚制色彩，这与马克斯·韦伯的"法制型支配"具有高度的相似度和同质性。马克斯·韦伯认为，官员依靠自身之专业知识获得职位并领取薪水，每一个职位均有相应的权责范围，并且由详细的制度规则具体呈现出来，整个官僚体系以垂直集权的层级制形式分配职位与权力。其中，官员之专业知识，组织结构之垂直官职层级制以及运行过程中之"无爱亦无恨"的公务精神，成为法制型支配的重要特质。[2] 韩非子对

---

[1][英]霍布斯：《利维坦》，黎思复、黎廷弼译，北京：商务印书馆，1985年版，第62页。

[2][德]马克斯·韦伯：《支配的类型》，康乐等译，桂林：广西师范大学出版社，2004年版，第307-322页。

官员专业技能之要求，集中体现于《韩非子·定法》"治官者，智能也"的深刻见解，非个人性的工具理性则体现在"去好去恶"观念之提倡（《韩非子·二柄》），这都与马克斯·韦伯的"法制型支配"殊途同归。而在官职层级制层面，韩非子则敏锐地发现了一个治理该困境的思路，可以表述为：任何统治机构的运转无法凭借一个或几个人就能实现，势必需要一个统治集团，由此就意味着统治权力的等级分配。只要政治权力不是完全集中于一人并由其单独行使，那么就无可避免地存在统治集团中的个人或群体利用手中权力谋取私利之可能性。如何借人成势实现统治同时又不致使公权力被滥用而最终损害最高统治者之利益，在韩非子看来，是一件非常困难的事情。这个困境直接使得根除腐败成为一件不可能实现的目标。

　　政治腐败之产生，还与权力之可传递性密切相关。由于政治统治之实现离不开层级分权，分权导致官员自身滥用权力之可能性难以避免。同时，权力可传递性特质，更使得权力滥用成为一种普遍的政治现象。所谓"权力可传递性"特质，是指与权力所有者关系亲密之人利用亲近关系形成的优势影响力，进而以此谋取私利。韩非子曾以靖郭君相齐时的两件事为例来说明权力之可传递性特质。"靖郭君相齐，与故人久语，则故人富，怀左右刷，则左右重。久语怀刷，小资也，犹以成富，况于吏势乎？"（《韩非子·内储说下》）在此，靖郭君与故人多说一会儿话，故人因此而富；赏赐左右布巾之类的小对象，左右因此而重。久语与怀刷，均是日常生活中的细微琐事，本不足以成为"富"或者"重"之条件。然而，因靖郭君身为相国之权贵身份，使得与他关系亲近之故人、左右在日后之社会交际中获得了某种优势，趋利慕势之人往往将靖郭君之故人、左右视为可以凭借之依靠，进而给予故人、左右种种名利，故而"富"与"重"，权力可传递性特质由此呈现。韩非子对权力可传递特征的描述，还可见于《韩非子·内储说上》韩昭侯藏弊裤之事：韩昭侯使人藏弊裤，侍者曰："君亦不仁矣，弊裤不以赐左右而藏之。"昭侯曰："非子之所知也，吾闻明主之爱，一嚬一笑，嚬有为嚬，而笑有为笑。今夫裤岂特嚬笑哉！裤之与嚬笑相去远矣，吾必待有功者，故藏之未有予也。"韩昭侯就连旧裤子都舍不得赏赐给左右之人，这不是因为小气，而是担心权力可传递特质使得左右因此获得超越本职的优势影响力。权力的可传递特征，在政治领域无处不在，无时无刻不在影响着正常的政治运作，如此，权力滥用之可能性亦随之无限增大，政治腐败亦因此成为人类难以根除之痼疾。

韩非子对腐败成因的深层次分析，至少可以给当代人诸多启示：无论层级分权也好，还是权力可传递性特质也罢，其实都在说明一个基本的政治道理：腐败是人类社会根深蒂固的宿命。只要有权力的存在，就会存在权力滥用之可能性。就此而言，彻底消除腐败，追求绝对的河清海晏，终究是一种虚无缥缈的政治幻想。反对腐败之务实态度，就是防止腐败之蔓延与扩散，将其危害限制在最低程度。而防止腐败蔓延与扩散之首要责任在于最高统治者，其必须通过自上而下之改良，基本思路则在于客观行为之控制而非追求人臣主观动机之纯洁。

第四节　韩非子治吏之措施

韩非子认为，社会道德整体水平下降之根本原因在于政治腐败。提升社会道德整体水平，树立正确的是非善恶观念，其突破口就在于惩治腐败。而惩治腐败之关键，又在于君主惩治当权重臣及其党羽之决心与举措。当权重臣之所以出现，其根源实在于君主，所谓"人主者，利害之辐辏也"。(《韩非子·外储说右上》)故有效惩治腐败之先决条件，在于君主首先从自身寻找问题，应该转变治吏理念，应该承担其治理腐败之政治职责，直面问题本质，放弃不切实际之幻想。就此而言，韩非子将其反腐败措施之实体主体归结于作为最高统治者之君主，其思路属于典型之"顶层设计"。

如前所述，在治国基本理念层面，作为最高统治者之君主应该树立务实理性之治吏理念，应该意识到君臣关系之间本不存在骨肉亲情关系，二者本质上是一场利益与权力之间的交换、博弈。在此逻辑之下，韩非子希望君主以明确、公正之规则来主导君臣之间的权力与利益博弈。如果存在一种大家公认之公平规则，那么君臣之间的博弈就会公平、公正进行，其结果自然会形成一种良好有序的政治氛围，所谓"上下和调"(《韩非子·扬权》)、"上下相得"(《韩非子·守道》)、"上下之恩结矣"(《韩非子·用人》)；相反，如果缺乏公正、公平之规则，那么，君臣之间就会演变为一种无序的博弈，其结果便是导致政治领域随处可见的权力滥用，腐败便会滋生泛滥。

由此，最高统治者应该放弃有关君臣之间关系定性方面不切实际的幻想，尤其不应指望以情感作为治国之基础，而应代之以冷静客观之规则。韩非子之所以强调私人情感应绝对排除在政治领域之外，其根本原因就在于，他认为私人情感会妨碍公平、公正之政治原则的贯彻落实。韩非子认为，个人与个人之间发自内心的真实情感，值得珍视，不需要外在形式的修饰，父子、母子之间的亲情即属此类(《韩非子·解老》、《韩非子·八说》)。私人情感之突出特质就在于"差序心理结构"，关系之亲疏远近是其基本法则。然而，一旦个人情感超越私人领域，往往不利于公共领域之是非判断，关系之亲疏远近不应成为基本之政治原则，《韩非子·说难》所揭示的"智子疑邻"以及卫灵公依据个人情感好恶评价弥子瑕等经典案例，即是在说明私人情感对于公共是非判断之妨碍。同时，私人情感不可靠，尤其涉及利益与权力时，更是如此，韩非子之所以屡屡提及亲情在利益面前之毁灭情状，诸如"产男则相贺，产女则杀之"之利益计较（《韩非子·六反》）等，根本目的就在于强调私人情感在公共领域之脆弱性。此外，私人情感不可测，难以量化，并且无法大范围扩大，儒家"老吾老以及人之老，幼吾幼以及人之幼"（《孟子·梁惠王上》）的家国同构思路，实则被韩非子一刀斩为两截，他主张此种"行揖让，高慈惠，而道仁厚"之"推政"不可为（《韩非子·八说》）。明乎此，君主就应该以普遍客观之规则而非个别之主观情感作为治国原则，所谓"为治者用众而舍寡，不务德而务法"（《韩非子·显学》）、"上法而不上贤"（《韩非子·忠孝》）。与其将治国之原则奠基于他人"不公正"、"不可靠"、"不可测"之主观情感，莫若回到以权势为基础之客观规则，追求不可欺与不能欺之理性政治，依据客观规则治国的政治理念由此得以凸显。这也是韩非子一再强调君主自恃而不恃人之根本原因所在。正因如此，韩非子不厌其烦地反复强调强制性之"势"（权力）与客观性之"法"（规则）对于治国之极端重要性。

韩非子治吏策略之"顶层设计"，关键在于最高统治者落实反腐规则之决心。韩非子极端重视规则的权威性，而权威性之树立，端赖执政者之公平公正。《韩非子·外储说右上》借晋文公与狐偃的对话表达法家为何"严而少恩"的深层缘由，晋文公问："刑罚之极安至？"狐偃对曰："不辟亲贵，法行所爱。"施行刑罚的最高境界，就是在自己最亲近的人违法犯规时铁面无私、依法办事，其目的就在于"明法之信"。试想，如果一个人连自己最亲近的人犯法都不徇私枉法，那么谁还能怀疑他维持公正的决心和信念呢？《韩非子·内储说上》记载卫嗣君以"左氏"一座城池来交换"胥靡"之故事，进一步彰显了执政者反腐决心及落实规则之意志之至关重要性。

最高统治者只有具备上述治吏理念，方能在纷繁芜杂之政治实践中有效遏制腐败行为之泛滥。韩非子认为，真正英明之君主，应该重点防范和杜绝当权重臣之出现。

那么，如何防止"重臣"之出现？

在韩非子看来，真正理想之政治氛围，只有"贵臣"而无"重臣"。"贵臣"与"重臣"的区别在于，前者"爵尊而官大"，后者"言听而力多"。从获得权势与官职之途径来看，前者在于其能力足以获得该职位，所谓"迁官袭级，官爵受功，故有贵臣"，后者在于依恃君主言听计从之宠信获得权势并构建自己之小利益集团（《韩非子·八说》）。

什么样的人可以成为韩非子心目中的"贵臣"呢？《韩非子·奸劫弑臣》高度称赞了伊尹、管仲及商鞅三人，认为他们是"足贵之臣"。《韩非子·说疑》则历数中国历史上之堪称为"贵臣"之人凡十五人，认为他们皆为"霸王之佐"。可见，在韩非子看来，"贵臣"至少应该具备如下特征：其一，具有超强之现实判断能力及高瞻远瞩之战略眼光，深明霸王之术；其二，身居要职且施政能力超强，真正有益于国、有利于君，辅佐君主成就一番霸业；其三，兢兢业业，遵守法纪，公忠体国，恪尽职守。这与前述之"当权重臣"之表现，可谓天壤之别，判若云泥。"贵臣"与"重臣"的根本差异，在于"公"与"私"。该篇所谓"虽当昏乱之主尚可致功"，亦再次证明即使在君主昏聩之时代，依然存在着一个洁身自好且心怀天下能力卓越之群体。这也再次印证了韩非子之"竖刁假定"，只是一种政治理论之最坏假设，并非生活之实际。

问题在于，"爵尊而官大"之"贵臣"同样也手握重权，在韩非子"竖刁假定"之思想体系之中，"贵臣"同样也存在滥用公权之可能。或者，如何才能做到只有"贵臣"而无"重臣"？如何防止"贵臣"向"重臣"转化？这已然涉及韩非子如何预防"重臣"出现之方法与措施。

韩非子认为，有三种措施可以防范当权重臣之产生，即：质、镇、固。所谓"质"，就是严格控制"位至而任大"之人臣之近亲，将其作为一种潜在之人质，形成一种无形之威慑，从而使得大臣欲滥用权力时不得不有所忌惮，进而不敢作奸犯科（想想当今中国之"裸官"现象，妻儿在海外，贪污腐化便无所忌惮，毫无后顾之忧，外逃之后还能享受天伦之乐），仅此举即可使贤者不致权力滥用；所谓"镇"，就是厚赏，利用人们趋利避害之特性，满足欲利之心，化解内心之贪婪。韩非子认为，满足人臣追求爵禄富贵之心理，不仅权力滥用之可能性就大大降低，还能激励人臣之公心公行："富贵者，人臣之大利也。人臣挟大利以从事，故其行危至死，其力尽而不望。"（《韩非子·六反》）需要指出，利益驱动，始终是韩非子思想一以贯之的政治原则，如《韩非子·八经》之"赏莫如厚，使民利之"、《韩非子·五蠹》之"赏莫如厚而信，使民利之"，即是显例。所谓"固"，就是指汇集多方信息了解真实情况，然后根据既有赏罚规则进行问责与惩罚。参伍，即韩非子提倡之"循名责实"之术，是人主听言之际判断人臣忠诚度以及考核人臣功过之重要方法。一旦通过考核发现人臣言行不一或存在欺骗现象，惩罚就会剑及履及，不稍犹疑："言不度行，而有伪必诛，故无重臣也。"(《韩非子·八说》) 韩非子认为，质、镇、固分别因应于三者类型之"贵臣"。贵臣之贤者，止于潜在钳制且带软性色彩之质，即可一心为公，如前文提及公仪休之属；贵臣之贪利者，止于厚赏重利，可免权力滥用；贵臣之奸邪者，止于严密之制度防范及峻急之惩罚，不能贪，亦不敢贪。这种思路，与《韩非子·诡使》提倡之"圣人之所以为治道者三：一曰利，二曰威，三曰名"是一脉相承的。

如前所述，当权重臣及其党羽滥用公权谋取私利之贪腐行为，其途径与手段在于欺骗、蒙蔽。如此，在人臣与人主之间的利益博弈必然体现为欺骗与反欺骗、蒙蔽与反蒙蔽之较量。在韩非子看来，人主在听言决策方面容易被人臣欺骗和蒙蔽，即《韩非子·南面》所说："人主有诱于事者，有雍于言者，二者不可不察也。"所谓"诱于事"，即谓君主在做决断之前，轻信人臣之言，盲目乐观地误判形势，而一旦真正做起来却发现困难重重，不得不在原有预算之外一再加大投资，进而使人主被人臣引诱而困于该事。所谓"雍于言"，即谓专听"誉臣"（阿谀逢迎之臣）之言，以"议是事者，妒事者也"之名排斥其他群臣不同意见。政治领域之欺骗与蒙蔽，追根溯源，最初几乎都发生在人主听言用人之决策阶段。可以说，韩非子"术治"思想之实际运用，其实都围绕着这个主题来进行，这也正是他批评商鞅"徒法而无术则奸多"（《韩非子·定法》）根本原因之所在。"术"之基本功能，就在于察奸。

因此，人主如何听言、如何让群臣都说实话，成为韩非子思考的一个重要问题。韩非子建议君主采取不对称之"听言之术"。所谓不对称之"听言之术"，即是指君主与人臣交往时，君主不露声色，不表现出个人好恶及情感倾向，从而杜绝人臣察言观色投其所好博取偏爱式的信任。当人臣无法揣摩君主之好恶时，唯一可行之策略不外乎三种：一为实话实说，知无不言，言无不尽；一为明哲保身，言多必失，故虽知弗言；一为随声附和，人云亦云，不当出头鸟。

人臣之第一种选择，正是韩非子所乐意见到的。韩非子认为，人臣必须做到知无不言，言无不尽，最大限度地将其真实想法呈现出来，真正做到诚实无欺，在君主面前达到近乎透明状态而不存任何私心杂念，所谓"有口不以私言，有目不以私视"（《韩非子·有度》）。然后君主再对照人臣之言与其实际行为、客观效果，是非功过一目了然，最终决定赏罚，"故群臣陈其言，君以其言授其事，事以责其功。功当其事，事当其言则赏；功不当其事，事不当其言则诛"。（《韩非子·主道》）然而，博弈论之逻辑告诉我们，第一种选择并不能实现人臣利益最大化及危害最小化之目的，故而为了逃避责任，后两种选择往往成为人臣规避责任之首选。

针对第二种情形，韩非子又提出一种克服之道，即"有言之责"与"不言之责"。身处重位之人臣既要对自己所言承担责任，同时又要对自己之沉默承担责任，知而不言、明哲保身决不可行。即使不言，君主也要问其取舍，从而为日后之赏罚提供可以测算、比较之依据："使人臣前言不复于后，后言不复于前，事虽有功，必伏其罪，谓之任下。"（《韩非子·南面》）在此，韩非子凸显了人臣之责任意识，混天过日、尸位素餐之现象，在法家之政治生态中绝难出现。马基雅维利也认为守口如瓶、知而不言是一件非常危险的事情，"不能为他们消灾祛难，因为他们很快就会变得可疑"。[1]

---

[1] ［意］马基雅维利：《论李维》，冯克利译，上海：上海人民出版社，2005年版，第416页。

　　第三种情形非常复杂，也最符合政治心理学之一般情状，多数大臣为了各种目的和动机往往都会选择随声附和、人云亦云，故而也成为韩非子重点探求之问题。首先，无能之人臣为了掩盖自身之缺陷，滥竽充数。其次，人主厉行"循名责实"之术，强调言责一致，势必使得部分人臣抱着法不责众之侥幸心理，为了规避责任而选择人云亦云。对于上述两种动机，韩非子主张以"一听责下"与"公会决断"之术来应对。所谓"一听责下"，即谓逐一听取群臣意见。逐一听取之前提，在于避免群臣事先互相串通从而出现众口一词之现象。要做到这点，君主必须首先不透露任何信息，以临时或突然之方式"单独"、"逐一"来询问人臣意见，此即《韩非子·主道》所谓："官有一人，勿令通言，则万物皆尽。"南郭处士滥竽充数之典故，亦在说明"一一听之"作为一种政治技术之有效性（《韩非子·内储说上》）。在韩非子看来，"一听"是判断群臣智愚之不二法门。所谓"一听则智愚不分（通"纷"），责下则人臣不参"。（《韩非子·内储说上》）相反，"听不一则后悖于前，后悖于前则愚智不分"。（《韩非子·八经》）韩非子认为，"一听"之后尚需"公会"。所谓"公会"，即谓群臣廷议，互相分析利弊得失，集思广益，从而找出解决问题之最佳方案。"不公会则犹豫而不断，不断则事留"（《韩非子·八经》）由于此前人主已经通过个别谈话了解诸人臣之真实想法，故而"公会"之时，就不会出现随声附和、人云亦云之现象。

　　当然，预防"重臣"之形成必然依赖完整之制度体系。利益满足、严惩威慑、制度约束与营造"敢说实话"、"能说实话"之政治氛围，相辅相成，方能具备防贪之功效。而这种政治氛围之形成，关键又在于君主。马基雅维利也曾指出："一切良好的忠言，不论来自任何人，必须产生于君主的贤明，而不是君主的贤明产生于良好的忠言。"[1]就此而论，韩非子与马基雅维利可谓知己。

问题在于，再严密之制度措施，均无法绝对预防"重臣"之出现。同时，在一个由乱趋治之转型时代，必然是一个发现并惩治贪腐行为之时代。此举之核心内涵，又在于发现并惩治当权重臣及其小利益集团损公肥私之行为。

那么，又该如何有效发现并惩治"重臣"？

人臣不愿得罪当权之大臣而选择随声附和，则是韩非子最为关注之现象。《韩非子·内储说上》通过鲁哀公与孔子之一段对话，深刻地揭示了这种政治心理：鲁哀公问于孔子曰："鄙谚曰：莫众而迷。今寡人举事，与群臣虑之，而国愈乱，其故何也？"孔子对曰："明主之问臣，一人知之，一人不知也。如是者，明主在上，群臣直议于下。今群臣无不一辞同轨乎季孙者，举鲁国尽化为一，君虽问境内之人，犹不免于乱也。"在此，韩非子不仅揭示了人云亦云、众口一词之心理现象，而且还进一步指出群臣附和之对象，往往是位高权大之"重臣"。《韩非子·三守》谓"明劫"之表征就是出现众口一词之现象："诸用事之人，壹心同辞以语其美。"《说疑篇》则指出"乱主"在位时被奸臣及其党羽众口一词欺骗蒙蔽君主之情形："内外之于左右，其讽一而语同。"由此，治理随声附和、人云亦云，实则存有瓦解大权重臣构建之小利益集团之深刻用意，《韩非子·扬权》之所以强调"大臣之门，唯恐多人"，其根本目的亦在于防止群臣之间沆瀣一气、狼狈为奸。群臣是否众口一词、人云亦云，几乎成为判定是否存在朋党政治之基本标准，也成为韩非子判定是否存在以当权重臣为首之小利益集团之重要表征。之所以得出如此结论，原因在于韩非子之如下认识："凡谋者，疑也。疑也者，诚疑，以为可者半，以为

---

[1]［意］马基雅维利：《君主论》，潘汉典译，北京：商务印书馆，1985年版，第114页。

不可者半。今一国尽以为可，是王亡半也。劫主者固亡其半者也。"
（《韩非子·内储说上》）也就是说，正常情况下，如果人臣都能
秉持公心而为国谋划，势必存在不同之意见，至少存在一半认可
一半否定之情况；一旦出现众口一词之情形，那么就存在当权重
臣主导舆论之情形。

　　问题在于，如何有效应付不愿得罪当权大臣之随声附和？韩
非子认为，应该将此现象视为朋党比周来加以对待。他说："省同
异之言以知朋党之分。"（《韩非子·备内》）如此，为了避免君主
被欺骗蒙蔽，韩非子力主君主用人之际不仅不能听信众口一词之
意见，而且还要加以责罚："故其用人也不取同，同则君怒。"（《韩
非子·八经》）只要君主将随声附和、众口一词视为朋党比周之
表现而加以禁绝与惩罚，那么，人臣势必会忌惮责罚而做到心口
如一之诚实。需要指出，如何让政治参与者在政治实践中真正知
无不言、言无不尽，实则人类永恒之难题，并无一个十全十美之
方案。韩非子基于"信人则制于人"（《韩非子·备内》）之思想立场，
在君臣利益博弈中考察如何尽量避免欺骗蒙蔽，思考如何让政治
参与者说实话，实则人类政治心理学之有益探索，至今仍不乏借
鉴价值。

　　韩非子还进一步发现，根据是否存在众口一词、朋党群体来
判断当权重臣之有无，亦存在漏洞。因为君臣博弈过程中，倘若
君主欲惩罚众口一词现象，那么人臣势必采用更为隐蔽之方式来
掩盖自身之贪腐行为。《韩非子·备内》曾以周天子治下之政治
氛围为戒："大臣比周，蔽上为一，阴相善而阳相恶，以示无私，
相为耳目，以候主隙，人主掩蔽，无道得闻，有主名而无实，臣
专法而行之，周天子是也。"如此，君主欲有效发现"重臣"及
其党羽之贪腐行径，仅仅依靠是否众口一词来判断则远远不够。

由此，韩非子主张君主还应占据绝对之信息优势。

韩非子认为，君臣博弈过程中君主欲有效发现并惩治"重臣"，关键在于在信息获得方面具有不对称优势。也就是说，君臣之博弈规则，在于君主神秘莫测、无所不知，人臣必须言无不尽、诚实透明，在信息量之占有及信息获取渠道方面，君臣之间完全处于不对称状态[1]。唯其如此，君主才能洞察"重臣"之奸情，贪腐行为才有可能被及时发现并制止。

那么，君主如何才能真正取得信息优势？韩非子之解决方法为"聪明之势"。所谓"聪明之势"，即谓君主应该清醒认识到，个人能力之有限，自觉克制炫耀个人才能之冲动，去好去恶[2]。在韩非子看来，君主个人才能及德性并非无所不能，绝大多数君主其实均属"中人"（《韩非子·难势》）。既然如此，君主又何以能够依靠"聪明之势"树立无所不能之"神明"形象？此时，韩非子主张君主必须充分利用手中权势，使整个国家之臣民都成为信

---

[1] 真正对称之博弈规则应该符合以下条件：（1）每个博弈者都优先考虑自己的利益；（2）每个博弈者都是理性的；（3）每个博弈者将不择手段地捍卫自己的利益和价值；（4）足够多次的连续博弈；（5）每个博弈者拥有关于其他博弈者的部分知识；（6）每个博弈者各自拥有不相等的初始策略知识，但可能的策略是有限多的。每个博弈者都能够模仿并且学会其他博弈者的优势策略。赵汀阳：《坏世界研究》，北京：中国人民大学出版社，2009 年版，第 16 页。韩非子设计之不对称优势，即是一方面强调君主拥有信息优势，去好去恶，不首先表达自己意见，最大限度搜集信息；而另一方面又必须尽量避免人臣模仿并学会君主之优势策略，防止产生"搭便车"之现象，故而强调人臣必须说，而且还必须知无不言、言无不尽。

[2] 马基雅维利也指出统治者不可轻易吐露真心："一个人不可暴露自己的意图，而应想方设法实现自己的欲求。你想得到一个人的武器时，不必事先告诉他：'我想用它来干掉你'。一旦武器到手，你不就能遂愿了么？"参阅马基雅维利：《论李维》，冯克利译，上海：上海人民出版社，2005 年版，第 159-160 页。在此，利益博弈过程中保持沉默一方总会占据信息优势，这个道理古今皆通，这也是当今法官判案或纪检部门反贪时不主动披露所掌握信息之根本原因。

息提供者。治国之信息获取必须举一国之力，最大限度地鼓励人们参与政治，从而尽可能全面地掌握各种信息，然后汇集各种信息反复比较（即《韩非子·内储说上》所言之"众端参观"、《韩非子·八经》之"言会众端"），最终确定正确之赏罚，树立君主无所不能之形象（所谓"神"或"神明"），从而发现并惩处各种贪腐行为，避免被谣言所迷惑，不被欺骗；同时对于其他具有贪腐动机之人，亦能起到极大之威慑效果。马基雅维利也认为，"无论对于自由的城邦还是其他任何生活方式，谣言是多么可恶，凡是能达到压制它们之目的的制度，皆不可忽略。消除这种谣言的上策，就是广开指控的言路"。具体来说，就是建立一种允许并鼓励任何人都能轻易地检举谣言之制度，根据检举内容之真伪，确定对检举者赏罚[1]。这与韩非子"聪明之势"之制度设想，殊途同归。当然，"聪明之势"之实现，必须辅之以"必知"之制度设计，关于这点，本书第四章已有阐述，此处不赘。

韩非子认为，君主以君臣利益博弈之思路来治国，去好去恶，任势、用法、操术，既防范重臣之出现，又能及时有效并惩处"重臣"，最终就能实现有"贵臣"而无"重臣"之政治局面。故他在《韩非子·主道》说："大不可量，深不可测，同合刑名，审验法式，擅为者诛，国乃无贼。"所谓"国乃无贼"，即是说国家不复有当权重臣及小利益集团之存在，腐败现象也将由此得到有效治理。

韩非子的君臣之间信息不对称的制度理念，实则体现了一种非常高明的行之有效的政治治理模式，是一种执政者最小精力投入而治理效果却可能最大的权力运作模式。韩非子的"聪明之势"营造的不对称优势，与边沁基于"全景敞视建筑（panopticon）"的空间想象而揭示的权力结构具有很大的相似之处。福柯曾对此

---

[1]［意］马基雅维利:《论李维》，冯克利译，上海：上海人民出版社，2005年版，第69-70页。

进行过深入分析，并认为这种处于环形监狱中的人能被中心瞭望塔观察，而中心瞭望塔却不会被对方所观察到，如此情形之下，虚构的关系产生真实的征服。在福柯看来，这种全景敞视建筑是一种能够并且应该独立于任何具体用途的政治技术的象征，它能够使权力的控制效果达到完善状态，即："在任何一种应用中，它都能使权力的行使变得完善。……它能减少行使权力的人数，同时增加受权力支配的人数。它能使权力在任何时刻进行干预，甚至在过失、错误或罪行发生之前不断地施加压力。"福柯将这种权力运行机制称为"精神对精神的权力"[1]。福柯认为，"这是一种确保不对称、不平衡和差异的机制"。一旦形成这样的权力结构及运作机制，"由谁来行使权力就无所谓了。即便挑选出的任何人几乎都能操作这个机器，而且总管不在的时候，他的亲属、朋友、客人甚至仆人都能顶替……全景敞视建筑是一个神奇的机器，无论人们出于何种目的来使用它，都会产生同样的权力效应。"[2]福柯对边沁全景敞视建筑的政治学解读，诸多方面都与韩非子的治吏思路相暗合。韩非子思想体系中，君主就相当于全景敞视建筑中的瞭望塔，无所不在其观察范围之内；而群臣则相当于环形监狱中每一个单个的囚犯，横向之间不能互通信息，不得朋党比周。这样自然就能形成很好的权力制约机制，达到很好的治理效果。并且这是一种在任何领域都客观存在并且实际发挥作用的权力运作机制，权力行使主体只能影响效果，却不能改变这种权力运作机制本身。韩非子的"中主"或"庸主"制度设想，正是基于这种权力运作的客观性而言的。

---

[1]［法］福柯：《规训与惩罚》，刘北城、杨远婴译，北京：生活·读书·新知三联书店，1999年版，第231页。

[2] 同［1］，第227页。

在韩非子思想体系之中，当权重臣及其党羽形成之小利益集团之危害在于以例外规则谋取私利，破坏既有正当规则之公平性，从而导致人们不敢清白与不愿清白。有效预防并惩处当权重臣及其党羽之贪腐，政治氛围为之清明，官员敢于清白、乐于清白，以清白廉洁而获取应得之俸禄；政治公信力由此确立，社会整体风气就能随之好转。有学者在分析当代中国如何反腐败时亦指出："现在的问题是，并不是所有的人都想腐败，但是在这个制度体系下不腐败没法生活，不腐败没法工作下去，所以就要设计一个制度给清廉一个机会。"[1]这个思路，正是两千多年前韩非子反腐败智慧之当代呈现，尽管该学者并未提到韩非子。

显然，韩非子已经意识到，一个社会的政治清廉程度与社会整体道德水平之间存在正相关的内在联系。《韩非子·外储说右下》说："人主者，守法责成以立功者也。闻有吏虽乱而有独善之民，不闻有乱民而有独治之吏，故明主治吏不治民。"《韩非子》"旧注"曾如此解释这段话："吏虽乱，贤人不改操，殷之三仁，夏之关龙逢是也。子率以正，孰敢不正？吏治则民治矣。"因此，这句话的完整逻辑应该是：吏乱，整个社会虽有个别独善之民，但必然会导致整个社会大面积的民乱。社会之大，必然会存在独善之民，但独善之民存在，并不排斥绝大部分人作乱，其原因在于官吏贪腐。所以，民乱的根源，不在民，而在吏！这也是韩非子主张"故吏者，民之本、纲者也"之根本原因所在。如果将吏乱视为政治领域贪腐现象，将民乱视为社会道德水平的低下，那么，在韩非子看来，如果一个社会政治领域腐败泛滥，社会整体道德水平必然低下；相反，政治清明的社会，其整体道德水平必然很高。事实上，放眼古今中外的社会，这基本是一条确定不移

---

[1] 郑永年:《中共长期执政的挑战与智慧》,《人民论坛》2013 年 5 月（上）。

的社会定律。我们很难看到一个政治腐败的社会，其社会整体道德水平会很高；同样，我们也很难找到一个政治清廉的社会，其社会整体道德水平很低下。也就是说，社会整体道德水平之高低，不取决于社会个体之道德是否完善（独善之民永远存在，但无法提升社会整体道德水平），关键在于政治领域之清廉程度。

第五节　韩非子治吏思想之智慧与缺陷

先秦时期，古人早就意识到，国家存亡在于政治腐败与否，政治腐败与否在于官德状况。《左传·桓公二年》说："国家之败，由官邪也，官之失德，宠赂章也。"这种将官德与腐败联系起来思考的政治观念，在先秦儒家那里得到了完整的理论阐述。如《论语·为政》记载孔子言论曰："为政以德，譬如北辰，居其所而众星共之。"孟子主张"以德服人"，反对"以力服人"（《孟子·公孙丑上》），对不仁者在位所产生的负面倾向充分警惕："不仁而在高位，是播其恶于众也。"（《孟子·离娄上》）《中庸》"为政在人"的观点及《荀子·君道》"有治人，无治法"的言论则可视为儒家贤人政治言简意赅、切中肯綮的理论表述。

一般认为，如果一个官员道德败坏、品质恶劣，势必滥用职权，以权谋私。因此，按照"为仁由己"及"为政在人"的儒家思维，政治腐败的根源自然而然地归结于个体心性涵养及内在信仰的贫乏；而反腐之法，亦应以提升个体道德素质、重建道德信仰为起点。这种逻辑，至今依然左右着国人的反腐思路。赵汀阳曾将这种依靠道德伦理来解决政治问题之思路定性为"自我感动地用一些虚伪的道德呼唤掩埋严肃问题"，"在坏世界里幻想好世界是典型的望梅止渴"[1]。相对于这种望梅止渴之幻想，韩非子之治吏思路，则恰好立足于"坏世界"，直面现实，立足现实，思考如何由"坏世界"变成"好世界"，从而形成了中国古代思想史上独具特色之惩贪治吏思想。韩非子治吏思想的首要特色，就在于首次在中国思想史上确认政治腐败之产生及社会道德整体水平之下降不在个人道德之沦丧，而在于当权者放纵或漠视例外规则之存在以及由此形成的黑白颠倒、是非混淆的社会环境。显然，韩非子的观念，与先秦儒家的贤人政治理论与德治学说是针锋相对的，同时也与深受儒家思想濡染几千年的当代中国人的反腐思路格格不入。韩非子反腐思想的警醒价值及启发意义，亦由此得以凸显。

韩非子的治吏智慧可以表述为如下命题：其一，政治实践过程是上级与下级之间基于利益与权力而形成之博弈过程，本质上是一种类似买卖之利益交换关系，彼此之间各取所需，各尽其力；其二，政治力量之间的利益博弈效果，取决于博弈规则之性质。若主导博弈过程之规则正当且合乎社会公平价值，则呈现为良性博弈；若主导博弈过程之规则为个别利益集团所把控且以损害社会公利为目的，则呈现为恶性博弈。恶性博弈，往往表现为公权力滥用之政治腐败；其三，恶性博弈之危害，体现为"不敢清白"与"不愿清白"之社会心理，最终导致社会整体道德水准之下降；其四，克服恶性博弈之策略最终取决于最高执政者之政治见识与决心。若最高执政者意识到政治博弈之关键在于博弈规则而非内在动机，且具有贯彻此正当博弈规则之决心，则政治实践会呈现良性博弈。反之，则政治实践会呈现恶性博弈；其五，克服恶性博弈之具体措施，在于打击恶性博弈规则蔓延及其隐性制

---

[1]　赵汀阳：《坏世界研究》，北京：中国人民大学出版社，2009年版，第2页。

定者（即"当权重臣"）。在此过程中，必须确立信息不对称优势，防范并威慑恶性博弈规则之隐性制定者。

上述治吏原理，至今依然具有理论诠释力，对于当今中国正在进行的反腐败策略亦有重要借鉴价值。需要指出，韩非子治吏智慧产生于战国末期，难免具有时代局限性，附着了一些在今日看来应该摒弃的观念和措施，甚至与韩非子主张之政治原理完全背离。厘清并摒弃这些特定历史语境中之观念和措施，对于正面阐释韩非子思想之正面价值，无疑具有重要理论意义和现实价值。

具体而言，韩非子的如下观念，与其基本政治原理之间存在着抵牾与冲突：打击当权重臣走向极端，以至于采用卑劣之手段铲除"阴奸"，违背了公平公正之博弈原则。按照韩非子的理论初衷，他主张运用公平公正之制度规范来进行治国，反对身治与心治。然而，他却力主"除阴奸"之术，从而走向自己提倡之政治原则之反面："生害事，死伤名，则行饮食；不然，而与其仇，此谓除阴奸也。"（《韩非子·八经》）所谓"除阴奸"，就是指除掉那些隐蔽之奸臣。问题在于，若人臣隐蔽之奸邪行为被人君察觉，那就应该按照既有规则，名正言顺地进行惩罚；若人臣没有明确表现其奸邪行为，或没有确凿证据证明其有奸邪行为，按照韩非子的基本政治理念，就不该对其进行惩罚，更不应采用暗杀手段来加以处理。"除阴奸"之术，属于以动机论罪之典型案例，开中国阴谋政治之理论先河，实为后世"腹诽"阴谋论之理论原型。再者，将可疑之人臣嫁祸于其仇家之做法，亦不应成为君主惩治奸邪之正当策略。《韩非子·八经》明确主张明主之道之政治氛围应该是"人不私父兄而进其仇雠"。即便人臣之间存在私仇怨恨，也不应该出于私心而将对方置于死地，这也是韩非子主

张"私雠不入公门"(《韩非子·外储说左下》)之根本原因。既
然如此,为何又要将阴奸嫁祸于其私仇呢? 同时,这也与《韩非
子·五蠹》反对"私斗"之观念相背离。

韩非子之所以提倡如此歹毒的"除阴奸"之术,以至于与自
己的基本政治理念相违背,其原因恐怕还在于他与当权重臣势不
两立之政治立场,所谓"不可两存之仇"(《韩非子·孤愤》)。其
欲惩处当权重臣及其党羽之主观动机,今人深表理解;然而,如
果因此而将政治斗争无限扩大,上升到以动机之缘由而采用暗杀、
嫁祸之术来惩治奸臣,势必造成政治恐怖。而这,当然应该受到
批判,并在今日政治反腐过程中加以摒弃。

当然,韩非子反腐观念之缺陷,还在于君主制时代难以用切
实可行之制度约束君主权力滥用。尽管韩非子苦口婆心强调君主
自身应该"虚心以为道舍"(《韩非子·扬权》),要求君主在任用、
考核、奖惩官员时严格按照既定的客观政治制度,真正在"以法
治国"的范围内行使君权,切实做到"赏罚随是非"、"死生随法
度"、"有尺寸而无意度"、"有信而无诈"(《韩非子·安危》)。按
照循名责实的原则,注重参验,不妄自臆测、滥用权力:"功当其
事,事当其言,则赏;功不当其事,事不当其言,则罚。"(《韩
非子·二柄》)同时亦辅之以"君臣共治"之观念,但是终究难
以切实避免君主滥用权力。正如梁启超认为中国政治思想的最大
缺点在于:"执政若违反民意,除却到恶贯满盈群起革命外,在平
时更无相当的制裁之法。"[1]可见,如何运用外在的客观规则来约
束和限制君权,既是韩非子及其前辈的思想所存在的缺陷,也是
他们百思不得其解的思想困惑。某种程度上可以说,这也是所有

---

[1] 梁启超:《先秦政治思想史》,《饮冰室合集》专集之五十,北京:中华书局,1989 年版,
　　第 32 页。

强调以"顶层设计"思路来惩治腐败之困惑。不过，笔者认为，反腐败不必太过拘泥于政体层面之正本清源，倘若最高执政者真正出于公心，相关反腐措施及策略运用恰当，同样也能起到良好效果。韩非子之治吏思想，可以为当今之反腐实践，提供理论框架及观点借鉴。

结论

　　本书主要内容涉及韩非子思想内涵的重新理解以及当代价值的发掘，其核心观点在于：韩非子"循法成德"理论重在阐释社会规则体系的运作机制。在他看来，道德养成离不开外在规则的引导与约束，仅仅靠内在的道德自觉，无法真正使整个社会的道德水平提升。社会整体道德水平的高低，取决于社会规则体系是否完善以及是否落实到位。如果一个社会盛行例外规则，那么这个社会的整体道德水准必然很低，个人德性的养成无补于整体社会道德水平的提升。社会整体道德水平低下之根源，不在伦理层面高尚道德之有无，关键在于社会所期待的正当规则没有得到切实贯彻，例外规则蔓延所导致的社会民众"不敢清白"与"不愿清白"的心态。确立并最终落实正当且合理的社会规则体系，必须从政治领域入手，而政治领域的规则体系的真正落实，又必须从反对政治腐败及例外规则入手，这取决于执政者贯彻正当且合理社会规则体系的决心与意志。因此，立足于"必然之治"，阻止例外规则蔓延，提倡正当规则，确保社会道德底线不被突破，成为韩非子"循法成德"理论的关键一环。

　　韩非子首先解构了由社会个体德性养成而提升社会整体道德水平的伦理学思路。他认为，孔子孟子幻想以养成个体道德意愿进而呈现道德行为，进而养成个体之私德与公德，最终提升社会整体道德水平的由内而外的连续性思维，经不起经验事实的考验，纯属一厢情愿的空想。

在韩非子看来，提升社会整体道德水平，与其说是一个伦理问题，莫若说是一个社会问题、政治问题。社会个体内在道德意愿稀薄并且脆弱，必须经由外在合理正当的强制性规则体系公正、公平地实施，才能将公共原则体现的一种公共善，内化为人的道德意愿。并且这种道德意愿是否最终呈现为道德行为，还取决于实际生活中客观普遍的规则体系是否鼓励人们去做正直善良的人，是否真正说到做到，是否在社会各个领域最大限度地得以落实。所有这一切，都要竭力避免道德理想主义，脚踏实地专注于政治实践。在成德理论方面，欲避免堕入道德理想主义之泥潭，必须做到：（1）确立必然之治；（2）明确真正影响社会整体道德水平的根源；（3）对症下药，由上而下地进行移风易俗，由外而内地培养规则意识及守法传统，最终实现循法成德。

客观普遍的强制性规则体系欲最大限度地落实，必须立足于人类趋利避害之心理事实，立足于必然之治。这种必然之治，通过对人的肉体支配而维持社会生活之有序开展。所有政治理想之实现，必须以社会秩序与政治有效性为前提。必然之治之所以可能，就在于充分考虑社会最坏可能性，并在心理状态层面将社会群体做了比例划分，关注政治治理对于绝大多数人的有效性。正是立足于必然之治的思路，韩非子的循法成德，才具备了理想与务实有机融合的理论特质。

社会整体道德水平低下的根源，在于社会实际生活中例外规则呈现泛滥态势，同时又没有及时有效地得以遏制。例外规则之产生与泛滥，源自手握重权的官吏及其小利益集团。如果例外规则呈现泛滥之势，必然在社会生活中大面积出现"不敢清白"与"不愿清白"心理，人格分裂现象突出，由此导致社会整体道德水平低下。

欲提升社会整体道德水平，必须依靠强制性规则体系之公平公正地落实，移风易俗。移风易俗的主要内容就是避免例外规则泛滥，提倡合理正当之规则，从源头上打击例外规则之产生。移风易俗必然遇到来自既得利益集团的抵触与社会大众因不便带来的不理解、不合作。当此之时，执政者推行移风易俗的决心与意志尤显重要。唯有长期的可以预期的制度化地推行移风易俗，方能有效打击例外规则泛滥的趋势，从而真正确立起社会大众对正当规则体系的信赖感与归属感。

移风易俗之关键，在于打击政治领域的例外规则，重点在于打击手握重权的官吏及其小利益集团，形成一种鼓励正直清廉的政治氛围。因此，提升社会整体道德水平的突破口，在于政治领域之惩贪肃吏。唯有政治领域实现了清正廉洁的社会风气，确立起了政治公信力，社会民众才能发自内心地认同规则体系，从而形成规则意识。经过相当长一段时间的制度化的政治实践，才有可能形成一种守法传统，循法成德才能真正实现。

通过韩非子循法成德理论的探索，至少具有如下现实意义：（1）有助于当代政治领域的反腐败实践，反对腐败的关键，官员个人道德觉悟固然重要，然而如果缺乏稳定客观的制度规则的约束与限制，有觉悟的官员亦很难洁身自好，必然呈现群体腐败；（2）有助于提升社会整体道德水平，克服当今中国社会规则意识缺失以及暴戾风气盛行的缺陷。当代中国重关系轻规则的腐败文化根深蒂固，移风易俗势在必行。个体道德修养无助于社会整体道德水平的提升，必须真正从政治领域确立正当规则并形成良好的社会风气，进而辐射整个社会领域，彼时才有可能真正出现和谐有序、道德融洽的社会。

论法家"法治"学说的定性问题

清末民初，西学涌入，学界开始运用现代学术范式对法家思想进行系统研究，成就卓著。总体而言，现代学界的法家思想研究可以分为三个层次：首先，围绕先秦法家的文献记载，概括分析其基本观点及思想框架，譬如集中探讨法家的人性论、历史观、法、术、势思想的具体内涵等，此为法家研究的基础层次；其次，联系先秦诸子的整体脉络及历史语境，分析法家思想兴起的思想渊源和历史背景，春秋战国时期礼崩乐坏的时代特征在此得到强调和凸显，法家与先秦儒家、道家、墨家及名家的思想关联，也受到充分重视，这属于较高层次的研究；最后，关于法家思想的整体评价问题，属于法家思想研究的最高层次。其中，尤其是法家"以法治国，举措而已矣"（《韩非子·有度》，下引《韩非子》只注篇名，相似说法亦见于《管子·明法》）、"不别亲疏，不殊贵贱，一断于法"（《史记·太史公自序》）的"法治"思想引起了学界的普遍关注。

近代以来，"西学源于诸子说"的盛行，使得先秦法家与西方现代法治之间的思想关联引起了当时思想界的广泛关注。薛福成的观点很有代表性，他说："余观泰西各邦治国之法，或暗合《管子》之旨，则其擅强盛之势亦较多。"黄遵宪也认为西方"用法类乎申韩，其设官类乎《周礼》，其行政类乎《管子》者十盖七八"。[1]
不料这种观点引起了沈家本、严复等人的强烈批评，明确主张法
家"法治"乃"实专制之尤"，与泰西蕴含自由、人权价值的"法
治"截然不同。沈家本、严复的学术观点，其后为萧公权所继承，
并在当代学界得到不断强化[2]。当代学界，涉及法家"法治"学说
的定性，使用频率最高的往往是"专制"、"人治"以及"刑治"。[3]
鉴于此种状况至今尚未引起人们从学理上进行深刻反思，故而对
这些未经省察的相关观点做深入研究就显得尤为重要。

第一节   法家"法治"学说"专制论"辨正

近代意义上的"专制"汉语词，最早由日本构制，并在日本
明治时期的"新日语"中已经普遍使用。[4]近代以来中国普遍使
用的"专制"、"君主专制"等概念，实质就是源自西方文化语境
的"专制"概念[5]。

西方近代意义上的"专制"一词主要意指两个层面：一就专
制政体而言，二就专制权力行使而言。然而，这两个层面只不过
是同一个问题的两个侧面而已，其实都具备一个明显的特征，即：
专制政体下，统治者手握不受任何约束最高权力，可以任意行使，

---

[1] 有关"西学源于诸子说"，参阅罗检秋：《近代诸子学与文化思潮》，北京：中国社会科
    学出版社，1998 年版，第 75-76 页。

[2] 参阅宋洪兵：《韩非子政治思想再研究》，北京：中国人民大学出版社，2010 年版，第 31-34 页。

[3] 参阅《法治与人治问题讨论集》编辑组：《法治与人治问题讨论集》，北京：社会科学文
    献出版社，2003 年版。

[4] 冯天瑜：《新语探源：中西日文化互动与近代汉字术语生成》，北京：中华书局，2004 年
    版，第 391 页。

[5] 关于专制概念传入中国之后对中国法家思想研究的影响，可参见宋洪兵：《二十世纪中国
    学界对"专制"概念的理解与法家思想研究》，《清华大学学报》（哲社版）2009 年第 4 期。

尤其在孟德斯鸠眼中，“专制”概念几乎等同于君主拥有不受任
何约束的绝对权力，并且君主随时都可以根据个人的意愿及喜怒，
任意滥用自己手中的权力而不必承担任何政治责任[1]。这里可以
借用博登海默的一个概念，孟德斯鸠定义的“专制政体”其实就
是博登海默定义的“纯粹专制政体”，即：“纯粹的专制君主是根
据其自由的无限制的意志及其偶然的兴致或一时的情绪颁布命令
与禁令的。某天，他判处一个人死刑，因为他偷了一匹马……这
种纯粹的专制君主的行为是不可预见的，因为这些行为并不遵循
理性方式，而且不受明文规定的规则或政策的调整。”[2]现代政治
学认为，所谓君主专制政体，包括三方面内涵：其一，君主职位
终身制和世袭制；其二，君主享有至高无上的地位和特殊的尊容；
其三，君主独揽国家权力，君权超越任何其他权力和法律之上，
是不受制约的、绝对的权力。而政治学意义上的“不受限制”或
“不受约束”的特定含义是君权不受法律制约、不对任何机构负责、
不受任何机构和权力的“合法反对”与制约监督[3]。可见，西方政
治语境中的“专制”一词，无论就政体角度还是从权力行使角度
分析，君权至高无上并不受任何合法反对与制约监督，是其必备
的题中应有之义。

要解决法家“法治”学说是否“专制”这一理论问题，关键
在于回答这个问题，即：法家提倡的中央集权政体是否就是西方
政治学意义上的“君主专制政体”？答案非常明确：虽然法家提
倡中央集权制度，并且确实与西方政治学意义上的君主专制政体

---

[1]［法］孟德斯鸠：《论法的精神》，张雁深译，北京：商务印书馆，1959年版，分见第9页、
第153页。

[2]［美］博登海默：《法理学——法哲学及其方法》，邓正来等译，北京：华夏出版社，
1987年版，第222页。

[3]张星久：《中国君主专制政体的起始时间》，《武汉大学学报》（哲社版）2000年第1期。

有某种相似之处，但是在法律权力与君主权力的关系问题上，二者仍然存在明显的区别。

首先，法家明确主张君主世袭制，《亡征》篇所谓"轻其适正，庶子称衡，太子未定而主即世者，可亡也"即为明证。按照韩非子的想法，君主去世，太子即位本是十分自然的事情。《难势》篇也强调政治制度的设计应该充分观照"生而在上位"的绝大多数君主是"中人"的政治现实，也透露出了韩非子赞成君主世袭。这与君主专制政体有其契合之处。

其次，加强君权，强调中央权力相对于地方政府以及君主权力对臣民的有效支配和绝对统治，这也是西方"君主专制政体"的题中应有之义。法家将中央权力的稳定性视为社会秩序稳定的基本现象，主张加强君权，强调君主相对于臣民的绝对支配权和统治权。如何维护君主权势自然成为法家思考的一个重要课题，同时也是他们为重建政治秩序提供的一个有效途径。《慎子·德立》篇突出强调了君臣伦理的重要性，反对君臣易位、尊卑失序："臣疑其君，无不危之国。孽疑其宗，无不危之家。"《商君书·定分》在强调确定"名分"重要性的基础之上维护君主权势，以此来稳定社会，否则，如果名分不定，君主权势就存在被褫夺的危险而有亡国灭社稷之虞："夫名分不定，尧舜犹将皆折而奸之，而况众人乎？此令奸恶大起，人主夺威势，亡国灭社稷之道也。"因此，法家"事在四方，要在中央。圣人执要，四方来效"（《扬权》）体现的更多是一种大一统秩序之下的政治生态，而非为了满足一人私欲而设计的专制政体。

最后，法家明确反对君主权力凌驾于法律，更反对君主为所欲为地滥用手中权力，这是法家中央集权制度与近代君主专制政体的根本区别所在。法家要求君主守法、君主不得凌驾于法律之上的观点俯拾皆是。《管子·任法》曰:"君臣上下贵贱皆从法,此谓为大治。"《慎子·君人》明确反对君主"舍法而以身治",韩非子亦说"释法术而心治"(《用人》)。法家的"君道无为论"、"君主能力与智慧有限论"、"君主节欲论",则进一步对此给出了深刻的阐释:

(1)法家主张"君道无为"。韩非子大力提倡的"无为"思想,继承了道家要求君主"见素抱朴,少私寡欲"、"去甚,去奢,去泰"一切顺其自然的思想,同时也继承了前期法家诸如《管子·版法解》"喜无以赏,怒无以杀"、《管子·心术上》"人迫于恶,则失其所好;怵于好,则忘其所恶,非道也。故曰不怵乎好,不迫乎恶。恶不失其理,欲不过其情"、《慎子·佚文》"我喜可抑,我忿可窒,我法不可离也"体现的君主治国去好去恶的主张,强调君主舍弃个人好恶,实行"无为"政治。韩非子主张君主"去好去恶"、"去智去旧"(《主道》)、"去好去恶,群臣见素"(《二柄》)、"去喜去恶,虚心以为道舍"(《扬权》)、"以道为舍"(《大体》)、"故至治之国,有赏罚而无喜怒"(《用人》)等。法家主张"无为"的根本目的,在于消解君权对实际政治运作的负面影响,约束和限制君权滥用,从而确保国家治理和政治统治的公平性和公正性。法家"无为"思想的正面价值于此得以凸显。

(2)法家力主君主能力与智慧有限论。法家认为,现实中的君主无论就才智还是就德性方面而言,均属中流,从而为其君权约束理论寻求到了强有力的理论支撑。韩非子强调,参与现实政治治理过程的真正统治者,绝大多数既不是尧舜般的圣贤,也不是桀纣般的不肖,而是"上不及尧舜,而下亦不为桀纣"的"中人"(《难势》)。法家告诫君主要对自己能力和智慧的不足、有限保持清醒认识的思想非常普遍,如《难三》说:"且夫物众而智寡,寡不胜众,智不足以遍知物,故因物以治物。"《八经》也谓:"力不敌众，智不尽物。"这些言说，主要目的就在于提醒君主充分意识到自身能力的不足，自觉约束和限制权力行使，所谓"圣人尽随于万物之规矩"（《解老》）。熊十力曾称赞："圣人尽随于万物之规矩，一言而道尽民主法治精神。美哉洋洋乎！"[1] 熊氏所谓"民主法治精神"的断语或许略显过誉，然而就精神特质及问题意识而论，韩非子援道入法，为其"法治"思想（也即"法权高于君权"思想）确立形而上依据的理论意图非常明显。《解老》强调"缘道理以从事"，《大体》篇则直接点出道法之间的亲缘逻辑："因道全法"，《饰邪》篇则主张君主智能不足以具备道法完备的特性，强调君主以法治国的重要性："道法万全，智能多失。夫悬衡而知平，设规而知圆，万全之道也。"因此，法权高于君权的主张，在法家政治思想中本为无须多言、显而易见的逻辑。

（3）法家主张"君主节欲论"，反对纵欲，更反对滥用权力。《扬权》篇云："夫香美脆味，厚酒肥肉，甘口而疾形；曼理皓齿，说情而捐精。故去甚去泰，身乃无害。"要求君主"去喜去恶，虚心以为道舍"；韩非子对于国君沉湎女色、荒废朝政的现象更是深恶痛绝："耽于女乐，不顾国政，则亡国之祸也。"（《十过》）《亡征》更谓："好宫室台榭陂池，事车服器玩，好罢露百姓，煎靡货财者，可亡也。"《解老》说："有道之君，外希用甲兵，而内禁淫奢。"又说："圣人不引五色，不淫于声乐；明君贱玩好而去淫丽。"更为重要的是，韩非子要求君主必须在法律规定的范围内行使权力。他在《诡使》篇将君主不守法看作社会混乱的根本原因："世之所以不治者，非下之罪，上失其道也。"《有度》篇亦对君主不在法治范围内行使权力提出了尖锐批评："此其所以然者，由主之不上断于法，而信下之为也。"《八经》篇则径直批判君主无视法

---

[1]　熊十力:《韩非子评论》，上海：上海书店出版社，2007 年版，第 45 页。

治的政治行为将导致严重的政治后果:"上暗无度,则官擅为。"

通过上述分析,就主观动机而言,法家的"法权"高于"君权"的思想应该得到确认,君主既不可以超越法律的约束和限制为所欲为,更不可以随心所欲地滥用手中权力。就此而论,法家的思想体系,与西方政治学意义上的君主专制政体,并非一回事,所谓法家"法治"学说"专制"论并无多少学理依据。钱穆之所以极力反对以"君主专制"概念来评判中国传统政治制度及思想文化,主要原因就在于强调中国政治制度设计背后的理念本质上存在限制、规范君主最高权力的政治动机[1]。西方学者诸如安乐哲(Roger T.Ames)对法家的一些评价就值得重新思考,他认为法家主张"统治者自己可以超越法律之上,并且法律为统治者所控制并服务于他的个人利益"[2]。这个观点在当代仍然具有很大影响力,皮文睿(Randall P. Peerenboom)在分析法家时就曾指出,"归根结底,法律是取悦统治者的工具。因此,统治者为了维持自己的权力而公布和改变法律,并使自己始终超越于法律之上"。[3]显然,这些断语其实都值得我们进行批判性的解读。如果一味以最高权力(君权)没有受到法律切实有效的约束和限制去责难和批判法家"法治"的"专制性",势必抹杀掉法家在君主政体时代想方设法约束、限制君权滥用、实行理性政治的那份良苦用心和理论努力。

第二节 法家"法治"学说"人治论"辨正

一般而言,"人治"概念,具有如下几层内涵:

---

[1] 钱穆:《国史大纲》,引论部分,北京:商务印书馆,1994年版,第14—16页。

[2] [美]安乐哲(Roger T.Ames),*The Art of Rulership*, State University of New York Press,1994,p132.

[3] [美]皮文睿(Randall P. Peerenboom), *Competing conceptions of rule of law in China, Asian discourses of rule of law: the theories and implementation of rule of law*, Routledge curzon 2004,p114.

其一，彻底否定外在客观规范的纯粹意义上的"人治"，此即于光远所定义的："在思想上就是认为，不要法律就可以治理国家，因而，或者根本不主张立法，或者在立法之后认为可以藐视法律，可以不遵守法律。"[1] 显然，主张"以法治国"的法家，不能被定性为此种纯粹意义上的"人治"。

其二，"法不自用"意义上的"人治"。于光远亦从"法不自用，法不离人"的意义来理解"人治"："只有法律条文，没有人去认真执行，再好的法律肯定是起不了作用的。"[2] 若按照这种思路，法家思想是否可以定性为"人治"呢？章太炎曾批评韩非子的法治思想忽视了人的主观因素："法者非生物，人皆比周，则法不自用。"[3] 似乎表明法家纯任法治。而根据王伯琦的研究，章太炎的这种批评显然是一种误解，因为若按"有了好的制度，还要好人来执行"来理解"人治"，儒家、法家是"人治"，因为"从实说来，一个能抱法的人，在道德上已是一个相当完整的人了。所以照韩非的意思，亦至少希望有一个能抱法而处势的君子。[4]"应该说，王伯琦的观点对于克服章太炎对于法家"法治"思想有关"人"与"法"关系层面的错误认识，是有帮助的。但将法家思想定性为"法不自用"意义上"人治"，实为不妥。因为这种逻辑其实是以"人"与"法"之间内在的永恒张力为依据去衡量和定性法家的"法治"学说。"法不自用"所存在的缺陷，是所有主张以外在客观规范来进行社会治理的学说共同面临的一个困境。毕竟任何政治措施以及客观规范的产生与落实，归根结底都

---

[1] 于光远：《对人治与法治问题讨论的一点看法》，《法治与人治问题讨论集》，北京：社会
    科学文献出版社，2003 年版，第 8 页。

[2] 同 [1]。

[3] 章太炎：《非黄》，《章太炎集》，石家庄：河北教育出版社，1996 年版，第 539 页。

[4] 王伯琦：《近代法律思潮与中国固有文化》，北京：清华大学出版社，2005 年，第 224 页。

是与"人"不可分离的。在一个并非由全能上帝立法并主宰一切的世俗社会，哪个时代的客观规范诸如法律、制度之类，能够离开"人"而自动产生作用呢？如果法家的"法治"因离不开人而被定性为"人治"，哪个存在客观规范的社会不会被定性为"人治"社会呢？显然，以一种人类社会普遍存在的难以克服的矛盾来定性某个特定历史时期的一种思想学说，单纯从逻辑上讲，其研究思路及结论没有太大的漏洞，但是从深入研究和评价特定时期内的法家"法治"学说却没有实际意义。

其三，从西方近代政体理论视角，强调君主政体背景之下"立法权"无法做到"正本清源"，从而无法有效约束君主最高权力，法律最终沦为君主统治之工具，故而法家"法治"学说在君主政体时代本质必然成为"人治"。梁启超认为"法家的最大缺点，在立法权不能正本清源"，认为在立法权与废法权俱归君主的情况下，"夫人主可以自由废法立法，则彼宗所谓'抱法以待，则千世治而一世乱'者，其说固根本不能成立矣"。[1] 萧公权亦承此思路，指出："吾国古代法治思想，以近代之标准衡之，乃人治思想之一种。盖先秦诸子之重法，皆认法为尊君之治具而未尝认其本身具有制裁元首百官之权威。……推原其故，殆由论者徒知法治之实际效用生于共守，而未注意理论上君权既属至高，则决不容有任何制裁加与其上。"[2] 当代学者多将法家的"法治"定性为"人治"[3]。耐人寻味的是，每每在讨论完法家之"法治"学说之后，研究者大都千篇一律会加上诸如"法家的'法治'并非现代民主'法治'，其本质其实是'人

---

[1] 梁启超：《先秦政治思想史》，《饮冰室专集》之五十，北京：中华书局，1989 年版，第 149 页。

[2] 萧公权：《中国政治思想史》，沈阳：辽宁教育出版社，1998 年版，第 235 页。

[3] 林欣：《论政体与法治》，《法治与人治问题讨论集》，第 207 页；江荣海：《论韩非的人治思想》，《北京大学学报》（哲社版）1993 年第 1 期；夏伟东：《为什么说法家的"法治"是人治的一种表现》，《伦理学研究》2004 年第 5 期。

治'"云云，此种观点影响之巨可见一斑。

问题在于立法权的问题真地能够做到"正本清源"吗？[1] 至

---

[1] "正本清源"之说，最早见于《汉书·刑法志》。班固针对汉初因为删除肉刑而在法律执行方面产生的畸轻畸重的混乱状况，一方面，因肉刑之废除，一些本不可适用肉刑而不必受"大辟之刑"的罪行因此而遭受重刑，"外有轻刑之名，内实杀人"，以致"以死罔民"、"死者岁以万数"，另一方面，本应重罚的一些罪行，诸如"穿窬之盗，忿怒伤人，男女淫佚，吏为奸臧"，却又因为肉刑之废除，仅仅适用"髡钳"之刑，无法达到惩恶的效果，"刑者岁十万数，民既不畏，又曾不耻，刑轻之所生也"。在此情况之下，执法官吏，为了有效打击偷盗行为，往往在轻刑与重刑之间，任意适用"大辟之刑"，"故俗之能吏，公以杀盗为威，专杀者胜任，奉法者不治"。而欲治理这种状况，班固建议减少死刑适用条款，恢复肉刑，"岂宜惟思所以清原正本之论，删定律令，籑二百章，以应大辟。其余罪次，于古当生，今触死者，皆可募行肉刑。及伤人与盗，吏受赇枉法，男女淫乱，皆复古旧，为三千章。诋欺文致微细之法，悉蠲除。"显然，此处之"清原正本"一语双关，一方面强调法律规范在整个司法体系之中所占据的本原地位，只有从源头上厘清法律条文，才能避免当时所谓"乱名伤制，不可胜条"的混乱状况，另一方面，又体现儒家王道政治指导下的德主刑辅理念，"圣人取类以正名，而谓君为父母，明仁爱德让，王道之本也。爱待敬而不败，德须威而久立，故制礼以崇敬，作刑以明威也。……故圣人因天秩而制五礼，因天讨而作五刑。"唯有体察圣人制礼作刑的深刻用意，教化为主，不专主刑杀，才能真正解决"礼乐阙而刑不正也"的现实弊端。如果去除先入为主的近代三权分立政体理论的影响，班固以儒家的"圣人"为法律之源，强调立法者的德性，事实上已经实现梁启超"立法权"意义上的正本清源。近人萧公权正是在班固立法者之品德意义上使用"正本清源"一词。他在阐述管子与商韩不同点时也曾从"正本清源"的角度做了一番他自己的论证："抑吾人当注意，管子深知'法之不行，自上犯之'。故欲正本清源，教人君自身守法。所惜管子未立制君之法，故其学与欧洲之法治思想尚有可观之距离。"（萧公权：《中国政治思想史》，沈阳：辽宁教育出版社，1998年版，第225-226页。）在萧氏看来，管子非不知"正本清源"，而是欲正本清源而不得。"不知"是个认识论的问题，"不得"是个实践论的问题，二者不可混淆。如果我们能够超越萧氏以"人君之地位是否超出法上"的标准刻意区分管子与商韩的视野，就会发现，法家在立法权这一正本清源问题上，并非没有认识。也就是说，法家在立法权上并非不知"正本清源"，否则，法家对君主"去好去恶"、"体道"、"守道"的种种要求，就无法得到充分的理论解释。需要指出，萧氏以"人君之地位是否超出法上"的标准刻意区分管子与商韩的做法，结合《韩非子》文献分析，是无法成立的。参阅宋洪兵：《韩非子政治思想再研究》，第四章《先秦诸子的"政治共识"与韩非子思想的政治正义性》，北京：中国人民大学出版社，2010年版。

少在梁启超看来，这应该是不成问题的。他明确表示，"法治主义"的实行"最少须有现代立宪政体以盾其后"[1]。显然，梁启超的观点，具有鲜明的立法、行政与司法三权分立的西方政体色彩。他在不知不觉之中，将君主视为西方立宪政体中仅仅掌握行政权的代表，强调立法权的正本清源，即主张将立法权付诸议会。如此一来，"法家的最大缺点"就可以得到克服，君主权力被约束限制在法律的最高权力之下。

不过，梁启超"正本清源"的思路，存在一个不易为人察觉的错位。当讨论法家"法治"学说的"最大缺点"时，他主张君主作为最高权力既有立法权又有废法权，他讨论的其实是如何限制最高权力的问题，但当他讨论该问题的解决方案时，他并未从约束最高权力的角度去回答如何"正本清源"，他的"立宪政体"这一解决方案是从立法权与行政权的角度去探讨由立法机关制定的法律如何对行政首脑进行权力限制。如此，他本该回答西方宪政体制之下如何约束和限制最高权力的问题，这是他追问法家的逻辑，而不是立法者制定法律约束行政首脑的问题。毕竟，行政首脑的权力与法家的君主权力，不可相提并论。梁启超的回答，只解决了立宪政体由于立法权、行政权与司法权的三权分立相对于法家君主政体之下集立法、司法与行政于一体的集权政治的优越性，但却悬置了他对如何限制和约束最高权力的追问。

那么，梁启超对法家的追问逻辑，在立宪政体背景下立法权是否能够"正本清源"？这牵涉到如何看待西方宪政视野中如何约束与限制最高权力的问题。在西方立宪政体背景下，何者为最高权力？毋庸置疑，答案为：国家主权。梁启超本人明确阐述过国家主权："夫一切权利之主体皆人也，一切权利之客体皆物也，

---

[1] 梁启超:《先秦政治思想史》,《饮冰室专集》之五十, 北京: 中华书局,1989 年版, 第 149 页。

国家者本为有人格而能统治之人也。"[1]有研究者指出，梁启超的
国家观念，深受德国政治学影响，其国家主权人格化的理论，据
说也是来自伯伦知理："从一个既指王朝国家又指边缘相当模糊的
人类集体的概念，朝着一个完全人格化，并且成为政治生活的主
体和政治辩论的基本主题的社会人类集体的方向转变。在此基础
上，又出现了与这种概念紧密相连的国家目的的观念，以及属于
国家本身的主权观念。"[2]如果缘此推论，有人格之国家与其制定
之法律之间，究竟是何关系呢？究竟哪个具有最高权力呢？

在西方近代国家学说体系之中，主权在民的逻辑又将国家主
权视为全体人民的集体意志。在此，西方政治学说中的国家主权，
实则与法家思想体系之君主权力具有相同的本质。如果按照梁启
超"正本清源"的逻辑，我们同样可以追问，国家主权既为最高
权力，它又该由谁来制约？而我们从西方政治哲学史获知的答案
却是"无解"。狄骥在阐述"主权的限制问题"时指出："国家主
权所引起的这个最后的问题，如果可能解决的话，是比其他问题
更加无法解决的。因为解决这个问题所进行的一切尝试都归于失
败了。然而解决这个问题却十分必要，否则个人便会被国家消灭，
并为集体完全吞噬了。可是我们只要略加思索，就很容易知道这
个问题已经没有可能的解决方案了。"[3]狄骥在近代立宪政体背景
之下指出限制与约束国家主权之不可行。而这困境之根源恰恰在
于国家主权之人格化，凯尔森认为："传统理论在承认国家的义务

[1] 梁启超：《内阁果对于谁而负责任乎》，《梁启超全集》，北京：北京出版社，1999年版，第2424页。

[2] [法]巴斯蒂：《中国近代国家观念溯源：关于伯伦知理〈国家论〉的翻译》，《近代史研究》1997年第4期。

[3] [法]莱翁·狄骥：《宪法论、法律规则与国家问题》，钱克新译，北京：商务印书馆，1959年版，第450页。

和权利的存在时所遇到的困难来自这一事实：人们将国家视为一个超人的存在，将国家看作是一类人同时又是一个权威。"[1]

需要指出，梁启超以及当代学界追问法家学说中君主拥有立法权、同时君主权力又得不到有效约束进而无法"正本清源"的学术观念，其思路源自德国的国家主权理论中蕴含的"法律与国家的二元论"。德国的国家主权理论认为："国家和法律是两个不同的事物。国家和法律的二元性，事实上是现代政治科学和法学的基石之一。"[2]国家与法律的二元论，逻辑上必然提出如下问题："如果国家是法律秩序的权威，国家又如何可以从属这一秩序，并且就像个人那样，从其中接受义务和权利呢？在这种形式下，正是国家自我义务（auto-obligation）问题，特别在德国法学中，起了如此巨大的作用。这一问题被认为是一个最困难的问题。"[3]当然，凯尔森自其实证法学的立场出发，批评这种将国家人格化的观点是"万物有灵论的迷信"[4]。法国思想家狄骥也对德国人格化的国家主权理论提出激烈批评，明确反对如下论调："如果政府掌握着最高的强制权，那么它们如何能够收到那些因为向它们施加消极和积极的义务，从而具有更高效力的法律的约束呢？如果政府的行为因此受到限制的话，那么它们还拥有最高的权力吗？在我们谈及加诸最高权力之上的法律义务时，难道不是产生了一个悖论吗？不过，德国的思想家们看来是会接受这一观点的。"正因如此，狄骥才舍弃德国的主权理论，认为"这种论调完全是一种错误，对于现代意识来说，上面的这一结论只能够引起争

----

[1]　［奥］汉斯·凯尔森：《法与国家一般理论》，沈宗灵译，北京：中国大百科全书出版社，1996年版，第223页。

[2]　同［1］，第204页。

[3]　同［1］，第222页。

[4]　同［1］，第214页。

议"，进而主张以"公共服务的观念"取代"主权"观念[1]。殊途同归，凯尔森与狄骥都对德国的国家主权理论之中有关主权与法律的关系进行了深刻批评，均指出其在何者为最高权力的问题上存在致命缺陷，转而改弦更张，另谋出路。

那么，现代的民主宪政可以解决"立法权"上"正本清源"的问题吗？一般来说，现代的民主宪政，核心就在于确认宪法的最高权威。问题在于，宪法由谁来制定？按照西方的宪政理论及实践，多数答案是"人民"。然而，抽象的"人民"是否可以在使得宪法在"立法权"上"正本清源"呢？凯尔森在分析"宪法序言"时曾深刻指出，"它具有一种与其说法学上的性质倒不如说是意识形态的性质。如果将它去掉的话，宪法的真正意义通常也不会起丝毫变化。……人民（宪法声称它源于人民）首先是通过宪法才在法律上出现的，所以这只是在政治意义上，而不是法学意义上，人民才是宪法的来源。更明显的是，实际上创造宪法的那些人只代表了全体人民的一小部分，即使人们考虑到选出他们的人来说，这也是如此。"[2]凯尔森甚至声称宪法"代表全国人民是一种政治上的虚构"[3]。美国学者查尔斯·A.比尔德对1787年美国第一部宪法的深入研究，恰好可以印证凯尔森的观点。比尔德针对班克罗夫特及大法官马歇尔认为"人民"制定宪法的说法，认为"宪法并不像法官们所说的那样，是'全民'的创造；也不像南方废宪派长期主张的那样，是'各州'的创造。它只是一个巩固的集团的作品，他们的利益不知道有什么州界，他

---

[1] [法]莱昂·狄骥：《公法的变迁》，郑戈译，沈阳：辽海出版社、春风文艺出版社，1999年版，第48页。

[2] [奥]汉斯·凯尔森：《法与国家一般理论》，沈宗灵译，北京：中国大百科全书出版社，1996年版，第290页。

[3] 同[2]，第322页。

们的范围的确包罗全国。"[1]德国政治学家兼法学家施密特（Carl Schmitt）亦指出实际制定法律的过程其实并不代表"人民"的意愿："所谓法律，在议会制立法国家意味着此一时彼一时的议会多数派的时不时的议决，在直接民主国家意味着此一时彼一时的公民多数派的时不时的意志。民主主义的多数原理的归结包括：第一、随时性，第二、单纯多数——即百分之五十一的多数。"[2]这表明，至少在宪法意义上，"人民"只是一种意识形态说法，具体到实际运作，任何一部宪法都是由少数民意代表所组成的特定机构（诸如制宪会议）来制定的。而少数民意代表，尽管在理论上或意识形态上可以宣称代表了全体人民，但实质上却是以"人民"的名义来做这少数人想做的事情。美国学者爱德华·密德·安尔为《美国宪法原理》作序时曾援引1777年《联邦条例》"今后未经国会同意及各州州议会加以批准，联邦条例概不得随时加以修正。"而1787年各州代表开会的初衷本为修正《联邦条例》，开会过程中才临时决定制定一部新宪法取代《联邦条例》："制宪会议当时之作此决定无异一种革命性或政变性之行动，但就联邦条例之国家已入于麻痹状态一点而论，则此行动实为政治上大智与大勇之措施。"[3]尽管随后的历史证明，1787年宪法符合美国人民的根本利益，但是这部宪法制定过程实质是以"人民"的名义但"人民"缺席的"政变"。由此可见，即使美国1787年宪法，其实也是少数人参与制定的，在宪法的"立法权"上同样未能做

---

[1]［美］查尔斯·A. 比尔德:《美国宪法的经济观》，何希齐译，北京：商务印书馆，1998年版，第18页、227页。

[2]转引自季卫东:《宪政的规范结构：对两个法律隐喻的辨析》，《二十一世纪》（香港）2003年第12月号。

[3]［美］汉密尔顿:《美国宪法原理》，严欣淇译，北京：中国法制出版社，2005年版，第4-5页。

到"正本清源"。

怎样才算宪法"立法权"的"正本清源"呢？季卫东认为，"立宪活动其实意味着某种瞬间的特权——参与宪法制定的人的意志可以等同于全民的公意"。问题在于，按照现代民主宪政的最终权力来源于人民的政治理念，这种瞬时的特权即便代表了瞬时的全民公意，是否可以代表未来公民的政治意愿呢？所以他在逻辑上进一步推导出这样的结论："如果要维持宪法的契约论或者合意论的构成，那就必须为此在一定程度上承认宪法是可变的。"如此一来，就势必就会出现宪法稳定性与可变性之间的矛盾："真要彻底贯彻宪法的契约性的话，恐怕在观念上应该假定每天都得就宪法内容进行投票"，进而将"正义还原为每个人的主观体验的荒谬结局"。那如何克服这种稳定性与可变性之间的悖论？在这个问题上，也就是"最高效力从何说起"的问题上，其实是没有最终答案的，即使现代民主政治体制也没有办法根本解决[1]。也就是说，欲维护宪法的正当性，倘若依据梁启超在立法权上正本清源的思路，那就必须每天进行全民公决，如此一来，宪法理论上的立法权获得了正本清源式的保障，可是宪法的稳定性又如何得以体现？该种思路又具有怎样的可操作性？季卫东的这个观点，遥遥呼应着大哲康德称之为"最困难"、"同时又是最后才能被人类解决的问题"。因康德对于该问题的深刻阐述对于本文所欲探讨的理论至关重要，故不嫌累赘，长文转述于下：

> 困难之点就由这个问题的观念本身而呈现到我们的眼
> 前，那就是：人是一种动物，当他和他其余的同类一起生活

---

[1] 季卫东：《宪政的规范结构：对两个法律隐喻的辨析》，《二十一世纪》（香港）2003 年第 12 月号

时，就需要有一个主人。因为他对他的同类必定会滥用自己的自由的；而且尽管作为有理性的生物，他也希望有一条法律来规定大家的自由界限，然而他那自私自利的动物倾向性却在尽可能地诱使他要把自己除外。因此，他就需要有一个主人来打破他自己所有固有的意志，并迫使他去服从一种可以使人人都得以自由的普遍有效的意志。然而，他又向哪里去寻找这位主人呢？除了求之于人类之中，就再没有别的地方了。但是，这位主人也同样是一个动物，他也需要有一个主人。因为无论他可能想要如何着手，但总归是看不出来他怎么才能找到一位其自身乃是公正的、正直无私的首领来；不管他是求之于一个个别的人也好，还是求之于为此而选出来的由若干人所组成的集体也好。因为其中的每一个人，当其没有另一个领导者对他自身依法行使权力时，总是要滥用自己的自由的。然而最高首领却既须其本身就是正直的，而又还得是一个人。所以这个问题就成为一切问题之中最为棘手的一个问题了[1]。

通过康德的阐述可以看出，人类需要一个主人，这位主人作为最高首领既是必需的，同时又是很难对其进行约束和控制的。同样的逻辑，在立法权的问题上，很难寻求一个完美的"正本清源"的制度可能，在稳定性与可变性的悖论问题上，尽管现代民主制度可以在程度上比先秦法家更能处理好，但是并不能从根本上杜绝《汉书·杜周传》所谓的"前主所是著为律，后主所是疏为令"的情况，只不过这个"主"由法家的一人意志，变为立宪机构少数代表的"意志"而已，但正如康德所指出的那样，无论

---

[1]［德］康德:《历史理性批判论集》,何兆武译,北京:商务印书馆,1990年版,第10-11页。

求之于个人还是求之于集体，都很难确保立法权完全意义上的
"正本清源"。其实，梁启超所主张的立宪政体与法家的君主政体
相比较，其对于限制与约束行政首脑的权力滥用，无疑更具可操
作性。尽管如此，在民众厌政的西方社会，代议制早已为媒体舆
论、利益集团所控制，民意代表的"意志"距离人民真正的内心
意愿不可以道里计[1]。这样，少数人的意志与君主一人意志之间，
只是一个程度问题，而非本质问题。现代历史学家吕思勉尚有一
个非常精辟的回应，只可惜他的这个观点从未受到学者的重视，
他说：

> 法家之言，皆为君主说法，设君主而不善，则如之何？
> 万事一决于法，而持法者为君主，设君主而坏法，则如之何？
> 近之持立宪论者，每以是为难。然此乃事实问题，不足以难
> 法家也。何者？最高之权力，必有所归。所归者为君主，固
> 可以不善；所归者为他机关，亦可以为不善。归诸一人，固
> 不免坏法；归诸两机关以上，岂遂必不能坏法？今之议会，
> 不与政府狼狈为奸乎？议会与政府，非遂无争，又多各为其
> 私，非必为国与民也。故曰：此事实问题也。[2]

---

[1] 黄万盛认为："在西方民主世界的任何一个国家，只要在大选年，老百姓就会饱受媒体
的轰炸，政客们不惜重金滥用媒体，蛊惑选民。看起来，选民是上帝，实际上，选民只
是投票的工具，他们的自我意向迷失在媒体的鼓噪中；而政客们在选举时为拢选票空口
许愿满嘴桃花，在选举之后，他们的承诺绝大多数都是被扔在一边不能兑现的空头支票。
近年来，愿意投票的选民数每况愈下，是选民对选举丧失信心的体现。"参阅黄万盛：《正
在逝去的和尚未到来的:〈破碎的民主〉中文本序》,《破碎的民主》(北京：生活·读书·新
知三联书店，2005 年版) 一书系法国学者皮埃尔·卡蓝默所著。
[2] 吕思勉：《先秦学术概论》,上海：东方出版中心，1985 年版，第 97 页。

在吕思勉看来,立法权所关涉的最高权力之约束和限制问题,是一个人类社会共同面临的"事实问题",是人类社会需要共同克服的一个政治困境。在此意义上,民主政体也好,君主政体也罢,其实都不能完全解决梁启超所期许的"正本清源"的问题。也就是说,宪法稳定性与可变性的问题,涉及作为最高权力之宪法及其来源,其实是人类面临的永恒悖论,它不是专属于先秦法家的困惑,而是人类至今尚未彻底给出完美答案的困惑。深受政体理论濡染的现代中国学者,为了确证近代以来民主体制的正当性,以一种近乎浪漫的情怀构筑了一个有关立法权的"正本清源"神话。在这个精心编织的理论框架中,西方民主宪政受到青睐,法家有关"君臣上下贵贱皆从法"的理念被刻意解读为不能"正本清源",是一种与民主相对的"专制"、"人治"。

饶有趣味的是,法家与现代西方学者在如何约束最高权力的问题上,都提到了自我约束。试对比梁启超与狄骥的如下表述:梁启超批评法家"法治"学术涉及君主守法寄希望于"自禁"时说:"立法权应该属于何人?他们始终没有把他当个问题。他们所主张法律威力如此绝对无限,问法律从哪里出呢?是君主,还是政府。他们虽然唇焦舌敝说:'君主当设法以自禁',说:'君主不可舍法而以心裁轻重。'结果都成废话。造法的权在什么人,变法废法的权自然也在那人。君主承认的便算法律,他感觉不便时,不承认他。当然失了法律的资格。他们主张法律万能,结果成了君主万能。这是他们最失败的一点。"[1]狄骥在批评叶赫林"主权自限原则"时亦说:"很明显,在这种自限说中有一套真正的戏法。一种自愿的服从不是服从。如果只有国家才能建立和拟定法,而

---

[1] 梁启超:《先秦政治思想史》,《饮冰室专集》之五十,北京:中华书局,1989年版,第217页。

且国家还可以随时在它认为必要时加以修改的话，国家便不是真正受法限制的。这样给公法设定的基础，不容置辩是极为脆弱的。国家的权力只是因为国家所乐意并在国家自行设定的范围内受法限制，这种权力便极端类似一种绝对无限的权力。我刚才谈到的一种戏法，把它称为诡辩学说可能更正确一些。无论如何，这只是靠着一种似是而非的理由，人们才硬说国家是受法约束的。这就是现代整个法学界为解决用法来限制国家的问题所作出的努力。"[1] 梁启超以无法约束与限制君主最高权力的逻辑去批评法家之君主"自禁"，与狄骥批评"主权自限"的逻辑，如出一辙。

令人遗憾的是，现代以来的中国学界，极少注意到西方政治哲学对国家主权理论的反思对于更新法家思想研究的重要意义，直至今日，依然沿袭着梁启超的观点和思路来定性和分析法家。显然，追问国家最高权力是否受到约束与限制，与追问法家君主最高权力与法律的关系，同出一辙。近代以来西方尤其德国思想家的国家主权理论面临的困境，被梁启超移形换景，运用到了先秦法家身上，顺此思路，自然就提出了究竟君主权力最高还是法律权力最高的问题。德国思想家们的国家主权理论"最困难的问题"，其实同样不能在立法权的问题上"正本清源"，其实同样与先秦法家一样，最后必须乞灵于最高权力的"自我义务"。梁启超运用西方国家主权理论来追问法家立法权不能正本清源时，并未意识到，他批评法家的弊端，也是西方思想家最头疼的问题。梁启超评论法家时曾提出一个重要的方法论："法治主义通有的短处"与"先秦法家特有的短处"，并且将立法权不能"正本清源"

---

[1]［法］莱翁·狄骥：《宪法论、法律规则与国家问题》，钱克新译，北京：商务印书馆，1959 年版，第 459-460 页。

归结为先秦法家特有的短处[1]。这个方法论是可取的,但是结论却值得商榷。依据这个标准,法家无法有效约束与现在君主的最高权力,实则是人类普遍存在的一个理论难题,是一个根本无解的难题。倘若按照通常"正本清源"的思路,在如何约束最高权力的问题上,恐怕迄今为止所有的国家的最高权力其实都不可能受到外在法律的约束与限制,都难免"人治"之嫌了。如果法家之"法治"因此而被定性为"人治",那还有何种制度何种社会不是"人治"?总之,此种以人类通有的短处来界定法家,除了给学界平添诸多无谓的理论困惑外,对于深化法家之"法治"学说,并没有太多益处。

第三节 法家"法治"学说"刑治说"辨正

法家"法治"本质是否属于"刑治"的问题,也向来为学界所关注。严复认为:"夫督责书所谓法者,直刑而已。所以驱迫束缚其臣民,而国君则超乎法之上,可以意用法易法,而不为法所拘。夫如是,虽有法,亦适成专制而已矣。"[2]当代法学界亦有学者认同这种观点。[3]笔者以为,欲解决法家"法治"是否"刑治"的问题,需要从两个方面来考察:其一,法家之"法"与"刑"的关系以及"法"的多元内涵;其二,法家之"法"与"刑"是否含有权利、正义的意味?

首先分析第一个问题。

---

[1] 梁启超:《先秦政治思想史》,《饮冰室专集》之五十,北京:中华书局,1989 年版,第 216-217 页。

[2] 王栻主编:《严复集》,第四册,北京:中华书局,1989 年版,第 938-939 页。

[3] 梁治平:《法辨》,《中国社会科学》1986 年第 4 期;郑琼现、占美柏:《法家"法治"说:理论、实践及百年流变》,《学术研究》2004 年第 6 期。

从文献记载来看，"刑"确为法家之"法"的重要组成部分。法家非常重视刑罚对于治国之重要性。韩非子说："凡所治者刑罚也"（《诡使》），又说："夫严刑重罚者，民之所恶也，而国之所以治也。"（《奸劫弑臣》）《商君书·说民》则将"刑"视为实现法治理想社会的起点："刑生力，力生强，强生威，威生德，德生于刑。"《管子·心术上》亦说："杀僇禁诛谓之法。"就此而言，《尔雅·释诂》"刑，法也"以及《说文解字》"法，刑也"的判断，是有充分依据的。法家对刑罚之重视还体现在"以刑去刑"的观念提倡方面（《商君书·去强》、《韩非子·饬令》）。法家利用人们趋利避害的心理特征，主张通过刑罚之威慑，最终使之所以惩罚的善恶价值、是非观念完全内化为百姓自身的实际意愿，从而达到"以刑去刑"的效果。《商君书·定分》详细描述了这种理想及其实现逻辑："故圣人立天下而无刑死者，非不刑杀也，法令明白易知，为置法官吏为之师以道之知。万民皆知所避就；避祸就福，而皆以自治也。"

多数情况下，法家之"法"与"刑"的关系可以表述为："法"代表一种客观规范，"刑"则代表客观规范的具体落实与实施，如《商君书·说民》称："法详则刑繁，法简则刑省。"《韩非子·解老》也说："民不敢犯法，则上内不用刑罚。"由此亦可以看出，法与刑既存在很紧密的关系，但法家将二者分列对举来表示又至少表明二者并非完全一回事。对此，胡适的观点非常明确："法家所主张的，并不是用刑罚治国。他们所说的'法'，乃是一种客观的标准法，要'宪令着于官府，刑罚必于民心'，百姓依这种标准行动，君主官吏依这种标准赏罚。刑罚不过是执行这种标准法的一种器具。刑罚成了'法'的一部分，便是'法'的刑罚，便是有了限制,不是从前'诛赏予夺从心出'的刑罚了。"[1] 既然"法"为执行刑罚之标准与依据,由此自然衍生出罪刑法定的政治理念,"释仪的而妄发,虽中小不巧;释法制而妄怒,虽杀戮而奸人不恐。罪生甲,祸归乙,伏怨乃结。故至治之国,有赏罚,而无喜怒,故圣人极;有刑法而死,无螫毒,故奸人服。"(《用人》)毋庸置疑,这是一种公正观念,同时也是"以刑去刑"能够实现的伦理基础。上述言说都表明,尽管"刑"为法家之"法"题中应有之义,但二者存在的细微差别却不容忽视。就此而言,陈顾远的观点值得充分重视,他说:"法家把法字的涵义看得很广,依正当的用法,刑书只是法的一部分,绝不能泛称为法;所以商鞅受《法经》以相秦便改法为律,把《法经》的盗法、贼法……改为盗律、贼律……表示出法与刑不是一种事物。"[2]

同时,法家之"法"蕴含"刑"的意味,绝不意味着法家之"法治"就是"刑治"。最简单和最直接的原因在于,法家之"法"除了"刑"之外,尚有"赏"的重要内涵:"二柄者,刑、德也。何谓刑、德?曰:杀戮之谓刑,庆赏之谓德。"(《二柄》)"厚赏"作为法家"法治"的逻辑基础和物质前提,就是首先让绝大多数人具备相对丰厚的物质生活条件,从而强化人们的利害意识和差别意识,唯有如此,才会乐生恶死、趋利避害,"刑"也才有了真正得以落实的社会基础。《安危》篇说:"人失其所以乐生,而忘其所以重死。人不乐生,则人主不尊;不重死,则令不行也。"《六反》篇也称:"凡民之取重赏罚,固已足之之后也。"《八经》篇更主张只有"使民利之"、"使民荣之"的前提下才能"使民畏之"、"使民耻之"。显然,这些史料都清楚地表明,法家及韩非

---

[1] 胡适:《中国哲学史大纲》,上海:上海古籍出版社,1997年版,第268页。

[2] 陈顾远:《法治与礼治之史的观察》,《复旦学报》1944年第1期。

子的"法治"思想本质不是仅止于"刑治"而已。

法家之"法治"并非单纯"刑治"的深层原因，先秦法家诸子并非现代法学意义上的法学家，而是政治家，尽管这两种身份都关注法律之运用，但作为政治家的法家对"法"的理解远比现代法学家更为丰富。譬如，《商君书·画策》说："国皆有法，而无使法必行之法。"此句"法"字出现三次，前两次出现之"法"既可理解为"法律"，亦可理解为广泛意义的社会规则；而最后一次出现之"法"，既可具有前面两个"法"的内涵，又可蕴含"方法"之意。再如，韩非子曾引述申不害的话："法者，见功而与赏，因能而受官。"（《外储说左上》）此处之"法"实为奖赏与委任官吏之方法，其与申不害强调的"术"具有相同的内涵："术者，因任而授官，循名而责实，操杀生之柄，课群臣之能者也，此人主之所执也。"（《定法》）韩非子在《有度》篇的观点更可以看出"法"所具有的制度或规则内涵："故明主使法择人，不自举也；使法量功，不自度也。能者不可弊，败者不可饰，誉者不能进，非者弗能退，则君臣之间明辨而易治，故主雠法则可也。"在此，"法"作为一种制度标准，绝不具有"刑"的内涵。一般而言，"刑"是一种禁止性规范，强调行为之后果，并以惩罚为手段；但此处之"法"的功能在于"择人"、"量功"而非惩罚。章太炎将其称之为"制度"，他说："法者，制度之大名。……故法家者流，则犹通俗所谓政治家也，非胶于刑律而已。"[1]冯友兰则将其视为"组织和领导的理论与方法"："把法家思想与法律和审判联系起来，是错误的。用现代的术语说，法家所讲的是组

---

[1] 章太炎：《检论·商鞅》，《中国现代学术经典·章太炎卷》，石家庄：河北教育出版社，1996年版，第383页。

织和领导的理论和方法。"[1]顾立雅在详细梳理先秦"法"的内涵之后认为,法家之"法"多数情况下具有"法律"(Law)与"行政技术"(Administrative technique)的双重内涵。[2]就此而论,法家所关心的"法"本质上是社会规则及其实现方法之总称,此亦胡适所谓"标准法"之缘由。

再看第二个问题。

学界有一种舆论不仅将法家的"法治"定性为"刑治",并且"不含有权利、正义的意蕴"。权利、正义均为西方政治概念,且为现代汉语之表达形式,若从字面上讲,先秦文献自然不会存在与西方政治语境中的"权利"、"正义"完全相同的概念。然而,没有字面意义上的概念,并非没有如此之观念。试问,倘若法家乃至整个中国古代之"刑",不含权利、正义的意蕴,那执法者岂不是真成草菅人命的杀人魔王了么?近人王伯琦依据狄骥有关社会规范理论,将法的规范分为准则法与技术法两种类型。准则法是目的,技术法是方法。以刑法为例,刑法属于技术法,但其背后却隐藏着准则法。"如不得杀人,不得盗窃,不得欺诈,不得背信,都是准则法,这是我们应遵守的行为规范,但这不是刑法的内容。刑事法所规定的是杀人盗窃欺诈背信等行为应处以何种的刑罚。"根据这个判断,王伯琦认为法家提倡的"法"既是准则法又是技术法,力主法家"法治"并非"刑治"。他说:"技术法仅是确保准则法被遵守的方法,既讲到技术法,必然的应以承认准则法之存在为前提,倘使否认了准则法,技术法就无从谈起。所以法家虽多就技术法方面发挥议论,但决不会不承认先有

[1] 冯友兰:《中国哲学简史》,北京:北京大学出版社,1985年版,第186页。

[2] Herrilee G. Creel, *SHEN PU-HAI: a Chinese Political Philosopher of the Fourth Century B.C.*, The University of Chicago Press,1974, p162.

道德礼义之存在。"同时，他还针对将"法"与"刑"等同起来的观点只注意到技术法一面而忽视了准则法："我们言法，决离不了准则法的概念，亦就是说，离不开道德礼义的概念。……倘说法与刑同义，那么言法的人将都是刽子手了。"[1]令人遗憾的是，王伯琦有关法家"法治"并非"刑治"的观点，并未受到学界应有的重视。这至少提醒人们思考，即便从"刑治"角度去理解"法治"，也应该考虑到法家之"法治"本身所具有的权利、正义价值。

探讨法家"法治"学说的权利意识，最最显著的非"街兔理论"莫属。《慎子·逸文》记载："一兔走街，百人追之，贪人具存，人莫之非者，以兔为未定分也。积兔满市，过而不顾。非不欲兔也，分定之后，虽鄙不争。"相似说法亦可见于《商君书·定分》："一兔走，百人逐之，非以兔也。夫卖者满市，而盗不敢取，由名分已定也。故名分未定，尧舜禹汤且皆如骛焉而逐之；名分已定，贪盗不取。"若用现代观念来审视，无主之兔（譬如野兔），在所有权问题上归属未定，如此，不管何人，均可尝试据为己有。然而，如果此兔并非野兔，其所有权归属并无分歧时，他人是不能随意侵占的。此处之"名分"，具有强烈的个人所有权的意味，他人不得无故侵犯。《商君书·定分》所谓"吏不敢以非法遇民，民又不敢犯法"，实质也蕴含百姓利用"法"来维护自身权益以免遭官吏之侵害的意味。此外，法家"君臣互市"的观念，亦隐隐透露出某些权利意识，所谓"主卖官爵，臣卖智力，故自恃无恃人"。（《外储说右下》）在此观念之下，君臣之间基于公平原则形成一种能力与爵禄的买卖交换关系。倘若大臣能力完全胜任君主委任之职责，那么他就理所应当获得其应得的爵禄，这是他的

---

[1] 王伯琦：《近代法律思潮与中国固有文化》，北京：清华大学出版社，2005年版，第10-14页。

"权利",并且他也不会因此对授予他爵禄的君主感恩戴德。此即
"以功受赏,臣不德君"(《外储说左下》)。此种观念,即使放在
动辄感念英名领导之当代中国,依然不乏警醒价值。

至于法家之"刑"有无正义价值,倘若去掉先入为主的阶级
分析法以及现代民主制度的偏见,其实根本不成其为一个问题。
缺乏正义价值的刑罚,且不问是否符合中国历史之复杂情形,单
纯从逻辑上亦可推知绝不可行、不可信。《荀子·正论》曾谓:"杀
人者死,伤人者刑,是百王之所同也,未有知其所由来者也。"这
是最朴实最切近人情体验的公平正义价值,"百王之所同"道出了
"杀人者死、伤人者刑"超越时空的价值。在一个是非观念与善恶
价值正常有序的社会,杀人及伤人者,定会受到惩罚这点,无论
古代也好,当代也罢,除了程度之差别外,实质完全相同。法家
之"法"与"刑罚",亦能在此意义上获得其正当性。《慎子·逸文》
阐述"法"之特性:"法者,所以齐天下之动,至公大定之制也。"
韩非子以"法"为执行刑罚之标准与依据,并且衍生出罪刑法定
的政治理念,"释仪的而妄发,虽中小不巧;释法制而妄怒,虽杀
戮而奸人不恐。罪生甲,祸归乙,伏怨乃结。故至治之国,有赏罚,
而无喜怒,故圣人极;有刑法而死,无螫毒,故奸人服"。(《用人》)
毋庸置疑,这是一种公正观念。韩非子明确主张:"圣王之立法也,
其赏足以劝善,其威足以胜暴。"追求"善之生如春,恶之死如秋"
的理想社会(《守道》)。如果不去纠缠善恶价值的相对性,法家之
"法治"在此表达的同样是一种扬善惩恶的正义价值。

综上可知,法家之"法"具有"刑"的内涵,但更重要的是
一套社会规则体系及其实现方法,所以将法家"法治"定性为"刑
治"的观点是偏颇的,不利于正确认识和评价法家。

余论

学界不仅将法家之"法治"定性为"专制"、"人治"、"刑治"，同时还从政体视角主张它与现代民主法治存在本质区别，所谓现代民主"法治"（rule of law）与法家"法治"（rule by law）区别。但是，正如前文所提到的，现代民主"法治"之下，欲使主权者居于法律之下，实则也是一种幻想而已。就此而论，古今"法治"观念具有相似的特质，也面临着同样的困境。"法治"概念本身，实则人类创造的处理人际关系及资源分配的一套规则体系。因为"法"本身的出现与存在，根本上说乃是基于"人"的需要，"法"是由"人"并且由"拥有最高权力的人或机构（少数人）"制定出来满足人类需求的。从这种意义上说，"法"是人类社会实现治理的工具，然而"法"本身蕴含的矫正人类贪欲及偏心的公平正义特质，又使得"法"具有不听从"人"而欲"人"听从"法"的意味，无论法家之"道生法"，还是西方古典自然法或近代天赋人权观念，均欲赋予"法"相对于"人"之至高无上性及绝对正当性。然而，由于"法"本身是人类制定出来的规则，所以它本身蕴含的公平正义特质又必须依赖于"人"尤其是特定的"人"来执行，如此一来，真正意义上的"法的统治"（rule of law）无法实现，实质均为"以法为治"（rule by law）。

当然，如此主张，并非就说法家之"法治"与现代民主"法治"并非没有区别。这种区别主要体现于现代民主法治的一套相对完善的政治体制有利于"法治"相对于法家之君主政体更接近"法的统治"（rule of law）。梁启超曾认为："中国人对于国家性质和政治目的，虽看得不错，但怎样才能贯彻这目的呢？可惜没有彻底的发明。申而言之，中国人很知民众政治之必要，但从没有想出个方法叫民众自身执行政治,所谓 by people 的原则,在中国不唯事实上没有出现过,简直连学说上也没有发挥过。"[1]当代亦有学者指出:"西方文化的优势恰恰在于它的实践性和可操作性,西方的民主思想正因为有了一套可操作的程序,才将其变成一种社会的现实;西方的法律思想正因为有了一套运作规程,实现了三权分立、司法独立和相互制衡,才在一定程度上实现了法治和在一国范围内保证了个人的自由和人权。中国思想如果不解决实践性和可操作性的问题,如果找不到将其贯彻落实的途径和方法,我们永远就只能停留在空谈和议论方面。"[2]在美国民主政治中,民众被视为"睡着的狗"的生动比喻,亦说明尽管民众平时对于政治参与热情不高,然而一旦他们发现当政者滥用法律时一定会积极参与,从而在下一次选举中将他们选下台[3]。也就是说,西方民主"法治"尽管离真正的"法的统治"(rule of law)尚有距离,其法律之制定也难免沦为少数意志体现,然而其程序之透明以及给民众预留参与政治之途径,相对于法家之"法治",无疑更为合理,也更有利于实现法家之"法治"理想。

毫无疑问,法家之"法治"对于业已高度规则化、有序化之西方社会而言,已经失去借鉴价值。但是,对于当代中国,依然值得提倡。诚如前文所言,法家之"法治"乃是一套社会规则体系及其实现方法。法家之"法治"涉及规则属性、规则制定、规则执行以及规则运行环境等诸多方面的探讨。所谓"规则体系",体现在社会治理层面,就成为"制度"或"法规",体现在日常

---

[1] 梁启超:《先秦政治思想史》,《饮冰室合集》专集之五十,北京:中华书局,1989 年版,第 192 页。

[2] 张曙光:《天下理论和世界制度:就〈天下体系〉问学于赵汀阳先生》,载邓正来主编:《中国书评》,第五辑,上海:上海人民出版社,2006 年版。

[3] [美]迈克尔·罗金斯等:《政治科学》,林震译,北京:华夏出版社,2001 年版,第 135 页。

生活领域，就成为林林总总的行为规范及交往礼仪。中国文化"重
关系、轻规则"的特质，使得中国成为一个徒具规则体系而无规
则落实的社会。费孝通认为在"差序格局"的社会中"一切普遍
的标准并不发生作用，一定要问清了，对象是谁，和自己有什么
关系之后，才能决定拿出什么标准来"。[1]当代中国，政治领域的
腐败、商业领域的欺诈及食品安全问题、日常生活中的各种潜规
则，其实都亟待规则体系之真正落实。熟悉本土文化特性之法家
向来重视规则体系之落实环境及落实途径，对于解决当代中国规
则缺失之困境，或有一定帮助。

---

[1] 费孝通:《乡土中国·生育制度》，北京：北京大学出版社，1998年版，第36页。

重建我们的信仰体系，国学何为？

当前中国盛行"国学热"，传统文化呈现复兴趋势。究其原委，当然因为其对于今日之社会仍具价值。由此，探讨传统思想文化的当代价值成为中国学界关注的一个焦点话题。细绎各种有关研究传统文化当代价值的文章及著作，他们所论之"当代价值"的思路不外乎几种情形：其一，对接型。这种思路着力于梳理传统思想与当代社会正在提倡的现代理念不相冲突，完全可以实现传统与现代的对接。其二，现实需求型。这种思路突出强调传统思想对于解决当代社会面临的诸多现实难题所具有的现实功能。其三，互补型。这种思路主张西方的现代性是未完成的现代性，而现代性危机的出现使得中国的传统思想获得了新的价值。应该说，上述三种思路在当今学界具有很大的代表性，同时他们的观点在一定程度上亦有相当的合理性。本文拟在反思上述研究思路的基础上，探讨当代中国重建信仰体系的过程中，作为国学重要组成部分的子学所具有的理论价值与现实功能。

第一节 探讨国学当代价值研究的三种思路

二十世纪二三十年代，中国思想界曾有一股反孔、反儒学、反传统的思潮。在盛行国学热的今天，前贤激烈反孔、反儒学已经显得不合时宜，与传统和解，实现中华民族传统文化的伟大复兴，成为当下知识界的主流话语。尽管如此，在动辄言传统思想、儒家思想当代价值之今日，陈独秀、陈序经当年的铿锵追问仍然值得我们重视，因为他们曾经的追问至今仍未得到提倡儒家思想当代价值的学者的正面回应。

1919 年 5 月 4 日，陈独秀针对北京《顺天时报》在此前发表的《孔教研究之必要》一文，在《每周评论》发表署名"只眼"的文章，以为商榷。他认为，"我们反对孔教，并不是反对孔子个人，也不是说他在古代社会无价值。不过因他不能支配现代人心，适合现代潮流，还有一班人硬要拿他出来压迫现代人心，抵抗现代潮流，成了我们社会进化的最大障碍。《顺天》记者既然承认孔教在法律上、政治上、经济上都和现代社会人心不合，不知道我们还要尊崇孔教的理由在哪里？"又说："除了君臣父子夫妇之道及其他关于一般道德之说明，孔子的精神真相真意究竟是什么？"[1]

陈独秀的追问被梁漱溟誉为"锋利逼问"，他在解读陈独秀此篇文章时进一步将其清晰化、明了化："孔子的话不外一种当时社会打算而说的，和一种泛常讲道德的话；前一种只适用于当时社会，不合于现代社会，既不必提；而后一种如教人信实、教人仁爱、教人勤俭之类，则无论哪地方的道德家谁都会说，何必孔子？于此之外孔子的真精神，特别价值究竟在哪点？"梁漱溟还称赞陈独秀将旧派先生逼问得张口结舌，"实在说不上话来"[2]。

二十世纪三十年代，深受陈独秀、胡适等人思想影响的陈序

---

[1] 陈独秀：《孔教研究》，《每周评论》1919 年 5 月 4 日。
[2] 梁漱溟：《东西方文化及其哲学》，北京：商务印书馆，2005 年版，第 208 页

经进而提倡"全盘西化论"。1933 年 12 月 29 日晚，陈序经在中山大学礼堂发表题为《中国文化之出路》的学术演讲，主张"全盘西化"，而其致思理由，则与陈独秀的追问逻辑一脉相承，他说："从理论方面说来，西洋文化，是现代的一种趋势。在西洋文化里面，也可以找到中国的好处；反之，在中国的文化里未能找出西洋的好处。精神方面，孔子所说的仁义道德，未必高过柏拉图的正义公道。"又谓："从比较上看来，中国的道德，不及西洋；为的是中国的道德家本身不好。中国人无论公德私德都不好。教育亦的确落后。法律的观念薄弱。一国之本的宪法，素来也不很讲究。哲学也不及西洋的思想，如柏拉图哲学之有系统。"[1]

　　现在暂时撇开陈独秀、陈序经具体的学术观点诸如激烈的反孔、反儒学以及"全盘西化"等言论不谈，单就二人对儒学当代价值的追问做一些方法论的反思。依据二人的思路，欲探讨某种古代观念的当代价值，必须与现代社会的诸种观念价值相比较，尤其与西方民主科学等观念相比较，如果相对于西方的民主科学观念，古代观念具有某种无可替代的特殊价值，那么我们就可以说这种古代观念在现代社会具有当代价值，相反，则不能轻易标榜所谓当代价值。这种思路对于我们今日探讨国学的当代价值仍有很大的启发性。

　　今日要谈国学包括儒家、道家甚至法家的当代价值，必须首先在逻辑上回答几个基本问题：（1）当代社会的价值观念领域缺不缺国学提倡的价值观念，如果我们现代社会根本不缺诸如此类的观念，那么国学的特别价值何在？这也正是梁漱溟根据陈独秀的言论所总结出来的基本逻辑："教人信实、教人仁爱、教人勤俭之类，则无论哪地方的道德家谁都会说，何必孔子？于此之外孔

[1]　陈序经：《中国文化之出路》，《民国日报》(广州) 1934 年 1 月 15 日。

子的真精神，特别价值究竟在哪点？"（2）当代社会的种种现实问题，是否能够从某种观念也可以具体为国学的提倡就能得以解决？譬如，当代社会出现的公德意识缺失、政治腐败等现实问题，是否可以从儒家的"以德治国"的观念提倡得以解决？对上述两个问题的回答，是论证国学"当代价值"究竟何在的基本前提。

就第一个问题而言，国学的很多观念其实已经广泛盛行于当代社会。譬如，就儒家而言，当代社会的各个领域所盛行的，恰恰不是儒家式道德观念的缺乏，而是诸如拾金不昧、见义勇为、勤俭节约、助人为乐、廉洁奉公等道德说教的泛滥！如此一来，有关儒家思想当代价值的"对接型"思路就会存在很大漏洞。在"对接型"思路中，学者们误将"辅助性历史资源"或来自历史理念的"支援意识"作为一种"当代价值"。姑且不论儒家的民本观念是否与现代民主根本相冲突的问题，学界仍莫衷一是，难有定论；即便假定儒家的民本思想与现代民主理念是根本一致的（有学者称之为"准现代性"），那么依照陈独秀、陈序经的有关当代价值的逻辑思路分析，儒家的民本观念也顶多能为现代中国的民主化进程提供历史记忆而已，其与源自西方的民主理念相比，无论在理论完善性与制度可行性层面，均无法呈现优越的独特价值。由此，我们势必会问：在民主理念昌明之今日，儒家民本观念的当代价值何在？毕竟，"准现代性"终究是参照"现代性"而言的，在"现代性"已经不再陌生的当今中国，儒家民本观念除却"辅助性的历史资源"这一价值之外，是否具有"当代价值"就很成问题。就法家而言，也有不少学者坚持这样的观点：当代中国追求"以法治国"，欲实现"法治"，故本着"古为今用"的原则，法家的"法治"可以提供思想借鉴。这是一种空洞、肤浅的观点。道理很简单，因为在民主法治观念已经深入人心的当代中国，如果单从"法律"的角度来理解韩非子之"法"同时又无法说清其"法治"思想到底能够为现代"法治"提供什么智慧，那就缺乏说服力。这正如在已经熟练掌握如何制造轻便、高效的计算机技术的当代社会，人们还非常矫情地说上世纪五六十年代的计算机制造技术能为当代计算机制造技术的发展提供思想资源一样，无法令人接受。

承继第一个问题的逻辑，回答第二个问题时人们应该理智地意识到，当代社会出现的种种现实问题，迫切需要的是各种现实措施的落实，而非某种观念的简单提倡。那种以为提倡某种观念就能很好解决现实问题的思路，实则具有"文化决定论"的倾向，也即林毓生所批评的"借思想、文化以解决问题的方法"[1]。观念层面所期待的对现实问题的解决途径，与真正面对现实问题所需要的有效途径之间，实际存在着巨大的差异。以儒家"以德治国"观念为例，有学者提出儒家的德治有助于解决当代中国的腐败问题。其实，了解中国现实的人们都清楚，高尚道德的提倡，在当代中国并不缺乏。当代中国意识形态的正当性肇始于共产党人的光明磊落与无私奉献，奠基于鲜明的人民性。但是，我们正是在这样的社会条件下出现了现实问题。由此，我们势必会问：依照社会主义意识形态及共产党人的高尚伦理都无法彻底解决的现实问题，儒家的政治理念到底对于解决当代的诸多困境又有多大作为呢？说到底，当代社会之所以公德缺失、贪腐不断，关键不在于教育领域的价值提倡，不在于个人内在的道德修养，而在于现实社会中各种利益与权力之间盘根错节的关系，如何理清这种

---

[1]　林毓生:《中国传统的创造性转化》，北京：生活·读书·新知三联书店，1988年版，第174页。

关系，必须依靠制度建设与外部监督。就此而论，依照现实问题而"对症治病"开出的"需求型"思路，是无法解决现实问题的，儒家思想的"当代价值"在此也不合逻辑。

互补型思路，立足于中西文化各自优长之比较，通过发掘中国学术固有之文化特征，旨在确立起文化自信。若能证成中国固有文化确乎存有优于西方文化之长处，当今加以大力提倡，则不仅于当今国人之生活有当代价值，而且于整个人类文明之进步与发展亦有帮助。应该说，这种研究思路值得充分肯定，但是实施难度实在太大。原因在于，一方面，对于研究者的学识要求很高，不仅需要中西贯通，而且更需超越主观的价值偏好，真正寻出中国文化的精华而非糟粕贡献给人类；另一方面，面对中国文化对西方文化所具有的"纠偏"或"补充"特质，现代的西方文明是否愿意接受和承认，也是一个大难题。当然，这种思路的要点最终还是着眼于中国现实本身，西方文明承认与否倒是一个次要的问题。如果真能在国学中发掘出真正有益于当代中国的思想资源，倒不失为一种值得尝试的研究方法和思路。不过，这种思路还可能存在一个致命的弱点，即：完成现代性的现代西方社会对于前现代思想资源的"稀缺"和"好奇"，并不能简单视为中国文化的优点，尤其不能简单将之视为当代中国在完成现代性过程中需要保留的东西（也可能是当代中国需要克服的弊端，比如儒家意义上的伦理——关系导向的处事方式）。

鄙意以为，若论"当代价值"，或许当年费孝通的社会调查思路更有启发性，从了解"中国社会究竟是什么"的问题意识出发，做更多实证性的调查研究[1]。从社会学、政治学及心理学的角度详细考察中国社会的实际情况，探讨近代以来中国的民主化

---

[1] 费孝通：《乡土中国·生育制度》，北京：北京大学出版社，1998年版，第326-327页。

进程为何如此曲折坎坷的观念背景及社会土壤，在洞悉阻碍中国民主化的诸种症结基础上进而推动中国历史的发展，或许才是真正的"当代价值"。然而，在现代学科体制之下，这种学术诉求已然超越了人文学科所能承载的研究功能。鉴此，将国学的当代价值重点放在人文素养和思想观念层面，尽量与现实的具体问题保持一定距离，也即余英时所说的"下行路线"，或许是一个有益的尝试。本文即在信仰重建层面以及观念价值层面，超越信仰与理性二元对立的思路，探讨国学尤其子学的当代价值。

第二节　中国信仰体系的三重面相

在西方哲学史上，信仰往往与非理性联结在一起。从柏拉图对理性与非理性的区分并将信仰归结为非理性领域开始，以至康德"理性不能证明信仰"的命题，都将信仰与理性对立起来。真正理性的人，首先应该意识到，理性并非万能，理性与信仰的边界由此形成。当理性不及时，信仰的功能就得以呈现，尤其关涉人类终极关怀及人生意义时，信仰之作用，理性无法替代。世界总是充满了偶然性及不确定性，如何在这样的世界上寻求一整套可以说服自己从而让自己淡定从容生活的理论体系，这是人类不可或缺的本能需求。信仰之突出特质，就在于热切而深层的情感灌注，在于深信不疑，甚至甘于为此而献出自己宝贵的生命。一个拥有信仰的人，往往怀着一种纯洁的信念，虔诚地躬行实践，一方面在身心层面获得人生意义之满足而不再盲目与茫然，尤其在关涉生死问题时能够平静对待而不致惶恐甚至呼天抢地；另一方面在人际层面又会秉持信仰而实现自律，从而能够在社会和谐方面实现他律所不能及的功能。

　　理性与信仰之二元对立思路及各有畛域之划分，使得人们在生活场域多将信仰归结为放弃理性反思的宗教信仰。例如，《简明不列颠大百科全书》（第八卷）就将信仰定义为："在无充分的理智认识足以保证一个命题为真实的情况下，就对它予以接受或同意的一种心理状态。"[1]伴随科学的进步以及工具理性的高度发达，信仰的领地逐渐被理性所侵蚀，这就是马克斯·韦伯所说的"持续千年的世界除魅"。理智化及理性化的增进，使得人们拥有这样的一种认识："只要人们想知道，他任何时候都能够知道；从原则上说，再也没有什么神秘莫测、无法计算的力量在起作用，人们可以通过计算掌握一切。"同时，韦伯也满怀悲情地意识到，这种伴随科技不断"进步"的生活观念，已经使得人生的内在意义处于不断"前进"与"攀登"之中。进步无限，人生的意义又在何处？人生艰难为一死，当死亡来临时，现代人如何消解死亡带来的恐惧与不安？"亚伯拉罕或古代的农人'年寿已高，有享尽天年之感'，这是因为他处在生命的有机循环之中，在他临终之时，他的生命由自身的性质所定，已为他提供了所能提供的一切，也因为他再没有更多的困惑希望去解答，所以他能感到此生足矣。而一个文明人，置身于被知识、思想和问题不断丰富的文明之中，只会感到'活得累'，却不可能'有享尽天年之感'。对于精神生活无休止生产出的一切，他只能捕捉到最细微的一点，而且都是些临时货色，并非终极产品。所以在他看来，死亡便成了没有意义的现象。既然死亡没有意义，这样的文明生活也就没了意义，因为正是文明的生活，通过它的无意义的'进步性'，宣告了死亡的无意义。这些思想在托尔斯泰的晚期小说中随处可

---

[1]《简明不列颠大百科全书》，北京：中国大百科全书出版社，1986年版，第659页。

见，形成了他的艺术基调。"[1]生命意义之惑因真诚信仰缺失而成为现代人的宿命。

　　如何让充分理性化的现代人重新寻回信仰，不乏学者怀着悲悯之情开始艰难的理论探索。继当韦伯之后，在二十世纪七十年代的北美大陆，一位精研法哲学的美国学者在人类理性的园地里辛勤地挖掘信仰的种子，他就是伯尔曼（Berman, Harold J.）。他于1971年在美国波士顿大学做了一系列的公开学术演讲，最后结集出版，这就是著名的《法律与宗教》一书。该书著名的一句名言，至今对于关注法治的人士来说已是耳熟能详："法律必须被信仰，否则它将形同虚设。"[2]法律，在法律世俗主义及法实证主义者眼里，往往被视为一种维持秩序的工具，归结为工具理性的范畴，即使自然法理论体系，实则也是古希腊哲学理性思维的结果，并不蕴含深切的情感及非理性因素。伯尔曼的理论思路，即是要超越理性与信仰、主观与客观的对立二分，从而恢复法律所固有的信仰特质。他提出信仰包涵宗教信仰与法律信仰两个层面，法律欲获得完整的神圣性与权威性，仅仅依靠赏罚无法实现，必须关照并真正契合人们追求公平、公正、正义的法律情感："权利与义务的观念，公正审判的要求，对适用法律前后矛盾的反感，受平等对待的愿望，忠实于法律及其相关事物的强烈情感，对于非法行为的痛恨，等等。这种对于任何法律秩序都是必不可少的情感，不可能由纯粹的功利主义伦理学中得到充分的滋养。这类情感的存在，有赖于人们对它们自身所固有的终极正义性的信仰。"[3]唯

[1]　[德]马克斯·韦伯：《学术与政治》，北京：生活·读书·新知三联书店，1998年版，第29-30页。

[2]　[美]伯尔曼：《法律与宗教》，梁治平译，北京：生活·读书·新知三联书店，1991年版，第28页。

[3]　同[1]，第39页。

有具备上述法律情感，才可能真正形成一种守法传统。他说："正如心理学研究现在已经证明的那样，确保遵从规则的因素如信任、公正、可靠性和归属感，远较强制力更为重要。法律只在受到信任，并且因而并不要求强力制裁的时候，才是有效的；依法统治者无须处处都仰赖警察。……真正能阻止犯罪的乃是守法的传统。这种传统又植根于一种深切而热烈的信念之中。那就是，法律不仅是世俗政策的工具，而且还是生活终极目的和意义的一部分。"[1]显然，在伯尔曼看来，信仰，并不仅仅局限在宗教领域，亦不完全排斥人之理性。凡是人类对于某种价值或境界倾注深切而执著之情感，并在实际生活中矢志不渝地加以践行，此种状态亦可视为一种信仰。

按照上述对信仰关涉深切而执著之情感的理解，结合中国文化的特质，不难看出，信仰除了宗教信仰、法律信仰之外，其实还具有另外一个层次的信仰，即：境界信仰。所谓境界信仰，就是对于某种至高境界倾注无限情感，并借此来克服人生之不确定感，从而确立起人生之意义与方向。冯友兰曾将人生境界分为四个层次：自然境界（本着习惯与本能之生活）、功利境界（动机利己之生活）、道德境界（动机利他之生活）与天地境界（不仅关注人类社会且更多关注宇宙且具有超道德价值之生活）[2]。四种境界，均不排除人之理性（正如韦伯所说，遵循习惯与本能生活的野蛮人对自己工具的了解是现代人无法相比的），但在最高境界即天地境界层面，又往往超越理性，具有某种信仰之特质。与法律信仰一样，境界信仰，并不排斥理性，甚至必须仰赖理性推

---

[1]［美］伯尔曼：《法律与宗教》，梁治平译，北京：生活·读书·新知三联书店，1991年版，第43页。

[2] 冯友兰：《新原人》，《三松堂全集》第4卷，郑州：河南人民出版社，2001年版，第551-554页。

理。儒家之成仁成德的圣人境界与道家虚静无为的真人境界，其实均离不开人的理性。孔子之"七十而从心所欲不逾矩"依赖人生阅历、孟子之尽心知性知天离不开恻隐之心的经验感知及推己及人的说理，老子之"致虚极、守静笃"亦是史官对人类历史长视距的反思结果，庄子之"心斋"与在生死面前"安时处顺"的洒脱更不脱理性反思之特质。

　　表面上看，中国文化的境界言说，似乎与古希腊将宗教变为哲学的思路具有相似之处，将道德奠基于人类自身之理性分析，而非彼岸之神祇，从而导致一种超越生死之神秘体验，确立起淡定从容的生活态度。柏拉图曾认为哲学家能够在这个世界上幸福生活，即使当死亡来临时，也会平静对待，因为他相信"在另一个世界上也能得到同样的幸福生活"[1]。显然，作为古希腊的理性主义者，柏拉图的"另一个世界"只能是一种境界层面的世界，而非宗教意义上的天国或来世。

　　问题在于，理性对待人生及生死问题，如果缺乏一种持久的信念及执著的情感灌注，就很难维持一种稳定性。对此，伯尔曼曾以批评古希腊的世俗化过程而对完全理性化的人生表示质疑，他说："柏拉图之后，我们已不需要神祇们来告诉我们什么是德行；我们可以凭借自己的智力去发现它。所以至少，我们说，希腊哲学世俗化同时也是理性的神化。"他进而指出这种对道德的纯粹理智的或纯粹哲学的分析所面临的困境："这种探求本身由于仅仅依靠理性，因此它不可避免地会阻碍它所倡导的德行的实现。理智获得了满足，但是情感则被有意地置于一边，而这种情感却是我们采取任何决定性行动的根基。"[2]道理固然如此，想清楚了，

---

[1]［古希腊］柏拉图：《理想国》，郭斌和、张竹明译，商务印书馆，1986年版，第250页。

[2]［美］伯尔曼：《法律与宗教》，梁治平译，北京：生活·读书·新知三联书店，1991年版，第53-54页。

如果无法真诚地践行，缺乏情感投入，单纯的理性分析就会演变为智力游戏，并不能真正决定人们的实际行动，亦不能在终极层面及人生意义维度给予人们安身立命之感。理性反思，不能取代情感认同与真切投入，此种情感认同与投入，往往带有非理性之色彩，构成人类信仰不可或缺之一部分。毕竟人类不仅仅是理性之灵，而且更是情感之所寓。

中国文化之主流面相，在于关注现世生活。这一特征，也曾经在一种理性化的思路之下被加以审视，李泽厚曾以基于经验论的"实用理性"来定性。例如，他在分析孔子的"礼"时认为："既把整套'礼'的血缘实质规定为'孝悌'，又把'孝悌'建筑在日常亲子之爱上，这就把'礼'以及'仪'从外在的规范约束解说成人心的内在要求，把原来的僵硬的强制规定，提升为生活的自觉理念，把一种宗教性神秘性的东西变而为人情日用之常，从而使伦理规范与心理欲求融为一体。'礼'由于取得这种心理学的内在依据而人性化，因为上述心理原则正是具体化了的人性意识。由'神'的准绳命令变而为人的内在欲求和自觉意识，由服从于神变而为服从于人、服从于自己，这一转变在中国古代思想史上具有划时代的意义。"[1]

对照伯尔曼对古希腊将宗教哲学化、道德理性化的批评，李泽厚对孔子思想的"理性化"处理，也受到了汪晖的批评。一方面，汪晖认为孔子之"礼是从原始祭祀和军事征伐等仪式中发展起来的，它所包含的人情物理与天帝、鬼神的观念并不相悖"，另一方面，他也如伯尔曼一样，强调了作为规则的礼所应该蕴含的情感："在周制衰败的过程中，孔子力图阐明周制的规范和神圣性的内在根源，并以'仁'为中心力图恢复能够促成天人沟通的

---

[1] 李泽厚：《中国古代思想史》，北京：人民出版社，1985年版，第20-21页。

品质和信念：德、诚、敬、仁、义等等。在孔子的道德世界中，唯有获得这些品质、情感和信念，礼乐才真正构成礼乐。这些在孔子这里被归纳在礼乐论范畴中的概念与巫之传统有着紧密的关联。"[1]

这里提出了一个事关中国文化特征的理论问题，即向来被视为理性化的中国文化主流（儒家、道家）里面是否亦蕴含着深切而执著的情感？孔子践行礼乐时的全身心投入已然难以用纯理性的思维来对待，自不必论。孟子难以言说之"浩然之气"所蕴含的神秘色彩，面对生死时能够做到"舍生取义，杀身成仁"，亦非无限情感灌注所能做到。老子之"道"只可意会不可言传的特质，无不具有玄妙神秘之倾向："上士闻道，勤而行之；中士闻道，若存若亡；下士闻道，大笑之。不笑不足以为道"，庄子思想中随处可见之巫术遗留，《庄子·养生主》记载庖丁解牛，技近于道之巅峰状态时，脚踏"桑林之舞"，实则上古巫师之舞。上述特质，均超越理性，带有某种非理性的色彩，只有从情感层面的深切服膺及个人愉悦体验，才能得到合理说明。中国文化的至高境界，之所以能够上升为"信仰"层面，与其介于理性与非理性之间的特质密切相关，也正是对至高境界带有某种非理性色彩的情感，才引领无数仁人志士超越生死以及古代士大夫阶层从容生活。理性与情感，共同构建了境界的内在文化基因。

至此，当把"信仰"定义为对某种价值或境界拥有深切而执著的情感灌注时，就可以区分出三个层次的信仰：宗教信仰，境界信仰和法律信仰。宗教信仰通过外在的神灵谱系确立神圣性及权威性，以此来寻求安身立命；境界信仰通过一套理念及境界的

---

[1]　汪晖：《现代中国思想的兴起》第一部上卷，北京：生活·读书·新知三联书店，2004 年版，第 126-129 页。

阐释来获得内心的宁静，确立起安身立命的根基；法律信仰对法律所蕴含的公平、公正及正义深切而热烈的情感。上述三种信仰构成了一个完整的信仰体系。在宗教信仰、境界信仰及法律信仰三者之间，前两者事关幸福，后者事关公正。公正应以幸福为目的，但真正全社会幸福感的提升，离不开公正的制度及和谐的社会氛围。缺乏公正氛围的社会，宗教信仰及境界信仰固然可以给特定的社会个体带来幸福感，然而这种幸福感亦是以逃避现实为代价的自我麻醉。真正良好的社会，必须在守法传统及规则意识的基础之上，形成普遍的法律信仰，唯有如此，宗教及境界，方能最大限度地发挥其正面功能，从而实现三种信仰的良性共振，人们也才可能真正过上幸福满足、宁静淡定的生活。宗教信仰及境界信仰，均是特定人群在特定人生阶段面临人生意义及生死问题时可以提供的理论体系，在其未遇到人生困惑及面临生死困境时，未必为人生所必须。法律信仰，事关无往而不在的生存环境及日常生活，当为人生不可或缺之一部分。

古代中国，我们的先辈曾拥有宗教信仰和境界信仰。隶属于当今"国学"（"国学"是近代相对于西学提出的概念，意为中国固有之学，包括经史子集及"小学"）范畴的佛教、道教为古人提供了宗教信仰，包括阎罗天子、城隍庙王、土地菩萨的阴间系统及由玉皇上帝等各种神怪构成的神仙系统；境界信仰则更多源自儒家及道家学说。然而中国古代自秦汉以降，并未形成一个守法传统。这与崇尚境界、强调教化的儒家思想存在某种内在关联。无论是孔子的"道之以政，齐之以刑，民免而无耻"，抑或陆贾的"法愈滋而奸愈炽"，还是贾谊的"夫礼者禁于将然之前，而法者禁于已然之后"，都强调礼乐教化之优位性，总是期待通过柔性教化来培养完善人格，而对"法"怀有深刻的戒心乃至偏见。

故而，中国古代，教化思想高度发达，法治观念相对淡薄，并未形成一个"守法"传统，更谈不上所谓"法律信仰"。

追求大道而不屑于刑政之观念，深刻影响着古代中国的政治文化。王充在《论衡·程材》一文中将通晓经、史的儒生喻为"牛刀"，而将熟悉法律的文吏比作"鸡刀"。他说："牛刀可以割鸡，鸡刀难以屠牛。刺绣之师能缝帷裳；纳缕之工不能织锦。儒生能为文吏之事；文吏不能立儒生之学。文吏之能，诚劣不及；儒生之不习实优而不为。"虽然儒生能做文吏之事，但因儒生有更高追求，因此不屑于去探讨低水平的律令规则。宋代司马光认为："夫天下之事有难决者，以先王之道揆之。若权衡之于轻重，规矩之于方圆，锱铢毫忽不可欺矣。是以人君务明先王之道而不习律令，知本根既植，则枝叶必茂故也。"（《司马文正公集》卷二十七《上体要疏》）在古代士大夫阶层看来，只要把握住了高阶的先王之道，低阶的律令规则问题自然迎刃而解。由此，中国文化形成了如下特质：一方面，格外强调高标准的道德境界；另一方面，对于专注于道德底线的律令规则体系又存有轻视之意，不屑为之。重道德轻规则的文化后果，直接导致中国人陶醉于道德高调的同时总是忽略作为道德底线的规则体系的建设。道德高调弥漫之时，久假不归，掩盖的却是没有道德底线的尴尬现实。"守法"传统的缺失，直接导致规则意识的淡薄，这或多或少可以解释当代中国引进西方法律体系之后法律体系与社会生活相脱节的现象，因为我们自古以来就缺乏对于法律抱有深切而执著的情感。当然，此专就儒家思想占据主流意识形态的汉代以降的中国历史而言，如果把眼光放在战国及秦代的政治实践之中，人们其实不难发现，彼时之中国，实亦存在以法家为主导的法治传统，期间并不缺乏规则意识以及法律信仰。古代法家与法律信仰之间的内在关联，值得关注（后文将详细论及）。如何移风易俗着力培养"守法"传统，最终确立起"法律信仰"，实为当前中国面临的严峻而紧迫的时代问题。

第三节　国学在重建信仰体系中的角色和功能

当代中国多少人拥有信仰？官方给出的模糊数据约为一亿。然而，根据 2007 年 2 月 7 日《中国日报》英文版的统计，当代中国大约有三亿人有宗教信仰，是官方统计的三倍（《宗教信仰者三倍于估计》*Religious believers thrice the estimate*）。也就是说，尚有十亿人没有宗教信仰。中国文化崇尚境界的特质决定了中国很难形成一种类似西方社会普遍信仰基督教那样统一的宗教信仰。在唯物论的教育体系之中，宗教往往被视为马克思意义上的"精神鸦片"而加以批判。问题在于，当我们理性到了极致之时，我们如何面对那些理性所不能及的事情？同时，近代以来对传统的儒家及道家文化的不断批判，人们对于国学的认同感日益疏离，境界信仰也逐渐淡出人们的生活场域。而与之形成鲜明对比的是，社会大力弘扬的高尚道德，因无法真正具备打动人心的情感特质，势必陷入空洞说教的尴尬境地。绝大多数人缺乏宗教信仰，导致人们无所敬畏；境界信仰日益萎缩，导致人们无所追求而活在当下，忙碌、盲目而又茫然；道德教化沦为空洞口号，导致人格分裂的同时又呈现出普遍的道德冷漠。这幅当代中国的真实文化图景，蕴含着媚权与拜金现象的必然逻辑，主导人们生存利益的例外规则（"潜规则"）大行其道，国民亦逐渐呈现暴戾、焦虑与浮躁的心态，而在此心态背后，又饱含着人们渴望并实现公平、公正以及有尊严的生活的深切情感。尤其步入老龄化社会，无数秉持唯物与无神的老人们，如何平静地对待即将来临的死亡从而真正安享晚年，而不是战战兢兢、充满焦虑与恐惧地接近人生终点，越来越成为一个普遍性的社会问题。某种程度上可以说，上述问题都与信仰体系之建构有关。那么，当此之时，国学何为？鄙意以为，国学可以在宗教信仰、境界信仰、法律信仰层面给出诸多有益的启迪，可以为当代信仰体系的重构做出贡献。

首先，国学可以在宗教信仰层面有所作为。道教追求长生不死、羽化成仙之信仰，实则蕴含丰富的养生观念，例如当代中国一些群体尝试道教之"辟谷"，逐渐成为一种养生时尚；道教之神仙谱系及阴间谱系，能够使虔诚信徒产生敬畏之心，自律自戒。佛教虽源自印度，然在中国得到了长足发展并实现了本土化，其善恶福报观念、轮回观念、解除贪嗔痴之欲念而寻求"大自在"之极乐境界等观念，对于真诚信奉者来说，人生意义及终极关怀问题都可以很好地得到解决。当代中国，诸多明星皈依佛门，有钱有闲阶层手戴佛珠，辽宁海城大悲寺严格按照佛陀戒律修行之事成为新闻关注热点，也在印证一个基本事实：佛教对于中国的特定人群具有相当吸引力。一个虔诚的道教或佛教信仰者，会生活在自己的信仰世界，体会到宗教信仰带来的宁静与欢喜，人生之烦恼及茫然随之消遁。即使面对死亡，亦会坦然面对。然而，由于宗教信仰需要将自我完全付诸一个外在的神圣权威，而外在神圣权威是否真实存在的问题，势必困扰很多徘徊在宗教信仰大门之外的人，尤其对于长期生活在崇尚境界文化的中国人而言，更是难于接受。因此，道教也好，佛教也罢，或者其他外来宗教如基督教、伊斯兰教等，都无法成为当代中国人的全民宗教，只有少数群体会选择宗教信仰，也只有少数群体选择道教、佛教。佛教在当代传播存在一个饶有趣味的现象，某些寺院安养院为居士提供临终关怀服务，在"南无阿弥陀佛"的佛号助念声中，不断有往生领导小组负责人利用温度计测试将亡者几个身体部位的温度，借此确定其灵魂往生轮回的位置（参阅中国人民大学哲学院本科生吕中正 2011 年的"大学生创新实验计划"报告《佛教参与社会服务新机制的调查研究——以佛教安养院为中心》）。科学仪器及现代传媒正在日益介入宗教传播，亦算与时俱进，增强说服力，影响更多受众。最近颇为流行的日本作家江本胜的《水知道答案》，通过高倍显微镜拍摄 122 张水在在不同语境下的结晶照片，当在正能量的意念及环境中时，水结晶呈现规则美感；相反，水结晶照片非常难看。这种万物有灵论的思路难免启人遐思，所以有笃信中国文化的学者据此"科学实验"来论证佛教"相由心生，境随心转"的理念。

其次，国学可以在境界信仰层面有所作为。正如前文所说，绝大多数中国人其实都具有无神论的倾向，尤其那些受过高等教育的知识阶层和白领，更是理性得难以把自己交给虚无的宗教权威。一个缺乏宗教信仰的群体，并不等于没有信仰的需求，因为人生意义以及事关生死之终极关怀，是每一个人在其一生之中的某个特定时段都会或多或少遇到的问题。如此，儒家及道家依靠讲道理来提升人生境界，并且寻找到一种自我说服的理论体系从而确立起安身立命的信仰，成为一个非常重要的选项。

儒家思想体系本质上关注社会治理或现代意义上的"政治思想"范畴，然而这并不排斥人生智慧之思考，甚至其社会治理之理想，恰好立足于人格之完善。所以，儒家之政治理想与人格修养乃是一体之两面，不可分割。近代以来，儒学脱离制度依托而成为"游魂"，但其人生境界之理论阐释却可以通过"下行路线"进入日常伦用，为那些缺乏宗教信仰的人群提供信仰资源。

譬如，在生死问题层面，儒家就能使某一部分人群安身立命，淡定面对死亡的来临。儒家认为，人生应该是有信念的有意义的人生，在充满不确定性的实际生活中（"命"），要确立起自己的价值体系从而坚定地以此指导生活，通过不断修身，最终完美践行自己的人生信念，此即所谓"立命"（《孟子·尽心上》）。儒家从应然的角度提出了人应该如何活着、怎样的人生才有意义等问题。如果一个人笃信儒家境界，真的就能做到孟子所说的"杀身成仁"、"舍生取义"。之所以能够做到这样，那就是内心充满着更高的价值期待及境界追求，并且愿意以生命为代价来加以成全。对于这部分群体来说，生理意义的生死问题已不再是困扰，伦理层面或境界层面的价值问题才是最为重要的。如此，即使面对死亡，也会坦然接受，而不会充满恐惧与不安。傅伟勋曾以黑泽明的电影《活下去》主人翁渡边为例，说明崇高的信念对于超越死亡空间获得人生意义的重要性。渡边自知患有绝症（胃癌），只有四个月时间的生命，刚开始他听从一位作家的话，认为"人的责任就是享受人生"，于是到处寻欢作乐，花天酒地。然而纵情享乐给他带来的除了空虚之外，并未解决他所面临的生死问题。最后，他在一位活泼开朗的女同事的启发下，立志要把一块荒废之地变为一个全新的儿童公园。在公园落成剪彩那天，他坐在观众席上，并在那里平静安详地离开人世[1]。怀着一种崇高信念，造福社会，积极行善，确乎能够克服生死大限的焦虑与恐惧。这也正是儒家所极力倡导的人生价值观。

儒家的境界信仰还体现在"孔颜乐处"。《论语·述而》载："子曰：'饭疏食，饮水，曲肱而枕之，乐亦在其中矣。不义而富且贵，于我如浮云。'"。《论语·雍也》载孔子称赞颜回说："贤哉，回也！一箪食，一瓢饮，在陋巷。人不堪其忧，回也不改其乐。贤哉，

---

[1]　傅伟勋：《死亡的尊严与生命的尊严》，北京：北京大学出版社，2006年版，第44-49页。

回也！"如果有人愿意秉持儒家安贫乐道、达观自信的处世态度与人生境界，现实生活中的烦恼、痛苦与怨恨都会因此而减少甚至消失。当然，这样的人生，未必能够让绝大多数人去践行，只能由一少部分人自主选择。毕竟怀着深切而执著的情感认同儒家并切身实践的君子或贤人，确乎凤毛麟角，放眼中国历史，看到的更多是汲汲于功名利禄的"伪儒"、"陋儒"或"假道学"。

道家的境界信仰可能是最适合缺乏宗教信仰的当代中国人，因为道家对于人之自然生命及生活质量思考最为深入。众所周知，道家始终关注政治之清静无为与人生境界之超然淡泊。道家强调"贵身"，尊重自然生命，主张生命的本质在于幸福地走完生命历程。在道家看来，由生而死，是一个自然过程，面对生死，应像对待春夏秋冬演变一样自然对待，不管你喜欢不喜欢，愿意不愿意，人终有一死这个基本事实都不会因为个人情感而有所改变，"死生，命也"（《庄子·大宗师》）。死亡，作为自然生命的有机组成部分，并非恐惧、痛苦的代名词，是一种自由、休息"大块载我以形，劳我以生，佚我以老，息我以死"（《庄子·大宗师》）；人们只有勘破生死，自然生活，不为欲望所主宰，不被名利所诱惑，才真正符合生命的本质，快乐欣然地生活，"死生亦大矣，而不得与之变"（《庄子·德充符》）。人有死生，天地有覆坠，人力无法控制。然而，人能尽量避免与死生、覆坠一起浮沉变化，更不能因为死生、覆坠而丧失内心的宁静。心没有湮没于各种变化与分别，变得恬静而平和。真正体道、得道之人，不仅不会对终将到来的死亡心怀畏惧，而且超越生死界限而达至"道"境界（不以心捐道），将生命完全视为一种自然而然的过程，一切都坦然对待，真正实现了境界的自由："古之真人，不知说生，不知恶死。"（《庄子·大宗师》）道家赋予死亡以自然意义，在于告诉世人，如果一个人面对死亡时都能淡定，他的当下生活还会因名利而产生痛苦、纠结、烦恼、焦虑、憎恨、嫉妒等负面情绪吗？试想，当一个人纠结于名利场时，忽然得知自己身患绝症即将离开人世，他当前追求的名利还有什么意义呢？！唯有知死，方能知生。这是道家尤其庄子告诉我们的人生智慧。

秉持道家理念，真的可以给人带来生活的安宁和幸福吗？真的能够超越死亡的恐惧吗？傅伟勋曾经给人们介绍过一对美国夫妇斯各特·聂尔玲（Scott Nearing）和海伦·聂尔玲（Helen Nearing）的传奇人生故事。夫妇二人不信仰宗教，笃信中国道家自然无为的人生理念。他们过着一种回归自然的世外桃源生活，为了健康和长寿，始终积极乐观地思考，保持一颗善良之心，坚持户外体操和深呼吸，不吸烟，不喝酒，不吸毒，不饮茶或咖啡，简朴的食物，如吃素、无糖无盐又少油，多半菜不炒不煮，避免医药、医生以及医院。斯各特由此活到了一百岁。在他一百岁生日之前一个月，他决定自主选择绝食，最后有尊严地离开了人世，平静安详，甚至带有一种深沉的幸福感觉。他们相信："死亡只是一个过渡，不是生命的终结，它是两个生命领域之间的出口和入口。"[1] 很自然地，这种观念，让人想起《庄子·至乐》篇对待死亡的态度："察其始而本无生，非徒无生也而本无形，非徒无形也而本无气。杂乎芒芴之间，变而有气，气变而有形，形变而有生，今又变而之死，是相与为春秋冬夏四时行也。"当然，斯各特自主选择结束自己生命的做法，虽然有所谓"让生命成熟，然后让它落下"的道家智慧，但是与道家"可以保身，可以全生，可以养亲，可以尽年"（《庄子·养生主》）的"尽年"（过满自己的自然生命）观念还是有所出入的。

---

[1]　傅伟勋:《死亡的尊严与生命的尊严》，北京：北京大学出版社，2006年版，第54页。

　　道家还原了人生最本质的状态，那就是人应该快乐幸福的生活，深刻把握了人们渴望过一种无忧无虑、轻松自在生活的心理，直至今日，依然能够打动人心。因为，道家理论以客观事实为依据，以冷静说理的方式，把当代中国人长期忽略（生活方式层面）而又充满渴望（主观动机层面）的生命关怀问题，揭示了出来。接受道家理论，不需要交出自己的理性，只需想明白人生道理，然后不断坚持、不断强化这个正确的生活态度，最终形成一种习惯和信仰，从而可以淡定从容地面对人生各种困惑，包括对死亡的恐惧。这对于知识分子群体、白领阶层、政府公务员等相对高知的群体而言，道家的境界信仰是一种最佳的信仰模式。

　　最后，国学可以在法律信仰层面有所贡献。毋庸置疑，法家，作为先秦时期的一个重要思想流派，同样也是国学的有机组成部分。可以毫不夸张地讲，中国固有文化的复兴，儒释道固然重要，法家亦不能缺席。问题在于，自古及今，名声极坏的法家，如何可能为当代建构"法律信仰"有所贡献呢？这就需要正本清源，重新认识法家，发掘法家之真精神。法家之精神，一言以蔽之曰："规则信仰"或"制度信仰"。

　　众所周知，自汉儒将法家与秦朝二世之兴亡教训连为一体始，古人斥责法家"严而少恩"、"可用于一时之计而不可长用也"，将其定性为暴政工具，今人在延续古人暴政工具基础上又批判法家提倡"君主专制统治"，认定其"法治"并非近代民主"法治"，前者为君主专制统治的工具，后者乃是宪政框架下对政府公权力之限制以及对人民权利、自由之保障。鄙意以为，上述两种思路，要么带有儒家意识形态的道德傲慢，要么带有现代民主政体的进步偏执，都没有真正触及法家思想的真正精神。换言之，儒法对立或基于线性社会进化论的政体思路，都无法客观理性地评价法家。从学理上讲，法家并不主张君主可以任意行使权力之"专制"，同时亦不排斥权利，甚至规则之内的自由，亦为法家题中应有之意。如果超越上述两种明显带有偏见或成见的评价，就会发现，法家之"法治"乃是一套社会规则体系及其实现方法，涉及规则属性、规则制定、规则执行以及规则运行环境等诸多方面的探讨。所谓"规则体系"，体现在社会治理层面，就成为"制度"或"规则"，体现在日常生活领域，就成为林林总总的行为规范及交往礼仪[1]。法家之"法"并非单纯现代西方意义上的"law"，其蕴含的规则意识，远比现代意义的"法"更为宽泛。法家诸子是政治学家而非现代意义上的法学家。因此，与其说法家主张"法律信仰"，莫若说其强调"规则信仰"或"制度信仰"更为贴切。事实上，法家之"规则信仰"或"制度信仰"并不排斥伯尔曼意义上的"法律信仰"，因为二者均强调公平、正义，并且都对这些价值怀有深切而执著的情感。

　　法家给今人带来的启迪，在于如何确立守法传统及规则信仰的问题。欲在一个规则意识缺乏的社会环境里规则主导的制度体系并切实运转，其难度可想而知。规则体系的创立实则移风易俗的过程，意味着对此前各种行为的约束与限制，必然给某些群体带来不便，甚至利益损失。同时，其阻力，不仅来自既得利益集团的抵制，更来自民众因不理解而产生的排斥情绪。《韩非子·奸劫弑臣》曾描述商鞅变法之前秦国的社会状态"民习故俗之有罪可以得免、无功可以得尊显也"，显然，有罪不罚，无功受赏，这是缺乏规则意识。如何克服这种现状？"商君说秦孝公以变法易俗而明公道，赏告奸，困末作而利本事。"如果去掉赏告奸、重农抑商等具有特定时代语境的措施，单纯从逻辑上讲，由上而

————————
[1]　宋洪兵：《论法家"法治"学说的定性问题》，《哲学研究》2012 年第 11 期。

下主导的变法易俗或移风易俗，是一个缺乏规则意识的社会环境形成"守法"传统的必然逻辑起点。如何解决在此过程中既得利益集团的抵触与民众的不合作？法家认为一旦确立起一个正确的目标，就要有足够的政治勇气加以推行，此时不必太在意社会的不适应。"于是犯之者其诛重而必，告之者其赏厚而信，故奸莫不得而被刑者众，民疾怨而众过日闻。孝公不听，遂行商君之法，民后知有罪之必诛，而私奸者众也，故民莫犯，其刑无所加。是以国治而兵强，地广而主尊。"这就需要执政者的决心与毅力，即使遇到阻力，也要加以推行，在此过程中切实让百姓感受到移风易俗所带来的利益和好处。久而久之，原有强制推行的措施在民众那里产生的不适感逐渐消失，一种新的社会风俗由此形成。《韩非子·显学》记载禹决江河、子产开亩树桑，其执行过程中民众皆不理解，亦不合作，"昔禹决江浚河而民聚瓦石，子产开亩树桑郑人谤訾"，但最终结果证明这些措施都是对百姓有利的。当然，法家如此主张的前提在于：执政者所倡导的价值必须真正有利于民众而非假民众之名而行私利之实。规则意识的确立以及"守法"传统的形成，关键还在于有什么样的"法"，这个"法"应切实观照民众福祉而非一家一姓一党一派的利益。

如何彰显执政者移风易俗的决心与毅力？按照法家的思路，就在于铁面无私、刚正不阿，即使亲人犯法违规，亦不姑息。韩非子及其前辈之所以给汉儒留下一个"残害至亲，伤恩薄厚"的"残暴"印象，根源就在于他们极端重视规则的权威性，其目的在于通过规则的引导实现天下大治，最终有利于民众。韩非子在《外储说右上》借晋文公与狐偃的对话表达法家为何"严而少恩"的深层缘由，晋文公问："刑罚之极安至？"狐偃对曰："不辟亲贵，法行所爱。"施行刑罚的最高境界，就是在自己最亲近的人违法犯规时铁面无私、依法办事，其目的就在于"明法之信"。如果一个人连自己最亲近的人犯法都不徇私枉法，那么谁还能怀疑他维持公正的决心和信念呢？人们自然真正从内心相信规则体现的是非、善恶观念。

法家认为，整个社会规则意识确立起来的充分条件，执政者还必须设计一个制度给正直清廉一个机会。在法家思想体系之中，例外规则或潜规则破坏既有正当规则之公平性，从而导致人们为了自己切身利益不敢清白与不愿清白。欲使人们自觉遵守规则，必须打击潜规则，防范例外规则的蔓延和泛滥，其突破口在于政治领域，在于执政官员之贪腐行为得到有效抑制。倘若政治氛围为之清明，官员敢于清白、乐于清白，以清白廉洁而获取应得之俸禄，政治公信力由此确立，社会整体风气就能随之好转，规则意识以及守法意识才会真正形成。

法家上述主张，皆为当代中国之写照。潜规则泛滥，人们媚权拜金的同时，各种权力寻租应运而生。不按既定规则办事的社会氛围，使得人们凡事皆寄希望于熟人关系。有求于人的过程，伴随着大量人格扭曲及尊严尽失的现象。欲克服这种畸形社会状态，唯有确立规则，鼓励人们过简单而有尊严的生活，并且制度也切实能够满足人们这种过简单而有尊严生活的愿望。如此，社会规则意识及"守法"传统之形成不远矣。

某种意义上说，规则信仰适合当代中国绝大多数人群。因为绝大多数中国人，都希望我们的社会越来越公平、公正，都渴望过一种简单而有尊严的生活。这种情感之深切及愿望之热烈，往往以负面的嘲讽甚至批评，在网络上弥漫开来。这是规则信仰赖以产生的社会基础及情感条件。规则信仰最终能否在社会层面形成，不在于人们是否选择规则信仰，它必须以政治制度及社会氛围之切实改良为前提，唯有形成制度主导下的良性社会氛围，人们才会对规则、制度及法律产生亲近感及认同感。也就是说，规则信仰之确立，需要满足人们追求公平、正义的愿望为前提。

国学可以为当代中国的信仰体系、信仰的重建提供思想资源。但这并非唯一资源。未来中国的信仰体系，必然呈现多元化之特质。多元化信仰体系之建构，社会需要更加开放和包容的心态，彼此尊重各自信仰。不过，可以确定的一个事实是：国学在此过程中必然有所作为，并且其作用与功能日趋重要，这点，并不会因少数坚持现代价值之反传统斗士之批判而有所改变。

当然，信仰必须自主选择，只能引导，不能强制安排。因此，政治最好的选择，就是为信仰创造良好的社会氛围，而不必主导信仰。因为虔诚之信仰会存在一定缺陷，尤其当其与大规模的社会运动与政治实践相结合时，负面因素更不可忽视。正如马克斯·韦伯在阐述"信念伦理"（Gesinnungsethik）的特征时曾指出的，恪守信念伦理的行为，并不能必然会产生善的结果，有时甚至会导致罪恶的后果。此时，行为者往往会将罪责归结为这个世界，归结为人们的愚蠢，或者归结为命运。"信念伦理的信徒所能意识到'责任'，仅仅是去盯住信念之火，例如反对社会制度不公正的抗议之火，不要让它熄灭。他的行动目标，从可能的后果看毫无理性可言，就是使火焰不停地燃烧。"由此，马克斯·韦伯在社会治理层面更强调"责任伦理"（Verantwortungsethik）的重要性[1]。一旦执政者确定某种政治信仰并加以强制推行，其后果不堪设想。殷鉴不远，吾辈当谨记。

---

[1]［德］马克斯·韦伯：《学术与政治》，北京：生活·读书·新知三联书店，1998 年版，第 107-108 页。

法家治下的生活世界一瞥

《读书》2009年第8期揭载杨立华先生的《韩非之死》一文，不仅为读者讲述了一个有关韩非子与李斯之间历史恩怨的故事，而且也提出了一个非常有意思的话题，即："法家治下的生活世界"到底是怎样的一幅图景？作者在描述法家治下的生活世界时，提到法家之"法"暗含了"将人的生存贬降为物的存在的趣向"，"人的尊严以及与之相关的主体性，在此种前现代的'异化'理论面前，荡然无存。""在韩非的'理想国'里，国家的权力必须渗透进社会生活的每一个细小的空间。儒和侠的存在是不能容忍的，因为任何在国家权力之外构建正义原则的企图，都将从根本上削弱国家的权威。在那样一个被彻底规训了的世界里，没有学者、儒士、剑客和游侠，甚至连工商之民也将因浮堕之名而遭到斥逐。"这个观点让我想起了前贤的一些相似看法。梁启超曾指出法家是一种静的机械的"物治主义"（《先秦政治思想史》），牟宗三顺此逻辑更提出法家是硬心肠的"物化的治道"（《政道与治道》），郭沫若则称韩非子只需要"牛马以耕稼"、"豺狼以战阵"、"猎犬以告奸"三种人（《十批判书》）。如果把视野放宽，还可以看到《汉书·董仲舒传》批评秦朝统治："师申商之法，行韩非之说，憎帝王之道，以贪狼为俗，非有文德以教训于下也。"其中已经隐含了法家治下生活境遇的某种信息。近人章炳麟虽对韩非子的"法治"思想极为赞赏，但对其不讲"仁义之道"的观点却颇有微词："今无慈惠廉爱，则民为虎狼也。"（《国故论衡·原道下》）显然，在上述前贤视野中，"法家治下的生活世界"完全是一个"非人"的世界！问题在于，事实果真如此吗？这恐怕还需要我们更多诠释。

当然，历史上并没有任何一个王朝在实际统治中完全运用法家思想来治理国家，即便人们常说秦王朝"兴也法家、亡也法家"，然秦王朝究竟在多大程度上实践了法家的政治理念，依然是一个悬而未决的历史难题（实际上，阴阳五行观念在实际生活中对秦王朝的影响就远远大于法家的影响）。故而所谓"法家治下的生活世界"仅仅是一个依据法家文本进行合理想象的问题。从先秦"法术之士"思想观念的单纯阐述到具体鲜活社会生活图景的描述，确乎是一个值得尝试的研究路径。或许，美国学者史景迁熔文学描写与历史研究于一炉的思路，在此过程中当可作为有益的参照和借鉴，感兴趣的读者可以参看其《胡若望的困惑之旅》《王氏之死》、《康熙自画像》等著作，此处不再赘言。不过，法家思想涉及方方面面，社会百态悉数纳入法术之士的观察视野，所以要全方位生动形象地描绘"法家治下的生活世界"，一篇小文绝无可能承载此艰巨规划。在此仅抛砖引玉，做一个初步的尝试。为了表达的方便，本文拟以"法家君主的一天"为时间坐标，力图简要地勾勒法家治下社会各阶层的生活场景，借此反映法家思想的题中应有之义。需要顺带说明的是，此处的生活场景是一种完全采用法家思想进行治理的理想状态，这里已不再有法术之士的孤独和愤懑，与韩非子势不两立、不可两存的"当涂重臣"在这个生活场景之中已然不复存在。

一觉醒来，窗外已是天光大亮。尽管昨晚与爱妃一夜缠绵，他依然神清气爽。爱妃吹枕头风的话语犹然回荡在耳际。他知道，爱妃所言废长立幼之事，万不可信。看来，后宫干政，其害甚巨，切忌！疼爱与爱妃所生小儿不假，然太子废立关涉国运，岂可等同儿戏？不唯爱妃之言不可轻信，即便父兄、子侄、近侍之言，亦应谨慎谨慎，切不可因私情有损治国之公理。韩子的《备内》、《八奸》，确乎雄文也。

正独自思忖间，侍者纷纷进寝宫服侍洗漱。洗漱停当，御膳呈上。然而所有食物均由御厨亲自品尝，他才能食用。玉馔美食，色味俱佳。食罢，已近早朝时间。于是更衣，准备上朝。一个侍者为他戴好王冠之后，接着要给他穿袍子。完毕，他看了一眼，问道："另一个负责穿衣的侍者怎么没来？你不能给我穿袍子！"负责戴冠的侍者顿时吓得冷汗直冒，呆如木鸡，答不上来。随即传令：穿衣侍者无故擅离职守，杖责三十，逐出宫门；负责戴冠侍者尽管为寡人穿衣，按理有功，然擅自越权而为，功不抵过，有功亦罚！罚俸一月！众皆叹服，益加勤勉，不敢懈怠。

朝堂之上，他高高端坐。大臣纷纷上奏，捷报频传：南方丽水私采金矿之事，在群众监督举报之下，轻罪重罚，说一不二，法令威信确立，心存侥幸者再不敢铤而走险。巨贪逃往他国一案已结，用吾国一城池的代价，将其引渡回国，不日将受到应有的惩罚，法律尊严得以维护！吾国今年粮食有望获得高产丰收，农民种粮积极性空前高涨，军队后勤供应充足，士气旺盛，邻国无敢犯我边境者！民间废法用私、有罪得免的陋俗已全面改观，移风易俗初见成效，风俗淳化！百姓夜不闭户，路不拾遗！

群臣议论国事，争先恐后地将自己内心真实的想法说出来，认真履行自己的职责，滥竽充数、尸位素餐的现象基本不存在。

因此，大家的目的在于阐述自己真实的想法，至于是否与其他大臣相一致，是否遭到政敌的打击报复，那是无需担忧的，因为当涂重臣把持朝纲、左右舆论的时代，已经一去不复返了。那时候，大臣们说话唯当涂重臣的马首是瞻，他说白的，别人不敢说是黑的，以致是非混淆、黑白颠倒，很多大臣为求自保，不敢清白，没有半点人格尊严可言！现在，大臣们没了顾忌，知无不言，言无不尽。一旦大臣弄虚作假、言不由衷被发现，将面临严惩。当然，倘若哪个大臣的意见在实践中被证明行不通或者效果并不如预期的那样明显，他就可能面临失职的责罚！这就要求每一个大臣都必须兢兢业业，在自己的职责范围内真正成为专家，尽量用专业手段解决实际问题。外行领导内行？那不是法家的治国原则！

国君看着群臣不断对于国事发表精彩的见解，时而微笑，时而颔首，时而沉思，时而欲言又止，一副高深莫测的模样。他深知，他不是万能的神。无论才能还是资质，他都是一个平凡普通的人，他没有能力事必躬亲地处理每一件事。因此，最好的办法，就是喜怒不形于色，让那些专家大臣发表意见，然后再由他与首辅大臣——一位智慧和能力超群的法术之士（这位法术之士与他的关系相当于伊尹之于商汤、周公之于周成王、管仲之于齐桓公），一同评议出一个相对最优的想法来。法家"君臣共治"的理念，于此得以制度化的体现。至于实践效果如何，实行首倡问责制。谁先提出来的，由谁负责具体落实，有功则赏，有过必罚。

君臣上下一日百战的道理，他是熟谙于心的。要有效驾驭群臣，除却考核问责之外，还必须运用一些权术。盲目听信于某一个大臣，就会为其所蒙蔽，这是应当谨记的。当然，这些权术的运用，只要掌握了要领，即使普通人，也能够灵活运用。他在上朝的路上，就曾私下小声询问过一个刚从外面办事回来的卫士，问他在外面看到什么新鲜事没有。卫士回答说没有，他继续问，即使没有，随便说说都看见了什么，卫士说看见都城南门外有几堆牛粪。他告诫卫士，此事不要再跟其他任何人提起。于是，他清了清嗓子，对着群臣百官说：谁家的牛没关好到处乱跑啊？群臣面面相觑，负责社会综合管理的官员赶紧上前禀奏道：没有接到谁家牛走失的报告。他又漫不经心地问：那都城南门外几堆牛粪是怎么回事啊？官员大惊，赶紧吩咐下去探查究竟，果然发现某家牛栏坏损致使小牛在大街闲逛，并且拉了很多屎。此类挟知而问的事件，天天都会发生，意在考察群臣的诚实度和敬业心。刚开始，群臣惊恐，久而久之，大家亦习以为常。不做亏心事，不怕鬼敲门。只要行得端、坐得正，也无所谓悚惧与惊恐了。于是，尽管群臣为官的目的在于为了获得利益，但是他们都把获得利益的希望寄托于兢兢业业勤勤恳恳地干好本职工作，而不是作奸犯科、损公肥私。人臣追求富贵，国君可以在满足人臣欲求的同时整合他们的才智为国家效力，追求富国强兵、雄霸天下。这样，即使他很平庸，但偌大一个国家，被他治理得井井有条，吏治清白，朗如青天明月。

正在此时，使者来报，西陲某地发生严重饥荒，民不聊生。那里有一处他的皇家御苑，每年秋季，他都会会同各路射箭好手，到那里一显身手。平时，整个皇家御苑都是封闭起来的，里面草木繁盛，花果殷实。此时，有大臣建议，应当效法秦昭襄王不发五苑的旧例，树立公正的赏罚标准，御苑不能作为救灾之用。早在秦昭襄王时代，就曾有大臣提议在发生饥荒之时打开御苑供百姓采摘果实果腹，但昭襄王拒绝了。在昭襄王看来，以他打猎御苑救济饥荒，形同无功行赏，这不符合赏功罚罪的施政原则。他认为，昭襄王的这个原则应该坚持，不能开无功者受赏这个口子。

否则，规则一旦允许存在例外，便可能随处都存在例外，法治的公平原则将无法得以保障。

但是，他对于秦昭襄王不顾百姓死活的做法也是颇不以为然。韩子曾云"征赋钱粟以实仓库，且以救饥馑备军旅也"（《韩非子·显学》），国家征收赋税，官吏负责赈灾。此时相关责任官员不积极动用相关资源救灾，反倒需要君主用自己私人的娱乐设施来解决当地的灾荒问题，这岂不是很愚蠢的做法吗？行政资源何在？地方官员何在？灾荒，应寄托于体制的运转，仅仅靠君主发一时之善心，是解决不了问题的。所以，他随即传旨：着当地官员勘察灾情，查验灾民类别及数量，若受灾数量极少且皆为平时游手好闲、挥霍无度之辈，平素勤劳节俭的百姓皆温衣美食者，此事不必加以理会，不可助长好吃懒做之风；若灾情严重且数量甚巨，宜疾速动用仓库储备以赈灾民，不得有误。

散朝时分，已近晌午，他略微有一些疲倦。驾鸾回宫，王后太子一干人在宫门迎候。他半躺在床上养神，双目微闭。王后在身边伺候，奉上了精美绝伦的羹汤。喝罢，赞不绝口。问王后羹汤系何人所做？王后答曰：此乃她娘家一个侄子所做！他一拍脑门，"哦，想起来了，这个人我见过，手艺确实不错"。王后趁机表示她的侄子尽管厨艺高超，但有意在仕途发展，看能否给他安排个一官半职？他一听，连忙制止，"选官自有法度标准，由专人负责，寡人不便插手！寡人若插手，群臣百官恐怕不答应！"完了又加一句："后宫不得干政！"心中暗自叹服先贤韩非子英明远见，身边的人时刻都在诱导他破坏规则呢。王后还不死心，引经据典，"管子曾云：'生法者君也，法于法者臣也'，您身为一国之君，法度由您制定，您的旨意就是法度啊！您为什么还担心群臣百官反对呢？"一听这话，国君勃然大怒："法令者，君臣之所共守也。岂可形同儿戏？且法令兴废，不在寡人一人，当与群臣商议，尤当听取首辅大臣之意见。凡五霸所以能成功名于天下者，必君臣俱有力焉。吾意已决，勿复再言。"王后愤愤而退。

　　近侍将御膳端上桌案，国君该吃午餐了。看着满桌美味可口的菜肴，他不由得生发无限感慨：厨师的手艺真是太高超了！对于吃，他是很讲究的，各种珍馐美味，他基本都尝过。好在他给自己定过一个基本原则，各种美味只管享用，厨师手艺再高，但绝不可因国君贪恋美食而宠信他进而听命于他，齐桓公宠信厨师易牙招致杀身之祸的教训尤当记取。关于这点，韩子早就苦口婆心地告诫过的。厨师只应享受厨师的待遇，如果他有其他本领，完全可以通过正常渠道去表现，从基层做起。宰相必出乎州部，将军必起于行伍。而且，韩子有关君主享乐应有度的话语，他必每天三复，不敢有丝毫的懈怠："耽于女乐，不顾国政，则亡国之祸也。"（《韩非子·十过》）"好宫室台榭陂池，事车服器玩，好罢露百姓，煎靡货财者，可亡也。"（《韩非子·亡征》）"人主乐美宫室台池、好饰子女狗马以娱其心，此人主之殃也。"（《韩非子·八奸》）

　　用膳之际，近臣禀奏：大将军巡视边关，大败小股流窜敌军，现已回京，正在宫门外候旨。他示意：让他进来。很快，大将军雄赳赳气昂昂地迈着大步走了进来。他吩咐看座，并邀请大将军一同进餐。大将军均一一照办，面无感激之色。用完御膳，他又详细询问了大将军边关士兵、辎重、后勤保障等情况，大将军皆一一作答，且如数家珍。随即传旨：大将军镇守边关有功，作为奖赏，特许大将军乘坐寡人御用马车一个月！大将军亦不客气，转身出宫，乘上国君的御用马车，打道回府。法家治下的国度，崇尚以功受赏，臣不德君！只要有了功劳，受到封赏，是理所应当的事情，无需对君主感恩戴德。

大将军走后，他忽然心血来潮，想出宫微服私访，体察民情。很快收拾好行装，带着两个贴身随从，伴着午后温暖的阳光，漫步在都城的大街小巷。他看到两旁店铺林立，呈现一派繁荣景象。自继位以来，他厉行法家重农抑商之策。重农，使得农业得以空前繁荣，农夫亦以生产粮食多寡赐爵，其生产积极性被充分调动起来。抑商，绝非灭商。所抑者，奢侈浮华之商品、中看不中用之商品。至于商业互通有无的功能，不仅没有限制，反倒在物质逐渐丰富的时代变得繁盛起来。韩子曾曰："利商市关梁之行，能以所有致所无，客商归之，外货留之。"（《韩非子·难二》）这给他的治国理念提供了有力的理论支持。路过棺材铺时，他听见老板感叹最近生意不是太好，隐隐希望多死点人；路过车行，他看见老板忙得不亦乐乎，店铺正中间竖一牌位，祈求人人都能成为富翁，以便多卖几辆车。他并不苛责棺材铺老板的歹毒，也不赞赏车行老板的仁慈，他们都在为了自己合理的利益而整日奔波忙碌。他和他的臣民，在评价一个人时，最重要的不是看其动机如何，而是看其行为如何。凡治天下，必因人情。何谓"人情"，趋利避害之谓也。人人都在为了生活忙碌着，这是一个熙熙攘攘，利来利往的天下。在法家看来，最大的仁政，就是让人们渴求过好日子的欲望得到相应满足。他抬起头，仰望天空，陷入沉思。至于人的主体性与精神境界，还是交给人们自己去选择吧。

一阵似有似无的读书声，将他从沉思中唤回。前面有一院落，声音就是从那里传出来的。国家不是明令禁止私人教学的吗？学在官府，以吏为师的政策，难道他们不知道吗？带着一丝疑惑，他与贴身随从来到院里，只见两个中年人正跟十几个孩子在一起。其中一人正教孩子念"遵先王之法而过者，未之有也……为政不因先王之道，可谓智乎？"，这不是孟轲《离娄上》的文字么？现在居然还有人讲什么先王之道？！真是岂有此理！另外一人正教几个稍大一点的孩子义理呢，为了一探究竟，他示意随从暂时不要打扰，只听得这个中年人告诉那几个孩子：父亲犯了错误，儿子知道之后，是不应该向官府举报的，那样就是不孝之子！又说：道之以政，齐之以刑，民免而无耻。道之以德，齐之以礼，有耻且格。事愈繁而天下愈乱，法愈滋而奸愈炽。仅仅靠法治，是无法治理好国家的！他听到此处，再也按捺不住，叫随从通知有司，将两个中年人抓起来，依律治罪。儒以文犯法，混淆视听，出则巷议、入则心非，于国家治理只知空发牢骚，不能起任何建设性的作用。这样的人，就像蠹虫一样，还是越少越好。吩咐有司：加强孩子的法制教育，以法为教、以吏为师的国策，一定要贯彻落实。

刚从院子出来，迎面走来一位儒者打扮的老者，文质彬彬，气度非凡。他一眼便看出这位老者是个外乡人，因为法家治下的国度，基本没有儒者打扮的人，即便刚才给孩子们灌输儒家理念的两个中年人，他们也不敢明目张胆地穿儒服的。遂拱手作揖，询问老者："不知先生来自何国？来吾国有何贵干？"老者还礼，答曰："素闻贵国法治谨严，秩序井然，恰逢路过，故来探访。""先生观感如何？"老者答曰："贵国地势险要，风物俊美，天材之利多。入境，观其风俗，民风淳朴，古之民也。及都邑官府，其百吏肃然，莫不恭俭忠信、兢兢业业，古之吏也。入其国，观其士大夫，公私分明，不比周，不朋党，古之士大夫也。观其朝廷，其朝闲，听决百事不留，恬然如无治者，古之朝也。故四世有胜，非幸也，数也。是所见也。"言及此，似欲言又止，他随即问道："先生有何赐教，但言无妨！""贵国之短，在于无儒！""谨受教！

儒有贱儒、陋儒、俗儒、大儒之别，敝国于彼虚文浮夸、以文乱
法之贱儒、陋儒、俗儒，向来是禁止他们活动的。然于大儒，譬
如周、孔、荀卿之儒，敝国向以圣人尊之的。"老者似乎听明白了，
也似乎没太明白，一脸狐疑的表情，匆匆作揖而别。望着老者渐
渐远去的背影，他心底似乎有一些感慨。有些道理，其实很明白，
为什么实行起来就那么难呢？儒者，真正"吾欲仁斯仁至矣"、"为
仁在己"的儒者又到底有几个呢？绝大多数是沽名钓誉的俗儒罢
了。

前面巷口围着一堆人，年纪好像都挺大的，大家你一言我一
语地说着什么，一个十六七岁的少年被围在中间。少年满脸横肉，
腰间别着一把木剑，说话时下巴一歪一歪的，一副死猪不怕开水
烫的样子。他和随从围上去，问旁边一位长者："老人家，这个
年轻人到底怎么回事？"老人叹了一口气，"哎，他是个败家子，
非要去做什么游侠，整天拿着木剑比划，到处惹是生非。他父母
怎么教导都不管用，这不，把父母都气得生病在床了。我们几个
街坊邻居，正在这劝他呢，告诉他'侠以武犯禁'，那是要不得
的。有什么不平的事啊，法律会公正地做出裁决的。要他好好做
人，老老实实的做好自己的本分，孝敬父母，可他什么话都听不
进去。"哦，原来是这么回事，这好办！他立刻大声吩咐随从去
找有司，派人把这个不肖之子抓起来，好好管教。结果那少年一
听要把他抓起来，顿时吓得脸色惨白，赶紧向他承认错误，并给
老人们赔礼道歉，表示以后一定洗心革面，重新做人。看那少年
确有悔过之意，教诲目的业已达到，事情也就到此作罢。

眼看日落西山，这一下午的微服私访也该结束了。他想起昨
天曾邀请首辅大臣酉时进宫，有重要事情商量，然后与他一起共
进晚餐。估摸时辰已近申时，大概要迟到了。随即命令随从，附

近买一匹快马，他需要立刻回宫，越快越好，绝不能失信于人，这是他的原则，也是法家的基本原则。

很快，他准时赶在酉时之前回到宫中，首辅大臣早已等候多时。他想跟这位当代的法术之士探讨的，也是他一直荧惑于心的，就是如何处理旧主新君交替时的继统问题。一般而言，嫡长子继承制是没问题的。然而，"先君之令未收，而后君之令又下"、"前主所是着为律，后主所是疏为令"的苦恼，始终让他担心这大好的局面在他百年之后无法继续下去，同时也担心将来太子继位之后能否像他一样，对自己、对大臣、对社会有一个理性的认识呢？如果不能像自己一样，太子就可能改变当前的法治局面，以另一种法来替代当前的法，那样的法治，就会演变为人治。"法之不行，自上犯之"，商君的郁闷，不是没有道理的。他想跟首辅大臣好好谈谈。他俩边吃边谈，谈了很多很多，饭毕，接着在寝宫谈，一直谈到凌晨子时。从商君车裂的历史教训，到君主应该"体道"的修身养性，似乎都无法绝对保证太子将来能够继续坚持法治路线的。夜已深，首辅大臣告退，他心事重重地和衣而卧，结束了忙碌充实的一天。

他其实不知道，他的这个苦恼，也是法家的苦恼，沿袭了两千年。直到现在都还没完全解决。

如果深入法家思想的生活世界，我们可以发现，在这里，人与人之间是坦荡真诚的，民风淳朴，吏治清明，社会到处弥漫着一种诚信、公正的信念，并且大家都对于此种信念深信不疑。人们的生活条件不断得到改善和提高，只要在法律允许的范围之内，"人情"，受到充分尊重，当然，也包括精神需求的主动性。某种意义上说，法家治下的生活世界，也不乏人间温情，只不过这种温情应该有畛域之别而已。当今国人，似乎更应留意此点。此外，在法家的世界里，人们很难混天过日，更不可能偷奸耍滑，这大概也是具有懒散作风的某些国人比较反感法家的一个原因吧。毫无疑问，在"法家治下的生活世界"中，自由主义者在其中可以发现多元包容理念的欠缺，儒者更可以看到"无教化，去仁爱，专任刑法"（《汉书·艺文志》）的不足。然而，正如科耶夫能在当代西方民主自由社会找到缺乏激情、缺乏崇高的"报废的人"、李汝真在《镜花缘》的"君子国"找到人们可以因谦虚让利而起争执一样，没有任何单独纯正的思想观念能够缔造一种完美的生活。现代民主不能，儒家不能，当然，法家也不能。生活，正因为其不完美，才成其为生活。法家治下的生活尽管不是完美的，但也并非如一般情形下所描绘的一个静止的机械的物的世界，更非一个只有牛马、豺狼、猎犬的动物世界。

后　记

　　学术生涯中第二部专著行将付梓之际，在"后记"中我还想多说几句。

　　屈指算来，从事韩非子研究，已经过去十四个年头。在可以预计的未来十年，我可能还将在这个狭窄的研究领域里继续探索"韩非学史"及"现代法家研究史论"等话题。对我来说，这是一个充满挑战而又兴味盎然的研究领域，尽管那么多人对法家及韩非子的思想显得那么不屑一顾。2007 年，我完成了博士论文《韩非子政治思想再研究》，后在北京社科联出版基金资助下，在2010 年由中国人民大学出版社刊行。那是我的第一部专著，重在阐发韩非子政治思想的理解与评价。时隔八年，《循法成德：韩非子真精神的当代诠释》杀青成型，重在立足于当代语境对韩非子当代价值进行探索。本书个别观点，在《韩非子政治思想再研究》中已有零星涉及，此次专就"循法成德"这个话题系统阐述。自认资质愚钝，八年时光才完成一部书稿，即便如此，实亦勉力而为。个中甘苦，如鱼饮水，冷暖自知。盖学问之道，博大精深，故常怀敬畏之心，深恐落得贻笑大方之讥。

　　我出生在四川省犍为县的一个农村家庭，没有任何背景，属于典型的草根。正因如此，格外关注弱势群体之生活境遇，对于各种例外规则所导致的不公平现象，尤为深恶痛疾。平素所思所感，亦多与社会现实有关。充满现实关怀的问题意识，或许与先秦法家的思想基调存有某种共鸣，促使我去思考如何才能让我们生活的社会更加美好。

改革开放以来的中国，各方面都取得了举世瞩目的成就，在国际上愈发彰显大国气度。然而，不得不承认的是，我们还面临很多现实问题，还有不少需要改进和完善的地方。针对各种问题，当代学界纷纷立足于各自的研究领域，提出对治之方。鄙意以为，在拥有十三亿多人口的偌大中国，无论哪种学说或主义，都必须要正视一个基本的事实：数千年的中国历史实践，都在彰显中国文化"趋治避乱"的根本诉求。与其醉心于某种理想化的学说，莫若更多关注现实问题之解决。在重关系轻规则的当代中国，很难想象让十三亿多社会大众参与政治实践究竟意味着什么。没有规则意识及守法传统，就不会有真正健康的民主。

中国古代的政治文化，本质上是一种士大夫与执政者之间既合作又制衡的精英文化。社会民众的权利与利益，实则通过体现社会良心的士人或知识分子来代言。士人或知识分子应该具有"道"的情怀，应该超越某些利益集团的操纵，说真话，为生民请命。"道"在中国文化语境中，代表着最高价值和境界。如果套用于当代中国之政治实践，"道"的权威性可以制度化为宪法的权威性。当代中国的诸多问题，如果通过贯彻宪法，落实法治，实则绝大多数问题都可以得到很好解决。按照中国古代君臣共治的政治智慧，关心现实问题的当代知识分子如果能将宪法的权威性与百姓利益结合起来，努力推进和落实法治，真正把规则之治的权威性在社会生活领域印入民众脑海，那对于中华民族来说，就是莫大的福音。诚然，学术要与政治保持距离，但是并不意味着学术研究不应有现实关怀。书生意气，并未过时。

本书写作过程中，得到众多师友的关怀和帮助。北京师范大学历史学院的刘家和先生，是我敬重的前辈。先生不仅学贯中西，而且奖掖后学，于我生活与学问帮助尤多。每当学术研究中遇到困惑时，我常给先生打电话求教，先生总是耐心讲解，语重心长地鼓励我认真向学。东北师范大学历史文化学院的韩东育教授，是我的授业恩师。虽然毕业多年，然师生情谊愈显醇厚。每次相聚，畅谈学问之余，我总难免心生惭愧之感。一则多年来学问无所精进，愧对老师昔年教诲；二则老师对于学问的执著与热忱，我作为学生，自愧弗如，故常常自责。中国人民大学国学院的黄克剑教授，于我的学术研究和生活困境，亦关照有加。黄老师是我工作以来最为敬重的教授之一，道德文章，皆为吾辈楷模，我亦常常向黄老师请教学问，受益良多。此外，对于诸多师友、国学院的领导及同事，我亦常怀感念之情。

本书能够得以出版，我还要特别感谢朱竞梅与朱利国两位老师。朱竞梅老师最早对我的研究发生兴趣，并提议在三联书店出版，期间对于我的选题给出了很多有益的建议。后来，朱竞梅老师因工作调动，她又把我的选题托付给朱利国老师。朱利国老师对于拙著的出版悉心关照，不遗余力。有一次，在如何看待中国传统文化的问题上，我们曾通过微信语音聊天到凌晨三点。真的令我感动莫名！可以说，没有两位朱老师的提携，拙著很难如此顺利在三联书店出版。

最后，我要感谢为我解忧、为我分担、促我奋进的家人。亲人的辛勤付出，为我创造了良好的生活和研究环境，这是我的人生财富，任何"名"和"利"都无法取代。

2015 年 1 月 11 日于北京领秀慧谷

参考文献

一、古籍

1. 国学整理社:《诸子集成》(全八册),中华书局,1954年版。

2. [清]阮元校刻:《十三经注疏》,中华书局,1980年版。

3. [南宋]朱熹:《四书集注》,中华书局,1983年版。

4. 蒋礼鸿:《商君书锥指》,中华书局,1986年版。

5. 陈启天:《韩非子校释》,中华书局,1940年版。

6. 梁启雄:《韩子浅解》,中华书局,1960年版。

7. 陈奇猷:《韩非子新校注》,上海古籍出版社,2000年版。

8. 王焕镳:《韩非子选》,上海人民出版社,1974年版。

9.《韩非子》校注组:《韩非子校注》,江苏人民出版社,1982年版。

二、研究专著

1. 王栻编:《严复集》,中华书局,1986年版。

2. 章太炎:《中国现代学术经典·章太炎卷》,河北教育出版社,1996年版。

3. 梁启超:《饮冰室合集》,中华书局,1989年版。

4. 胡适:《中国哲学史大纲》,上海古籍出版社,1997年版。

5. 梁漱溟:《东西方文化及其哲学》,商务印书馆,2005年版。

6. 萧公权:《中国政治思想史》，辽宁教育出版社，1998 年版。

7. 金岳霖:《论道》，商务印书馆，1987 年版。

8. 吕思勉:《论学集林》，上海教育出版社，1987 年版。

9. 吕思勉:《先秦学术概论》，东方出版中心，1985 年版。

10. 陈柱:《老子韩氏说》，上海商务印书馆，1940 年版。

11. 熊十力:《韩非子评论》，上海书店出版社，2007 年版。

12. 牟宗三:《心体与性体》，上海古籍出版社，1999 年版。

13. 钱穆:《国史大纲》，商务印书馆，1994 年版。

14. 冯友兰:《中国哲学简史》，北京大学出版社，1985 年版。

15. 冯友兰:《新原人》，《三松堂全集》第 4 卷，河南人民出版社，2001 年版。

16. 费孝通:《乡土中国·生育制度》，北京大学出版社，1998 年版。

17. 嵇文甫:《嵇文甫文集》，河南人民出版社，1985 年版。

18. 张岱年:《中国古典哲学概念范畴要论》，中国社会科学出版社，1987 年版。

19. 王伯琦:《近代法律思潮与中国固有文化》，清华大学出版社，2005 年。

20. 李泽厚:《中国古代思想史论》，人民出版社，1985 年版。

21. 李泽厚:《历史本体论·己卯五说》，生活·读书·新知三联书店，2003 年版。

22. 朱维铮:《音调未定的传统》，辽宁教育出版社，1995 年版。

23. 陈弱水:《公共意识与中国文化》，新星出版社，2006 年版。

24. 张灏:《幽暗意识与民主传统》，新星出版社，2006 年版。

25. 赵汀阳:《论可能生活》（修订版），中国人民大学出版社，2004 年版。

26. 赵汀阳:《坏世界研究》,中国人民大学出版社,2009 年版。

27. 劳思光:《新编中国哲学史》,广西师范大学出版社,2005 版。

28. 韩东育:《日本近世新法家研究》,中华书局,2003 年版。

29. 蒋重跃:《韩非子的政治思想》,北京师范大学出版社,2000 年版。

30. 梁治平:《法辨》,贵州人民出版社,1992 年版。

31. 刘笑敢:《老子古今》,中国社会科学出版社,2006 年版。

32. 徐复观:《中国人性论史·先秦篇》,上海三联书店,2001 年版。

33. 杨国荣:《庄子的思想世界》,北京大学出版社,2006 年版。

34. 余英时:《中国思想传统及其现代变迁》,广西师范大学出版社,2004 年版。

35. 王跃生:《没有规矩不成方圆》,生活·读书·新知三联书店,2000 年版。

36. 杨联升:《中国现代学术经典·杨联升卷》,河北教育出版社,1996 年版,

37. 王亚南:《中国官僚政治研究》,中国社会科学出版社,1981 年版。

38. 王春瑜主编:《中国反贪史》,四川人民出版社,2000 年版。

39. 罗检秋:《近代诸子学与文化思潮》,中国社会科学出版社,1998 年版。

40.《法治与人治问题讨论集》编辑组:《法治与人治问题讨论集》,社会科学文献出版社,2003 年版。

41. 哈佛燕京学社、三联书店主编:《儒家与自由主义》,生活·读书·新知三联书店,2001 年版。

42. 冯天瑜:《新语探源:中西日文化互动与近代汉字术语生

成》，中华书局，2004 年版。

43. 汪晖:《现代中国思想的兴起》，生活·读书·新知三联书店，2004 年版。

44. 傅伟勋:《死亡的尊严与生命的尊严》，北京大学出版社，2006 年版。

45. 宋洪兵:《韩非子政治思想再研究》，中国人民大学出版社，2010 年版。

46. ［法］孟德斯鸠:《论法的精神》，张雁深译，商务印书馆，1959 年版。

47. ［英］边沁:《道德与立法原理导论》，时殷弘译，商务印书馆，2000 年版。

48. ［古希腊］柏拉图:《理想国》，郭斌和、张竹明译，商务印书馆，1986 年版。

49. ［古希腊］亚里士多德:《政治学》，吴寿彭译，商务印书馆，1965 年版。

50. ［日］福泽谕吉:《文明论概略》，北京编译社，商务印书馆，1959 年版。

51. ［日］池田知久:《道家思想的新研究:以〈庄子〉为中心》，王启发、曹锋译，中州古籍出版社，2009 年版。

52. ［法］弗朗索瓦·于连:《道德奠基: 孟子与启蒙哲人的对话》，宋刚译，北京大学出版社，2002 年版。

53. ［德］马克斯·韦伯:《支配的类型》，《韦伯作品集》（Ⅱ），康乐等译，广西师范大学出版社，2004 年版。

54. ［德］马克斯·韦伯:《学术与政治》，冯克利译，生活·读书·新知三联书店，1998 年版。

55. ［英］休谟:《休谟政治论文选》，张若衡译，商务印书馆，

1993 年版。

56.［英］休谟:《人性论》,关文运译,商务印书馆,2002 年版。

57.［英］罗素:《伦理学和政治学中的人类社会》,肖巍译,中国社会科学出版社,1992 年版。

58.［法］福柯:《规训与惩罚》,刘北城、杨远婴译,生活·读书·新知三联书店,1999 年版。

59.［美］詹姆斯·雷切尔斯、斯图尔特·雷切尔斯:《道德的理由》,杨宗元译,中国人民大学出版社,2014 年版。

60.［美］E. 霍贝尔:《原始人的法》,严存生等译,贵州人民出版社,1992 年版。

61.［英］哈耶克:《自由秩序原理》,邓正来译,生活·读书·新知三联书店,1997 年版。

62.［英］哈耶克:《法律、立法与自由》第一卷,邓正来译,中国大百科全书出版社,2000 年版。

63.［德］阿伦特:《论革命》,陈周旺译,译林出版社,2007 年版。

64.［美］迈克尔·约翰斯顿:《腐败症候群:财富、权力与民主》,袁建华译,上海人民出版社,2009 年版。

65.［意］马基雅维利:《论李维》,冯克利译,上海人民出版社,2005 年版。

66.［意］马基雅维利:《君主论》,潘汉典译,商务印书馆,1985 年版。

67.［英］霍布斯:《利维坦》,黎思复、黎廷弼译,商务印书馆,1985 年版。

68.［美］博登海默:《法理学——法哲学及其方法》,邓正来等译,华夏出版社,1987 年版。

69. ［法］莱翁·狄骥：《宪法论、法律规则与国家问题》，钱克新译，商务印书馆，1959 年版。

70. ［法］莱昂·狄骥：《公法的变迁》，郑戈译，辽海出版社、春风文艺出版社，1999 年版。

71. ［奥］汉斯·凯尔森：《法与国家一般理论》，沈宗灵译，中国大百科全书出版社，1999 年版。

72. ［美］汉密尔顿：《美国宪法原理》，严欣淇译，中国法制出版社，2005 年版。

73. ［美］查尔斯·A. 比尔德：《美国宪法的经济观》，何希齐译，商务印书馆，1998 年版。

74. ［德］康德：《历史理性批判论集》，何兆武译，商务印书馆，1990 年版。

75. ［法］皮埃尔·卡蓝默：《破碎的民主》，庄晨燕译，生活·读书·新知三联书店，2005 年版。

76. ［美］迈克尔·罗金斯等：《政治科学》，林震译，华夏出版社，2001 年版。

77. ［英］《简明不列颠大百科全书》，中国大百科全书出版社，1986 年版。

78. ［英］拉斯基：《国家的理论与实际》，王造时译，商务印书馆，1959 年版。

79. ［美］伯尔曼：《法律与宗教》，梁治平译，生活·读书·新知三联书店，1991 年版。

80. ［美］哈德罗·D. 拉斯韦尔：《政治学：谁得到什么？何时和如何得到？》，杨昌裕译，北京：商务印书馆，1992 年版。

81. Paul R. Goldin(Ed.),*Dao Companion to the Philosophy of Han Fei*, Spriger,2012.

82. Roger T.Ames，*The Art of Rulership*, State University of New York Press,1994.

83. Randall P. Peerenboom，*Competing conceptions of rule of law in China, Asian discourses of rule of law: the theories and implementation of rule of law,* Routledge curzon,2004.

84. Herrilee G. Creel, *SHEN PU-HAI: A Chinese Political Philosopher of the Fourth Century B.C.,*The University of Chicago Press,1974.

三、参考论文

1. 陈独秀:《孔教研究》,每周评论》,1919 年 5 月 4 日。

2. 陈序经:《中国文化之出路》,《民国日报》（广州）,1934 年 1 月 15 日。

3. 陈顾远:《法治与礼治之史的观察》,《复旦学报》,1944 年第 1 期。

4. 雷海宗:《君子与伪君子：中国整体历史的观察》,《今日评论》,1939 年 1 卷 4 期。

5. 王长坤:《论荀子对先秦儒家孝道思想的丰富与发展》,《西北大学学报》（哲学社会科学版）,2007 年第 4 期。

6. 郑永年:《中共长期执政的挑战与智慧》,《人民论坛》,2013 年 5 月。

7. 晁福林:《先秦时期"德"观念的起源及其发展》,《中国社会科学》,2005 年第 4 期。

8. 陈新民:《李光耀的法治观：以中国法家来验证》,《国家政策论坛》,第一卷第四期。

9. 谢地坤:《从道德的"至善"到道德的"底限"：读阿多诺〈道德哲学〉的问题》,《江苏行政学院学报》,2002 年第 2 期。

10. 龚群:《也谈道德底线》,《博览群书》, 2001 年第 12 期。

11. 江荣海:《论韩非的人治思想》,《北京大学学报》(哲学社会科学版), 1993 年第 1 期;

12. 夏伟东:《为什么说法家的"法治"是人治的一种表现》,《伦理学研究》, 2004 年第 5 期。

13. 季卫东:《宪政的规范结构: 对两个法律隐喻的辨析》,《二十一世纪》(香港), 2003 年第 12 月号。

14. 郑琼现、占美柏:《法家"法治"说: 理论、实践及百年流变》,《学术研究》, 2004 年第 6 期。

15. 巴斯蒂:《中国近代国家观念溯源: 关于伯伦知理＜国家论＞的翻译》,《近代史研究》, 1997 年第 4 期。

16. 张曙光:《天下理论和世界制度: 就〈天下体系〉问学于赵汀阳先生》, 载邓正来主编:《中国书评》, 第五辑, 上海人民出版社, 2006 年版。

17. 宋洪兵:《二十世纪中国学界对"专制"概念的理解与法家思想研究》,《清华大学学报》(哲学社会科学版), 2009 年第 4 期。

18. 宋洪兵:《论法家"法治"学说的定性问题》,《哲学研究》, 2012 年第 11 期。

19. 宋洪兵:《先秦诸子"愚民论"考辨》,《求是学刊》, 2008 年第 6 期。